DIE GESCHICHTE VON LILI ELBE

Harald Neckelmann (Hg.)

DIE GESCHICHTE VON LILI ELBE

EIN MENSCH WECHSELT SEIN GESCHLECHT

Mit einem Nachwort von Rainer Herrn

be.bra verlag

Neuausgabe des Buches:

Lili Elbe – Ein Mensch wechselt sein Geschlecht
Eine Lebensbeichte
Aus hinterlassenen Papieren herausgegeben von Niels Hoyer
Carl Reissner Verlag, Dresden 1932

Orthographie und Vokabular des Originaltextes wurden behutsam dem heutigen Sprachgebrauch angepasst, offenkundige Fehler stillschweigend korrigiert.

Bibliografische Information der Deutschen Nationalbibliothek
Die Deutsche Nationalbibliothek verzeichnet diese Publikation in der Deutschen Nationalbibliografie; detaillierte bibliografische Daten sind im Internet über http://dnb.d-nb.de abrufbar.

KulturBrauerei Haus 2
Schönhauser Allee 37, 10435 Berlin
post@bebraverlag.de
Lektorat: Katrin Endres, Berlin
Umschlag: Manja Hellpap, Berlin (Titelmotiv: ullstein bild)
Satz: typegerecht, Berlin
Schrift: Arno Pro 11/15 pt
Druck und Bindung: Friedrich Pustet, Regensburg
ISBN 978-3-89809-163-3

www.bebraverlag.de

INHALT

Gerda und Einar Wegener bei einer Ausstellung vor Gerda Wegeners Bild »Auf dem Weg nach Anacapri«, 1924.

VORWORT ZUR NEUAUSGABE

Das Schicksal des dänischen Malers Einar Wegener, der sich Anfang der 1930er Jahre zu einer geschlechtsangleichenden Operation entschloss, um fortan unter dem Namen Lili Elbe als Frau weiterzuleben, erregte schon unter den Zeitgenossen großes Aufsehen. Weltweit war das Publikum fasziniert von einer Geschichte, die aus einem schillernden Künstlerdasein in der Pariser Boheme an das berühmte Berliner Institut für Sexualwissenschaft unter der Leitung Magnus Hirschfelds und zum renommierten Mediziner Kurt Warnekros an die Dresdner Frauenklinik führte. Das 1931 erschienene Buch »Lili Elbe – Ein Mensch wechselt sein Geschlecht« wurde zum internationalen Beststeller. Es liegt nun, beinahe neunzig Jahre nach der Erstveröffentlichung, wieder auf Deutsch vor.

* * *

1882 wird Lili Elbe im dänischen Vejle als Einar Mogens Andreas Wegener geboren. Mit 19 Jahren beginnt dieser ein Studium an der Königlich Dänischen Kunstakademie in Kopenhagen, wo er die vier Jahre jüngere Gerda Marie Frederikke Gottlieb kennenlernt. Nach ihrer Heirat führen sie in der europäischen Kunstavantgarde ein bewegtes Leben zwischen Dänemark, Frankreich und

Italien. Scheinbar ideale Voraussetzungen für eine erfolgreiche Karriere als Kunstschaffende und eine harmonische Ehe – wenn diese nicht von einem quälenden Identitätskonflikt Einars zunehmend verschattet würde. Auslöser ist ein harmloser »*Spaß*«, ein spontaner »*Künstlereinfall*«, wie es im Buch heißt. In Ermangelung eines weiblichen Modells überredet Gerda ihren Mann, ihr Modell zu stehen, geschminkt und ausstaffiert als Frau. Aus Einar wird Lili – mit anfangs nicht absehbaren Folgen: »*So entstand Lili … und bei dem Namen ist es dann geblieben … Und nicht nur bei dem Namen …*«

Lili, die anfangs nur als Modell für Gerdas Bilder, später auch als mondäner Feiergast auftritt, etabliert sich bald als beliebte Gesprächs- und Ateliergefährtin von Gerda. Das Paar merkt, dass »Lili« bald keine bloße Verkleidung mehr ist, die Einar je nach Lust und Laune an- und ablegen kann. Lili agiert in seinem Leben nun als ganz eigenständige, von Einar nicht nur durch Äußerlichkeiten, sondern auch im Wesen völlig verschiedene Person: »*Allmählich bekam Lili über Einar die Übermacht, derart, dass man sie in ihm noch spüren konnte, selbst wenn sie sich … zurückgezogen hatte, aber niemals umgekehrt. Während er sich müde fühlte und dem Tode verfallen schien, war Lili froh und lebensfrisch.*«

Es folgt eine krisenhafte Zeit, die sich bald in einen ernsten, beinahe lebensbedrohlichen Identitätskonflikt zuspitzt. Nach einer ermüdenden Odyssee zu verschiedenen Ärzten, in der er immer wieder auf Unverständnis, teilweise gar Ablehnung trifft, setzt Einar sich schließlich sogar ein Datum für seinen Freitod: »*Ich sagte mir: da mein Fall bis jetzt in der Geschichte der ärztlichen Kunst*

Lili Elbe, gemalt von Gerda Wegener, ca. 1928.

unbekannt ist, so existiert er einfach nicht, durfte er einfach nicht existieren. Mein und damit auch Lilis Todesurteil war gefällt. Jetzt galt es nur noch, auf eine möglichst anständige und geräuschlose Weise Geduld zu haben, bis die kurze Frist, die ich mir selber gesetzt hatte, ausgelaufen war.«

Doch dazu kommt es nicht. Durch eine glückliche Vermittlung von Freunden konsultiert Einar Wegener den deutschen Arzt Kurt Warnekros, einen renommierten Spezialisten für kosmetische Chirurgie. Warnekros vermutet, dass Wegener *»sowohl männliche wie weibliche Organe«* besitzt und rät zu einer geschlechtsangleichenden Operation, die zur Lösung des peinigenden Konflikts führen soll. Einar Wegener willigt in Warnekros' Vorschlag ein: *»Seine letzte Hoffnung war, zu sterben, damit Lili zu einem neuen Leben erwachen könnte.«*

Mit der Entscheidung Einar Wegeners, den von Warnekros aufgezeigten Weg der geschlechtsangleichenden Operation einzuschlagen, wird aus dem privaten Identitätskonflikt ein aufsehenerregendes Ereignis, eine medizinische Sensation.

* * *

Einar Wegener wird von Warnekros zuerst an das Institut für Sexualwissenschaft in Berlin vermittelt, eine der ersten Stationen zu seiner operativen Geschlechtsangleichung. Das Institut wird von Magnus Hirschfeld 1919 in einer großen dreistöckigen Villa im nördlichen Teil des Tiergartens gegründet. Es ist die erste derartige Einrichtung weltweit, am Eingang prangt in goldenen Lettern: »Dolori et Amori Sacrum« (Dem Schmerz und der Liebe gewidmet). Hirschfeld eröffnet dort die erste Sexualberatungsstelle Deutschlands, in der neben eugenischer Eheberatung auch Homosexuelle, Transvestiten und sogenannte Hermaphroditen beraten werden. Im Institut gibt es außerdem von Beginn an eine röntgenologische, psychotherapeutische und venerologische, später auch eine sexualchirurgische und -forensische Abteilung. Dort wird geforscht, beraten, therapiert und begutachtet, und, nicht zu vergessen, vor allem für ein modernes Sexualstrafrecht gekämpft. Obwohl uns viele der damals vertretenen Ansichten und angewendeten medizinischen Praktiken heute befremden würden, ist das Institut eine richtungsweisende Einrichtung für die Weimarer Zeit. Viele der renommiertesten Ärzte und Psychologen aus dem In- und Ausland treffen sich dort zu Tagungen oder

Das Institut für Sexualwissenschaft im Berliner Tiergarten.

zu Hospitationen. Das Institut dient aber auch als Raum für Begegnungen und Erfahrungsaustausch, Hirschfeld nennt es deshalb Zufluchtsstätte, was unter anderem zur Gründung der ersten Transvestitenorganisation führt. Am Nachmittagstee im Institut nehmen die meisten Mitarbeiter, die dort lebenden Patienten sowie auswärtige Freunde und Gäste, wie der Schriftsteller Christopher Isherwood, teil. Nach Kaffee und Kuchen »werden die mitgebrachten Handarbeiten hervorgeholt, man häkelt, strickt, stickt und näht« (Hirschfeld).

Neben diesen eher betulich anmutenden Treffen, die vor allem dem persönlichen Austausch dienen, spielt auch das rauschende Nachtleben Berlins eine entscheidende Rolle für die Toleranz und Sichtbarmachung aller sexuel-

Umschlag der deutschen Erstausgabe von 1932.

len Identitäten. In den »Goldenen Zwanziger Jahren« wird die Stadt Berlin zum Inbegriff einer neuen Zeit. Die frühe Sexualwissenschaft erlebt einen Höhepunkt auch in einer sichtbareren Vielfalt von persönlicher Identität, Geschlechtlichkeit und Sexualität. In Kabaretts, Zirkussen und Varieté-Theatern treten Imitatoren auf, die als Männer oder Frauen verkleidet viele Besucher anziehen. Transvestitenbälle finden statt. Curt Morecks »Führer durch das Lasterhafte Berlin« (1931) berichtet, dass die »Reiseagentur Cook« ihre Kunden in diese Lokale führt »wie in ein Raritätenkabinett, denn diese Zustände gehören zu den Sehenswürdigkeiten von Berlin.« Das »Eldorado«, das berühmteste Transvestitenlokal Berlins, wird auch von vielen Heterosexuellen besucht, die im Nachtleben unterwegs sind.

Dieses öffentliche Interesse fördert die Veröffentlichung mehrerer angeblicher Memoiren oder Biographien über das Leben von Männern und Frauen, die die geschlechtliche Identität des anderen Geschlechts angenommen haben und zum Verständnis der Nöte und Schwierigkeiten der sexuellen »Zwischenstufen« (Hirschfeld) beitragen. Von der liberalen Presse Berlins werden diese Publikationen positiv aufgenommen. Ein frühes Beispiel ist Émile Zolas *»Roman eines Konträrsexuellen«* (1899), der einen jungen italienischen Adligen aus den 1880er Jahren als Titelhelden hat.

1907 erscheinen gleich zwei Veröffentlichungen mit transsexuellen Protagonisten: Unter dem Pseudonym »N. O. Body« erscheint das Buch »Aus eines Mannes Mädchenjahren«, in dem die Kindheit und Jugend von Karl M. Baer (1884–1956) erzählt wird, der mit nicht eindeutigen Geschlechtsmerkmalen geboren und als Mädchen bestimmt und aufgezogen wird. Als junge Frau unterzieht sich Baer bei Magnus Hirschfeld einer Geschlechtskorrektur und lebt fortan mit neuer Identität als Mann. Walter Homann veröffentlicht das »Tagebuch einer männlichen Braut«, das die eigenen Erfahrungen des Autors in einer fiktiven Geschichte erzählt. Gleichzeitig verarbeitet das Buch auch das Schicksal der »Comtesse Dina Alma de Paradeda«, die für Hirschfeld als Paradebeispiel eines Transvestiten gilt.

* * *

Auch Lili Elbe weiß um die Bedeutung ihrer lebensverändernden Entscheidung zu einem für die damalige Medizin neuartigen und riskanten Eingriff. In Dresden, der Stadt ihrer »Frauwerdung«, beschließt sie, durchaus mit Sendungsbewusstsein, ebenfalls ein Buch über ihr Leben zu veröffentlichen, *»als die Beichte des ersten Menschen, der nicht unbewusst durch einer Mutter Schmerzen geboren wurde, sondern vollbewusst durch eigene Schmerzen.«* Sie will damit die Öffentlichkeit in ganz intimer Weise an ihrem Schicksal teilhaben lassen. Mit Hilfe des jüdischen Schriftstellers, Übersetzers und Journalisten Ernst Harthern stellt sie ihre Tagebuchaufzeichnungen, Briefe und Erlebnisse zusammen.

Ernst Harthern kennt Lili Elbe seit 1914. Im Jahr 1884 in Stade geboren, lebt er seit 1926 in Kopenhagen als Korrespondent des Scherl-Verlags und schreibt für rund 200 Zeitungen Feuilletons und Nachrichten. Seit 1912 arbeitet er zusätzlich als Übersetzer, darunter unter anderem von

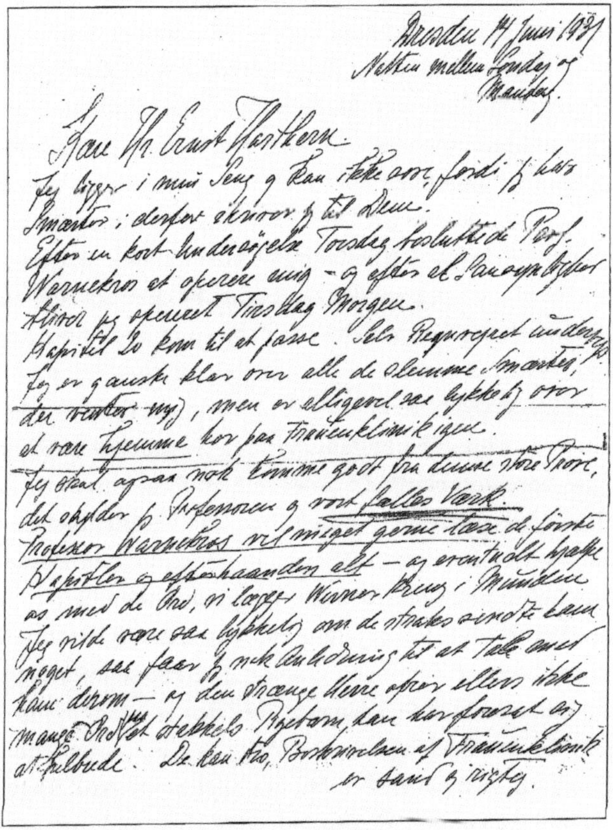

Dresden 14 Juni 1931
Natten mellem Søndag og Mandag.

Kære Hr. Ernst Harthern.
Jeg ligger i min Seng og kan ikke sove, fordi jeg har Smerter; derfor skriver jeg til Dem.
Efter en kort Undersøgelse Torsdag besluttede Prof. Warnekros at operere mig – og efter et [illegible] bliver jeg opereret Tirsdag Morgen.
Kapitel 20 kom til at passe. Selv Regnvejret [illegible]
Jeg er ganske klar over alle de slemme Smerter, der venter mig, men er alligevel saa lykkelig over at være hjemme her paa Frauenklinikken igen.
Jeg skal [illegible] nok komme godt fra denne store Prøve, det skylder jeg Professoren og vort fælles Værk.
Professor Warnekros vil meget gerne læse de første Kapitler og efterhaanden alt – og eventuelt hjælpe os med de Ord, vi lægger Werner Kreutz i Munden.
Jeg vilde være saa lykkelig om De straks sendte ham noget, saa faar jeg ogsaa Anledning til at tale med ham derom – og den strenge Herre [illegible] ellers ikke mange [illegible] [illegible] har [illegible] at [illegible]. De kan tro, Bestyrelsen af Frauenklinik er sand og rigtig.

Brief Lili Elbes aus Dresden an Ernst Harthern (Niels Hoyer), 1931.

Klassikern von Bjørnsterjne Bjørnson und Knut Hamsun. Harthern ist um einen deutsch-skandinavischen Kulturaustausch bemüht und überträgt auch deutsche Werke ins Skandinavische. Er wird aufgrund seiner jüdischen Abstammung 1933 entlassen. Drei Jahre später bürgert man ihn aus Deutschland aus. Hartherns Lebensthema heißt Heimat. Die Eltern sterben früh, er wächst bei einer ungeliebten Tante auf. Mehr noch als das jüdische Verhängnis bestimmen diese Verluste Hartherns »Heimatverlorenheit«. Das Buch über Lili Elbe spitzt dieses Thema als Identitätssuche zu. Und zwar nicht in Romanform, sondern als literarisch gestaltetes dramatisches Dokument. Harthern setzt sich vor den deutschen Besatzungstruppen 1943 nach Sigtuna in Schweden ab, wo er 1969 im Alter von 84 Jahren stirbt.

»Fra Mand til Kvinde« (Vom Mann zur Frau), so der Titel der dänischen Erstausgabe der Geschichte von Lili Elbe, wird von Harthern unter seinem Pseudonym Niels Hoyer herausgegeben. Bereits vor der Veröffentlichung des Buches erscheinen Beiträge in der dänischen Presse. Das Leben und die Arbeit der Wegeners hatten bereits in den 1910er und 1920er Jahren eine besondere Rolle in den Kopenhagener Zeitungen gespielt. Die Presse informiert die Öffentlichkeit viel genauer über den Entstehungsprozess als das Buch selbst. Der Zeitung »B. T.« berichtet Harthern, dass ein großer Teil des Buches während langer nächtlicher Gespräche entstand: »Durch andauernde Fragen und Antworten versuchten wir, zur tiefsten Wahrheit ihres Seelenlebens vorzudringen.«

1932 erscheint im Dresdner Carl Reissner Verlag die deutschsprachige Version, »Lili Elbe – Ein Mensch wech-

Seite 316 Kölnische Illustrierte Zeitung Nr 11

DIE VERWANDLUNG DES EINAR WEGENER

EIN „MANN" WIRD DURCH OPERATIVEN EINGRIFF IN EINE FRAU UMGESCHAFFEN

Ein Fall von echtem Zwitter

Der Dresdner Gynäkologe Professor Dr. Warnekros hat vor kurzem durch mehrere operative Eingriffe einen Menschen, der ein ausgesprochener Zwitter war, zu einer Frau gemacht und gleichzeitig verjüngt. Es handelt sich um den dänischen Maler Einar Wegener, der in den vierziger Jahren stand, verheiratet war und in Paris gelebt hat. Aus ihm ist Frau Lili Elben geworden, die ganz wie ein junges Mädchen aussieht. Die Operationen sind schon im vorigen Jahre beendet worden, aber erst jetzt hat die Öffentlichkeit davon erfahren. Professor Warnekros hat in seiner Klinik ... sich fanden, weggeoperiert und dann an Stelle des vorhandenen weiblichen Eierstocks, der infolge einer schädlichen Röntgenbehandlung durch französische Ärzte teilweise zerstört war, den frischen Eierstock einer sechsundzwanzigjährigen Frau eingesetzt. Danach hat er noch einige operative Umbildungen ausgeführt. Es gelang, durch die Eingriffe in dem Patienten rein weibliche Gefühle hervorzurufen. Ein Namenswechsel erfolgte, die bisherige Ehe zwischen dem Maler Einar Wegener und der Malerin Gerda Wegener wurde durch Gerichtsurteil für ungültig erklärt.

Aus den früheren Eheleuten sind Freundinnen geworden. Frau Lili Elben selbst erklärt, von einem schweren seelischen Krisenzustand erlöst zu sein. Der Vorgang, die Verwandlung aus einer anormalen Doppelform in ein normales menschliches Wesen durch den Arzt, rührt an die tiefsten Geheimnisse der Natur und bedeutet zugleich einen der größten Erfolge der Wissenschaft.

Hermann Kly

6 MONATE ZUCHTHAUS ...

Zeitungsbericht in der Kölnischen Illustrierten Zeitung, 14.3.1931.

selt sein Geschlecht«, die sich 75 000-mal verkauft. Das Interesse an Elbes Geschichte ist enorm: nur ein Jahr später folgt die englische Ausgabe in London und New York sowie Übersetzungen ins Ungarische, Tschechische, Japanische, Spanische, Niederländische und Französische. In der Frankfurter Zeitung schreibt Wolfgang von Einsiedel am 27. November 1932, dass bei der Geschichte von Lili Elbe etwas Banales mitschwinge: »Dass die vorliegenden Aufzeichnungen nicht zur Form gediehen, sondern gleichsam Improvisationen geblieben sind, erhöht ihren dokumentarischen Wert. Denn auf diese Weise wird die Art der an sich literarisch anspruchslosen, fast dilettantischen Darstellungen mindestens so aufschlussreich wie die berichteten Tatsachen selbst: als unverfälschter Ausdruck einer eigentümlichen Zwitterhaftigkeit.« In der Neuen Freien

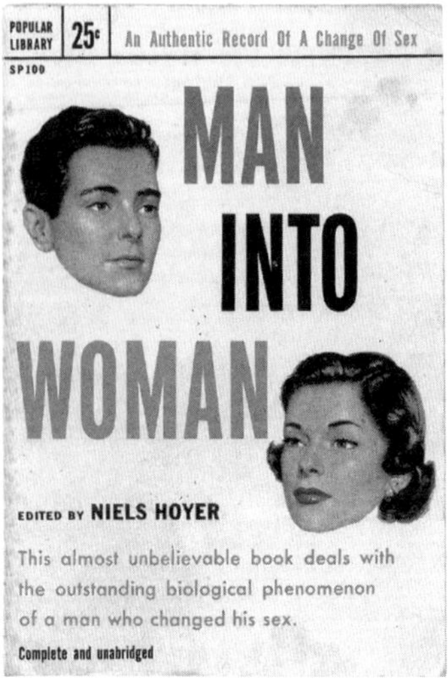

Umschlag der US-amerikanischen Ausgabe von 1953.

Presse aus Wien heißt es am 6. November 1932: »Die fremdartigen, düsteren und manchmal unheimlichen Erlebnisse (...) sind nur aus dem Gesichtswinkel des Seelischen geschrieben. Die Art der Operationen (...) wird nur in einer Nachbemerkung (...) gestreift.« Der Albany Democrat Herald aus Oregon schreibt am 18. März 1953 über die amerikanische Neuauflage: »Es sind die Tagebücher selbst, die den Leser ergreifen, denn in ihnen werden Schritt für Schritt die psychologischen Veränderungen gezeigt, die den physischen und den tiefen, schrecklichen und süßen Kampf begleiten.«

Als einziges von Hartherns Büchern wird »Lili Elbe – Ein Mensch wechselt sein Geschlecht« 1954 erneut aufgelegt, diesmal unter dem Titel »Wandlung – eine Lebensbeichte«. Anlass dazu liefert die US-Amerikanerin Christine Jorgensen (1926–1989), die nach ihrer geschlechtsangleichenden Operation 1952 in den Vereinigten Staaten große mediale Aufmerksamkeit erhält. Die internationalen Ausgaben von Lili Elbe werden erfolgreich neu verlegt. Die US-Taschenbuchausgabe »Man into Woman« bringt es auf 1,25 Millionen verkaufte Exemplare.

Trotz ihrer Bedeutung ist Lili Elbe danach von der Öffentlichkeit lange Zeit beinahe völlig vergessen, bis im Jahr 2015 der US-amerikanische Film »The Danish Girl« erscheint. Die Filmbiografie macht erneut auf die bis heute inspirierende Figur aufmerksam. Der stark fiktionalisierte Filmplot basiert auf dem gleichnamigen Roman des US-Amerikaners David Eberhoff aus dem Jahr 2000, dem wiederum die Lebensgeschichte von Lili Elbe als Vorlage diente.

* * *

Lili Elbe wird dreimal erfolgreich operiert. Ihre vierte und letzte Operation soll ihr ihren sehnlichsten Wunsch, »einmal Mutter werden« zu können, erfüllen.

Lili Elbe stirbt mit 48 Jahren in Dresden.

* * *

Woran sie nach dieser letzten Operation gestorben ist, bleibt unklar. Die Unterlagen der Dresdner Frauenklinik gingen im Bombenhagel des Zweiten Weltkriegs im Februar 1945 verloren, die Sterbeurkunde enthält keine Eintragungen. Einige meinen, ihr Tod hänge mit einer Herzlähmung als Folge der letzten Operation zusammen.

Page Two

The Des Moines Register, Sunday, October 22, 1933.

Astounding Case of the Man Who Was Changed Into a Woman

Incredible As It Sounds, Einar Wegener, Danish Painter, Was Born and Reached Maturity As a Male But Died in 1931 a Female, According to Exposures in Recently Published Biography.

A photograph showing Wegener dressed as "Lili" in the Paris studio days . . . "Was it really possible, I asked myself, that I could be so good-looking myself?"

Portrait of Wegener as "Lili" painted by Grete Wegener, the artist's wife.

Illustrations Courtesy of E. P. Dutton & Co.

Einar Wegener, distinguished Danish artist, as he looked in the days before his amazing transformation began.

Lili Elbe, from a photograph taken at Dresden after the operations.

Zeitungsbericht in der Sonntagsausgabe des Des Moines Register (Iowa), 1933.

Andere denken, diese Herzlähmung stehe mit einem alten Nierenleiden in Zusammenhang. Lili Elbe liegt auf dem Trinitatisfriedhof in Dresden beerdigt. Im April 2016 fand auf dem Friedhof anlässlich der Wiedererrichtung ihrer Grabstätte eine Gedenkveranstaltung zu ihren Ehren statt.

Nach dem Tod Lili Elbes betonte der Autor Ernst Harthern, dass die Sterbende in ihren letzten Tagen vor allem an das Buch gedacht habe. Sie sei begeistert gewesen, der Wissenschaft zu dienen. Durch die Veröffentlichung habe sie die Missverständnisse über ihr Leben auflösen und ihre Mitmenschen dazu anhalten wollen, andere Menschen nicht zu verurteilen.

Die authentische »Lebensbeichte« von Lili Elbe liest sich dabei keineswegs politisch oder kämpferisch – stattdessen als ein ergreifender Bericht über eine Identitätskrise, die erst durch die langwierige und schmerzhafte Angleichung des Körpers an das gefühlte eigene Geschlecht ein Ende findet. So wird aus einem aufsehenerregenden »Fall« die Geschichte des zutiefst menschlichen Bedürfnisses nach einem Platz im Leben – *»kein Roman, sondern nichts als ein harter, wahrhaftiger Lebensbericht eines Wesens (…), das Klarheit und Ruhe und Frieden sucht …«* (Lili Elbe).

Berlin, im September 2019
Harald Neckelmann

LILI ELBE

EIN MENSCH WECHSELT SEIN GESCHLECHT

EINE LEBENSBEICHTE

—

AUS HINTERLASSENEN PAPIEREN

HERAUSGEGEBEN VON

NIELS HOYER

1 9 3 2

CARL REISSNER · VERLAG · DRESDEN

Vorwort

Lili Elbes letztem Willen gemäß habe ich ihre hinterlassenen Aufzeichnungen zu diesem Buch gesammelt. Es ist ein wahrhaftiger Lebensbericht, niedergeschrieben von einem Wesen, dessen Weg auf Erden sich zu einer beispiellosen Schicksalstragödie gestaltet hat, die Lebensbeichte eines Menschen, dessen Heimsuchungen außerhalb der Bezirke unserer gewohnten Vorstellungen liegen.

Der deutsche Arzt, dessen kühne Operationen es dem todkranken und verzweifelten dänischen Maler Einar Wegener ermöglicht hatten, sein Leben in voller Übereinstimmung mit seiner eigentlichen Natur fortzusetzen, hat das Buch in meiner deutschen Wiedergabe gutgeheißen. Auf Lili Elbes Wunsch sind für die Personen, von denen sie erzählt, Decknamen* benutzt worden.

Ihren eigenen Namen, erwählt aus Dankbarkeit gegen die deutsche Stadt, in der sich ihr Menschenschicksal erfüllt, hat sie beibehalten.

Dieser deutschen Ausgabe ging eine dänische Ausgabe voraus, erschienen im Dezember vorigen Jahres in Kopenhagen-Dänemark, Einar Wegeners Geburtsheimat. Gleichzeitig mit der deutschen Ausgabe werden Ausgaben in den übrigen Weltsprachen erscheinen.

* Die im Original verwendeten Pseudonyme wurden für die Neuausgabe nach Möglichkeit aufgelöst. Vgl. das Personenverzeichnis ab S. 358.

Ihrem großen Helfer in Dresden, ihrer Lebenskameradin im fernen Süden, ihrem treuesten Freunde in Paris soll Lili Elbes Buch aus Dankbarkeit zugeeignet sein.

Niels Hoyer

I

Paris. Quartier Saint Germain. An einem Februarabend 1930. In einer stillen Straße mit vornehmen Palais – ein kleines Restaurant.

Ausländer, meist Künstler, ein kleiner Kreis, sind Stammgäste bei ihm.

Zu ihnen gehören Einar und Gerda Wegener, ein dänisches Malerpaar, und ihr italienischer Freund Eric Moïse Allatini mit seiner eleganten französischen Frau Hélène.

Ein ganzes Jahr lang haben sie einander nicht gesehen. Das eine Paar durchzog den Norden, das andere den Süden Europas.

»Skål«, ruft Einar auf gut nordische Art und hebt sein Glas, »dieser Wein, Kinder, ist für die Seele, was Hochgebirgssonne für den Körper ist. Und dabei fällt mir eine prachtvolle Legende von der Kathedrale in Sevilla ein, die Gerda und ich neulich bestaunten. Unter dem Sockel der höchsten Säule haben sie einen Sonnenstrahl eingemauert, das ist die ganze Legende ...«

»Herrlich«, ruft Eric begeistert.

»Himmlisch, Einar«, fällt Frau Hélène ein und drückt ihm warm die Hand.

Und Frau Gerda lächelt glücklich und sinnend.

Gerda und Eric tauschen in kunterbuntem Durcheinander Reiseeindrücke miteinander aus, Wanderungen durch Museen und verrufene Gassenwinkel in Cadix und Antwerpen, Entdeckerfahrten durch Basare auf dem Balkan und in Trödlerkeller im Haag und Amsterdam! Einer will den andern überbieten. So ist Gerda. So ist Eric. Völlig bei der Sache. Mit tief ernsten, kunstbegeisterten Augen.

Indes Einar sich von Hélène ergötzliche und sogar anzügliche allerneueste Skandalgeschichtchen aus Rom und Madrid ins Ohr flüstern lässt.

»Trinken Sie nicht zu viel, Einar?« unterbricht plötzlich Frau Hélène sich selber mitten in einer »allerneuesten«, nur im Flüsterton zu erzählenden Unglaublichkeit … Ihr ist das allmählich recht nervös gewordene, blasse Mienenspiel des Freundes aufgefallen. »Sie wollen heute Abend den Gesunden spielen.«

Eric und Gerda haben Hélènes Worte aufgefangen. Gerda blickt nur stumm auf Einar. Eric nimmt die Hand des Freundes. »Verursacht Lili Ihnen wieder Pein?« fragt er voll Besorgnis.

»Erraten, Eric«, antwortet Einar sehr ernst. »Nach und nach wird dieser Zustand unerträglich. Lili will sich nicht mehr darein finden, sich mit mir ihr Dasein zu teilen. Sie will *ihr* Dasein für sich allein haben. Ich weiß nicht, ob Ihr mich versteht … *Ich?* – Ach, ich bin nichts mehr wert. Kann nichts mehr. Bin fertig. Das weiß Lili längst … So ist es … Und drum macht sie von Tag zu Tag energischeren Aufruhr … Was will ich noch mit mir … Die Frage mag seltsam klingen … Nur Toren glauben, sie seien unentbehrlich … unersetzbar … Doch jetzt kein Wort mehr davon … Trinken wir! Trinken wir einen feurigen, süßen Asti, um Hélène eine Freude zu bereiten.«

»Bravo«, ruft Hélène und lässt die Augen nicht von Einar, der sich müde erhebt und recht schlaff zur Theke geht.

»Sag mir schnell«, flüstert Hélène der Freundin zugebeugt, »wie sieht es mit unserm Freund aus. Sein Aussehen gefällt mir nicht.«

Gerda hat ihr Lächeln verloren. »So schlimm stand es noch nie mit ihm.«

Eric und Hélène schauen die Freundin wortlos an.

»Ich habe alle Hoffnung auf Rettung für ihn fast aufgegeben«, spricht sehr leise Gerda, »wenn nicht ein Wunder …«

Hélène unterbricht sie lebhaft. »Siehst du, du sprichst es aus … ein Wunder.«

Gerda sieht die Freundin fragend an.

»Also hör. Ein sehr guter Freund von uns ist dieser Tage in Paris … Aus Dresden. Ein Frauenarzt. Er klingelte uns heute früh an, kurz nachdem wir mit Einar am Telefon gesprochen hatten. Und da fiel mir sofort ein: kann jemand Einar helfen, dann nur der Professor aus Dresden. Und die Sache hat Eile. Denn der Professor muss schon morgen Nachmittag wieder nach Deutschland zurück. Ich will noch heute Abend mit ihm ein Rendezvous verabreden …«

Gerda macht nur eine müde Handbewegung. »Liebste Hélène, es ist zwecklos. Einar will keine Ärzte mehr sehen.«

Hélène hat beide Hände Gerdas genommen.

»Gerda, Liebste, jetzt dürfen Sie nicht widersprechen, Ihr *müsst* diesmal gehorchen, und ich rufe noch heute Abend bei dem Professor an. Ich weiß, der Professor wird ihm helfen können …«

Gerda steckt sich langsam eine Zigarette an. Sie bläst den blauen Rauch der Zigarette von sich. Sie starrt in den Rauch hinein.

Dann sagt sie langsam, unerregt und bestimmt: »Gut, Hélène, rufen Sie Ihren deutschen Professor an … Und ich will Einar überreden, dass er sich morgen zeitig bei Ihnen einstellt.«

Einar kommt zurück. Zwei Flaschen Asti hält er wie eine Beute vor sich …

*

Als Gerda und Einar zu später Stunde die Avenue hinunterflanieren, in deren Nähe ihre Atelierwohnung liegt, gesteht sie anfangs vorsichtig, dann aber mit Nachdruck, was sie mit Hélène beschlossen hat. Einar ist außer sich. Mitten auf der Straße bleibt er stehen, rast. Er lasse sich weder von einem deutschen noch von einem französischen noch von einem hindostanischen usw. Quacksalber untersuchen. Er sei fertig mit diesen Menschenschindern …

Schon seit vielen Jahren war er krank. Zahllose Ärzte und Spezialisten hatten sie aufgesucht – ohne Resultat. Jetzt war er so müde. Ihm war das Leben zu einer Pein geworden …

Niemand hatte verstanden, was ihm fehlte. Aber sein Leiden war auch von so wunderlicher Art. Ein Spezialist in Versailles hatte ihn ohne Weiteres für einen Hysteriker erklärt; im Übrigen sei er ein völlig normaler Mann, der sich nur in aller Vernunft als Mann benehmen solle, um zu neuem, besserem Leben »aufzublühen«; dem Patienten fehle nichts weiter als die Überzeugung, dass er völlig gesund und normal sei …

Ein junger Arzt, ebenfalls in Versailles, hatte zwar festgestellt, dass »nicht alles so war, wie es sein müsste« … aber dann hatte er Einar mit folgenden trostreichen Worten entlassen: »Scheren Sie sich um nichts, was auch mit

Ihrem Körper vor sich geht. Sie sind so gesund und unverdorben. Sie können schon etwas aushalten.«

Eine etwas mystisch veranlagte medizinische Persönlichkeit aus Wien, ein Freund von Steinach, war mit ihrer Diagnose schon auf dem richtigen Weg. »Nur ein kühner, waghalsiger Arzt kann Ihnen helfen«, hatte dieser Mann erklärt, »aber wo finden Sie einen solchen Arzt heutzutage …?«

Ein Radiologe war sehr aktiv gewesen, aber er hätte Einar auch beinahe umgebracht …

Danach hatte Einar sich ein Herz gefasst und war mit drei Chirurgen in Verbindung getreten.

Der erste hatte erklärt, er hätte bislang noch niemals »Verschönerungsoperationen« ausgeführt; der zweite untersuchte ausschließlich den Blinddarm, und der dritte erklärte Einar für »völlig verrückt«. Diesem dritten Spezialisten würden die meisten Menschen wahrscheinlich recht gegeben haben: denn Einar glaubte, er sei in Wirklichkeit überhaupt kein – *Mann*, sondern eine *Frau* …

Und er war müde geworden und hatte sich selber gelobt, keinen Arzt mehr aufzusuchen. Er hatte den Entschluss gefasst, sich aus dem Dasein zurückzuziehen. Der erste Mai sollte der Stichtag sein … Das Frühjahr ist eine gefährliche Zeit für Kranke und Müde …

Er hatte sich alles überlegt … sogar seinen Abgang … Es sollte gewissermaßen wie eine höfliche Verbeugung vor der Natur sein … Jetzt war es Februar … März und April waren noch Wartezeit … Gnadenfrist … er war ruhig …

Das einzige, was ihn quälte, ihn unsagbar peinigte, war der Gedanke an seine Frau – die treue Freundin und Gefährtin seines Lebens.

Gerda Wegener war eine Künstlerin von großem Talent. Ihre Bilder wirkten erregend, aufpeitschend wie ein Duft aus den Dschungeln von Paris …

Vielleicht … weil ihre Ehe eigentlich fast von Anfang an vor allem Kameradschaft war, fanden sie beide das Leben angenehm und lebenswert, nur wenn sie beieinander waren …

Kaum erwachsen, noch auf der Kunstakademie in Kopenhagen, hatten sie geheiratet. Ein paar Tage vor der Hochzeit hatte Einar sein allererstes Bild auf seiner allerersten Ausstellung verkauft.

Sie hatten meist im Ausland gelebt, vor allem in Paris. Und dieses Leben in der Fremde hatte sie vielleicht noch inniger miteinander verknüpft.

Deshalb gab es jetzt so oft Augenblicke für Einar, in denen er sich wie ein Verräter Gerda gegenüber vorkam. Er hatte erkannt, dass er nicht mehr arbeiten konnte: er hatte Angst, Gerda zur Last zu fallen … Dieser Gedanke würgte ihn seit Monaten, erdrosselte alles Frohe in ihm …

Gerda kannte seine Gedanken. Doch was sie auch aufbot, um ihm neue Hoffnung zu machen, sie ahnte, es war zwecklos … So vieles verband sie miteinander. So viele Kämpfe, so viele Erinnerungen, helle und dunkle … Und vielleicht am allermeisten – Lili … Denn Einar bestand aus zwei Wesen: aus einem Mann, Einar – und aus einem Mädchen: Lili … Man konnte sie auch Zwillinge nennen, die beide zu gleicher Zeit den einen Körper in Besitz genommen hatten.

Im Charakter waren sie beide sehr verschieden.

Allmählich bekam Lili über Einar die Übermacht, derart, dass man sie in ihm noch spüren konnte, selbst wenn

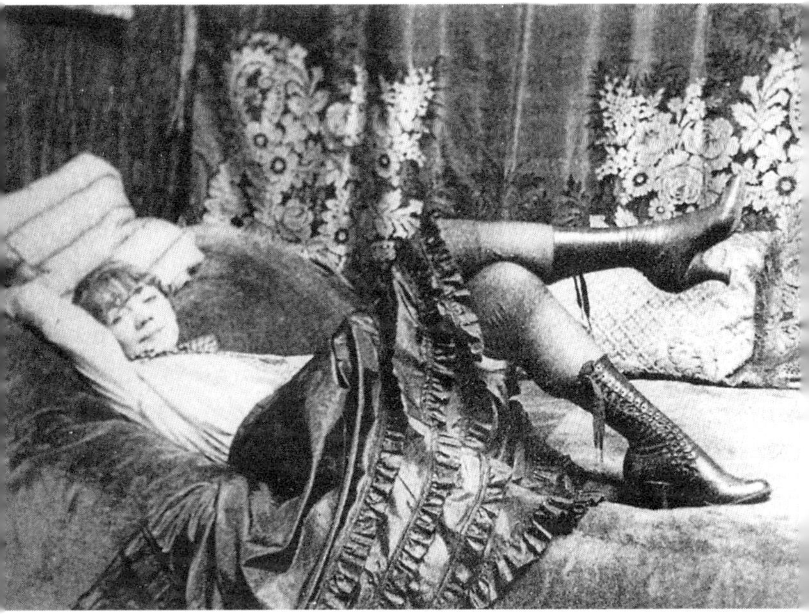

Gerda Wegener, fotografiert von Einar Wegener in der Rue de Lille, Paris 1917.

sie sich … zurückgezogen hatte, aber niemals umgekehrt. Während er sich müde fühlte und dem Tod verfallen schien, war Lili froh und lebensfrisch.

Sie war Gerdas Lieblingsmodell geworden. Durch ihre besten Arbeiten wandelte Lili …

Gerda fühlte sich als Beschützer dieser sorglosen und hilflosen Lili. Und Einar fühlte sich als Beschützer beider …

Seine letzte Hoffnung war, zu sterben, damit Lili zu einem neuen Leben erwachen könnte.

II

Am nächsten Morgen spricht Gerda gütig auf ihn ein, setzt ihm klar und froh auseinander, dass er, wenn nicht aus einem anderen Grund, so doch aus Höflichkeit zu Hélène hingehen müsse. Dort könne er dann immer noch eine Ausrede finden, falls es ihm zuwider sei, ihren deutschen Professor aufzusuchen.

Eine Stunde später macht er sich auf den Weg nach Passy, wo Hélène wohnt.

Punkt zwölf Uhr hält ihr Wagen vor dem Absteigquartier des deutschen Arztes. Während Hélène den Klingelzug in Bewegung setzt, flüstert Einar: »Vielleicht ist es doch ganz interessant, Ihre deutsche Berühmtheit von Angesicht zu Angesicht zu sehen. Da er einer Rasse angehört, bei der das Interesse für wissenschaftliche Forschung so stark ausgeprägt ist, dass dieses Interesse möglicherweise den Drang des Mannes im Allgemeinen, sich ganz besonders nach Gottes Ebenbild angefertigt zu sehen …«

»Um Himmels willen, Einar«, unterbricht ihn Hélène, »nur jetzt hier draußen keinen Vortrag halten …«

Einar fasst die Hand der Freundin. »Hélène, ich meine ja nur … ich hoffe ja nur … wie soll ich es ausdrücken …«

Hélène sieht den Freund, der bleich vor Erregung ist, jetzt sehr ernst an. »Sprechen Sie, Einar …«

Und dann stößt er heraus: »… dass er mich nur nicht als einen traurigen Überläufer betrachten wird, – weil ich lieber Weib als Mann sein will …«

»Nein, Einar, dafür verbürge ich mich.«

Man hört Schritte innen. Die Tür wird geöffnet. Ein Diener empfängt sie. Und ehe er das Paar noch gemeldet hat, kommt ein großer, schlanker Herr ihnen entgegen. Der dunkelblaue Sakkoanzug betont auf eine fast militärische Art die straffe Eleganz der Erscheinung. Das zurückgekämmte Haar liegt wie eine dunkle, blanke Masse über der hohen Stirn, während der kleine, amerikanisch gestutzte Bart auf der Oberlippe einen leicht blonden Ton hat.

Wenn Einar später versuchte, sich diese Gesichtszüge ins Gedächtnis zurückzurufen, so wurde jedes Mal alles vor den Augen ausgewischt … Von diesen graublauen, tief liegenden Augen, die zugleich hell und dunkel waren, strahlte ein seltsamer, bannender Zauber aus.

Es war Kurt Warnekros …

Einar fühlt sein Herz hart pochen. Während der Professor mit einer etwas zeremoniellen Herzlichkeit sie in den Salon führt und mit Hélène einige Worte austauscht, fällt Einar zum ersten Mal in seinem Leben auf, dass Deutsch eine schöne und musikalische Sprache sei …

Wie im Traum hört er der Unterhaltung der beiden zu … auch dann noch, als Hélène dem Professor von ihm und seiner Leidensgeschichte, leise und wie nebenbei, dann und wann ihm einen schnellen, lieben Blick zuwerfend, erzählt.

Diese Stimme … nichts anderes kann Einar denken, empfinden. Er ist wie von einem Bann umschlossen, von dem Bann dieser Stimme. Sie gleicht seinen Augen, sie ist hell und dunkel zugleich wie die Augen. Sie dringt in den andern ein. Die Augen, die Stimme. Bis in die heimlichste Seelenfalte hinein …

Und was wird diese Stimme nun ihm zu sagen haben … und diese Augen, was werden sie ihm mit ihrem Blick verkünden? … Ein Todesurteil? … Erwartet er etwas anderes als dies? … Erwartet er überhaupt etwas? Ist er überhaupt zu irgendeinem Ziel hierher gegangen?

Der Professor steht vor ihm, sieht ihn kaum an, spricht nur ein paar knappe Worte zu ihm. Und er folgt ihm in ein neben dem Salon liegendes Zimmer … dort muss er sich entkleiden. Wie ein Schlafwandler bin ich jetzt, denkt es fern und nebelhaft in Einar, er muss gehorchen, willenlos … er will etwas sprechen … er sucht nach deutschen Worten.

»Sie brauchen mir keine Erklärungen zu geben, mein Herr«, unterbricht der Professor ihn rücksichtsvoll.

»Hier, nicht wahr? schmerzt es … und dort … und ebenfalls dort … nicht wahr?« und langsam gleitet seine Hand über Einars Leib dahin. Einar braucht nur leise und scheu zu nicken … und ein fast schreckhaftes Erstaunen erfasst ihn. Woher weiß dieser fremde Mann, wo seine Schmerzen wohnen?

Und dieses Erstaunen steigert sich zu Verblüfftheit, als der Professor, dem Frau Hélène ein Bündel Fotografien

Der Gynäkologe Kurt Warnekros, gemalt von Gerda Wegener, Dresden 1930.

von *Lili* zugesteckt hat, die Bilder aus dem Umschlag herausnimmt und sie vor sich auf den Tisch legt in der Reihenfolge der Jahre, die auf der Rückseite, von dem Professor nicht beachtet, vermerkt stehen …

»Da haben wir also die Entwicklung …« sagt der Professor schlicht. Einar nickt nicht einmal.

»Wie ich höre, hat ein Radiologe Sie mit Röntgenstrahlen behandelt …, und zwar, ohne vorher chemische oder mikroskopische Untersuchungen vorgenommen zu haben … unmöglich, zu sagen, ob er damit die Keimdrüsen, eventuell also auch vorhandene Ovarien ungünstig beeinflusst hat – das muss die weitere Untersuchung ergeben.«

»Ovarien …« Einar stößt das Wort wie einen Schrei heraus, »ich … habe … also …?« Weiter kommt er nicht … Er kann vor Erregung kaum atmen … alles dreht sich im Wirbel um ihn …

»Höchstwahrscheinlich«, antwortet der Professor, unerschütterlich und sachlich, und dennoch gedämpft durch den Ton seiner jetzt sehr weichen, diskreten Stimme … immer wieder hat Einar an diesen leicht umschleierten Klang denken müssen … und nicht nur Einar … »Sehen Sie, ich vermute, dass Sie sowohl männliche wie weibliche Organe besitzen, und keins von beiden hat Raum genug erhalten, um sich völlig zu entwickeln. Es ist ein Glück für Sie, dass Sie sich so ausgesprochen als *Weib* fühlen … Und deshalb glaube ich, werde ich Ihnen helfen können.«

Einar muss sich ans Herz greifen. Er beugt sich vor, um jedem Wort, das der fremde Mann da spricht, so nahe wie nur möglich zu sein in dem Augenblick, wo es ausgesprochen wird. Er blickt dem fremden Mann starr in die Augen, um auch in seinem Blick diese Worte bestätigt zu finden …

»Und … Herr Professor … und was soll ich … was …«

Der Professor ist aufgestanden, geht ein paarmal auf und ab, als denke er nach, wendet sich dann wieder gegen Einar. Und wieder trinkt Einar seine Worte …

»Kommen Sie zu mir nach Deutschland. Ich hoffe, dass ich Ihnen ein neues Leben und eine neue Jugend geben kann.«

… So grenzenlos einfach werden diese Worte gesagt.

Einar hat sich aufgerichtet. Er ringt um Sprache.

»Also wird es *Lili* sein, die … leben … darf …?«

»Ja«, antwortet Kurt Warnekros. »Ich werde Sie operieren, Ihnen neue, kräftige Ovarien geben. Dieser Eingriff wird Sie über jenen Stillstand in Ihrer Entwicklung hinwegbringen, dem Sie im Pubertätsalter verfielen. Vorher aber werden Sie sich in Berlin noch verschiedenen vorbereitenden Behandlungen unterziehen müssen. Dann kommen Sie zu mir nach Dresden.«

Damit schloss dieses erste, schicksalsvolle Gespräch zwischen dem fremden Mann und Einar, der noch atemlos dasaß, als Hélène, von dem Professor in das Arbeitszimmer geführt, vor ihm stand … Und sie lächelte, um ihre Ergriffenheit nicht zur Schau zu tragen.

Sinnend stand der Arzt wieder wie für sich allein da … blickte plötzlich Einar an … dann Hélène … »Ich darf doch offen fragen?« sagte er, von einem zum andern blickend.

»Aber bitte«, erwiderte Einar, »vor Frau Hélène habe ich keine Geheimnisse …«

»Nun denn«, begann der Professor, »wie ich höre, sind Sie … verheiratet …«

Einar glühte vor Verlegenheit …

»Ihre Ehe … vielleicht können Sie mir da einiges erklären, weil es für mich als Arzt immerhin …«

Jeder von ihnen empfand das Fantastische dieses Augenblicks und auch das Natürliche, Selbstverständliche dieser Frage.

»Vielleicht gehe ich doch …« fragte Hélène den Freund voller Schonung.

Einar hielt sie fest. »Nein, Hélène, nein, nicht gehen, nicht …«

Der Professor kam beiden zu Hilfe. Sein Lächeln wirkte in diesem Augenblick wie eine Befreiung. »Wie verhält es sich zum Beispiel mit … nun, ich hörte den Namen *Lili* – nun also mit Lili und den Männern … ich meine, interessieren sich die Männer für Lili …?«

»Aber ja«, rief Hélène lachend, »es ist schier unglaublich, welch eine Anziehungskraft Lili auf unsere Herrenwelt ausübt.«

Einar wollte sie unterbrechen. Der Professor lachte jetzt herzhaft. »Bitte, jetzt hat die gnädige Frau das Wort.«

Und Einar ließ es über sich ergehen: »Ich hab es mit eigenen Augen erlebt, auf verschiedenen Karnevals und Bällen!«

Der Professor wurde wieder sachlich. »Was Sie da erzählen, gnädige Frau, entspricht ganz dem Bild, das ich mir gemacht habe … Im Übrigen dürfte die notwendig werdende Operation, zumal sie die erste ihrer Art ist, mancherlei merkwürdige Situationen ergeben, nicht zum wenigsten in juridischer Hinsicht. Aber«, und jetzt stellte er sich dicht vor Einar und nahm seine Hand, »das verspreche ich Ihnen, ich werde Lili nicht im Stich lassen und ihr bei ihren ersten selbständigen Schritten ins Leben hinein behilflich sein.«

Einar sah auf die Hand des fremden Mannes nieder … er wusste nicht, was er tun sollte … er blickte ratlos im Zimmer umher … ließ dann die fremde Hand los, streckte beide Arme wie Hilfe suchend Hélène hin, sie eilte auf ihn zu und umarmte ihn mütterlich.

»Hélène …« stammelte er unter Tränen, »was jetzt kommt, das Leben … mit dem ich ja gar nichts zu tun haben werde … Hélène … *das* Leben haben Sie … *Hélène*, haben Sie gerettet … Ohne Sie wär ich nie hier gewesen …«

Kurt Warnekros stand vor dem Fenster, blickte schweigend hinaus.

Einar ging zu ihm hin. Einar stand vor dem Arzt. Einar weinte. Der Professor nahm seine Hände und sagte still: »Ich verstehe Sie. Sie haben viel gelitten.«

III

Stundenlang hat Gerda in der kleinen Atelierwohnung auf Einars Rückkehr gewartet.

Als er endlich eintritt, ist er bleich wie ein Sterbenskranker. Gerda eilt ihm entgegen. Sie führt ihn zum Diwan. Er lässt sich wie zerschlagen niederfallen.

Gerda bleibt lange neben ihm sitzen, wortlos.

Als dann Einar zu sprechen beginnt, hört sie ihm mit geschlossenen Augen zu. Auch Einar spricht mit geschlossenen Augen. Was ist jetzt Traum? Was ist Wirklichkeit?

Ist das, was jetzt beginnt, Erlösung, *die* Erlösung?

Wohin geht der Weg für ihn, für sie, für sie beide? …

Und Einar erzählt, völlig aufgewühlt durch das Erleben vorhin, in Wortfetzen …

Einar steht auf. Wortlos hält er ihre Hand.

Dann führt er sie an die Staffelei vor dem breiten Fenster, durch das der Nordhimmel hereinleuchtet. Auf der Staffelei lehnt ein großes Bild. Drei Frauengestalten sind darauf zu sehen. Gerdas Züge trägt die eine Frau … Hélènes Züge die andere… und zwischen ihnen die dritte … sie trägt Einars', – Lilis Züge!

»Gerda«, spricht er dann, »hab Dank, weil du immer … bis zuletzt … an *Lili* geglaubt hast. Du weißt es, ich habe nie, nie daran zweifeln können… Ich wusste es, dass der Tag kommen würde … Ich bin so glücklich«, sagt er.

*

An dem Abend dieses schicksalsvollen Tages brach Einar zusammen.

Seine Widerstandskraft war zu Ende.

Jetzt erst wagte er es, sich einzugestehen, wie groß in diesen letzten Jahren Qual und Verzweiflung gewesen waren. Jetzt durfte er offen gegen sich selber sein. Jetzt *musste* er es … Doch er weiß, dass ihm Hilfe nottut. Einen Freund hat er, der ihm beistehen wird. Es ist der Mann seiner Schwester in Kopenhagen. Ihm hatte Einar sich schon vor Jahren anvertraut. Der Schwager kennt das Geheimnis um Lili … Und Einar schüttet dem fernen Schwager sein Herz aus.

»Paris, den 29. Januar 1930

Lieber Inger,
Du hast lange nichts von mir gehört, weil ich Dir über Lili nichts Gutes erzählen konnte. Ich habe mich nach und nach von mehreren Ärzten untersuchen lassen, aber ohne Resultat. Sie haben mir durchweg schmerzstillende Mittel verordnet, von deren Gebrauch ich aber nichts halte. Denn ich will wissen, was in mir vorgeht. Selbst wenn es auch weh tut. Nach Beratung mit Gerda hat Hélène mich zu einem ihrer persönlichen Bekannten geführt – er empfing mich drei Stunden vor seiner Abreise von Paris. Jetzt kommt etwas, das sich wie ein Wunder anhört! Ich war

bei dem berühmten Chirurgen und Frauenarzt Professor Kurt Warnekros aus Dresden. Das Merkwürdige ist, dass er Dir ähnlich sieht. Er untersuchte mich lange und erklärte dann, mein Fall sei so selten, dass man bis jetzt nur einen ähnlichen gekannt habe. Er fügte hinzu, dass ich in dem Zustand, in dem ich mich jetzt befinde, beinahe nicht als lebendes Wesen angesehen werden könne, weil die Behandlung mit Bestrahlung ein großer Fehler gewesen sei, zumal ihr keine mikroskopische Untersuchung vorausgegangen sei. Jetzt befürchte er, dass diese Behandlung ins Blinde hinein meine Organe – sowohl die männlichen wie die weiblichen – zerstört habe. Deshalb will er, dass ich schnellstens zu einem Spezialisten in Berlin zwecks einer mikroskopischen Untersuchung fahre.

Einige Zeit danach will er selber mich operieren. Er will die toten (und früher unvollkommenen) männlichen Organe entfernen und die weiblichen mit neuen und frischen erstatten. Dann *wird es Lili sein, die weiterleben soll!*

Ihr schwacher Mädchenkörper wird sich dann entwickeln können, und sie wird sich ebenso jung fühlen wie ihre neuen und frischen Organe. Lieber Inger, ich sitze hier und weine wie ein Mädel, während ich dies hier schreibe. Es hört sich wie ein Wunder an, dass ich es nicht zu glauben wage. Eins tröstet mich jedoch – dass ich sonst bald sterben müsste. Gerda und ich glauben, dass wir träumen, und wir haben Angst, zu erwachen. Es ist allzu wunderbar, dass Lili wird leben dürfen, dass sie das glücklichste Mädchen in der Welt werden wird – und dass dieser grauenvolle Alpdruck meines Lebens jetzt ein Ende bekommt. Diese erbärmliche Komödie als Mann. Ohne

Gerda wäre ich längst erledigt gewesen. Aber ich habe in dieser Zeit aufs Neue Gelegenheit gehabt, zu sehen, was für ein prachtvolles Mädel sie ist – sie ist ein Engel. Überanstrengungen, eigne Schmerzen usw. haben ihr nichts antun können, sie hat es dazu gebracht, für zwei zu arbeiten, jetzt, wo ich nicht mehr viel wert bin.

Ich tue natürlich, was ich vermag, und habe in allen großen Salons mit Erfolg ausgestellt und verkauft. Aber jetzt ist auch dies vorbei. Jetzt kann ich nicht mehr. Ich bin wie eine erbärmliche Larve, die darauf wartet, ein Schmetterling zu werden. Die Operation eilt, und der Arzt hätte gern gesehen, dass ich sofort nach Berlin gefahren wäre, da zwischen der ersten Untersuchung und der Operation etwa zwanzig Tage vergehen müssen. Und ich muss in Dresden an dem Tag sein, an dem er die neuen Organe für Lili hat. Er will mir Medizin senden, die ich nehmen soll, um die inneren Organe und dadurch mich bis dahin am Leben zu erhalten. Aus praktischen Gründen bat ich um etwas Aufschub und ich sagte ihm, ich möchte es am liebsten so einrichten, dass ich via Kopenhagen nach Berlin kommen könnte, da ich vorher in Dänemark eine Ausstellung abhalten wollte. Von Berlin würde ich dann Anfang April nach Dresden kommen.

Dies gefiel dem Arzt nicht besonders, aber er verstand, dass ich dies aus praktischen Gründen vorgeschlagen hatte.

Nun weiß ich nicht, ob es auch Gemütsbewegung ist, aber mein Zustand verschlimmert sich derartig, dass ich mich außerstande fühle, eine Ausstellung und alles, was vorausgeht, vorzubereiten – ich merke, ich habe keine Zeit zu verlieren.

Deshalb frage ich Dich, ob Du mir in dieser Sache helfen willst. Willst Du mir für die Operation und den Klinikaufenthalt Geld leihen? Ich weiß nicht, wieviel es kosten wird. Ich weiß nur, Hélène hat es so geordnet, dass der Professor nur ein ganz geringes Honorar nimmt. Aus Rücksicht auf Gerda wage ich nicht, Geld von unserer Reserve zu nehmen, umso weniger, als die Reise nach Rom und meine Krankheit uns viel gekostet haben.

Ich oder wir haben bei Heyman & Haslund in Kopenhagen viele Bilder stehen, ich nehme an, für einen Wert von rund 7.000 – 10.000 Kronen. Ich weiß also nicht, was die Operation kosten wird, aber ich nehme an, zwischen 4.000 und 5.000 Kronen im Ganzen. Ich gebe Dir alle unsere Bilder in Dänemark als Sicherheit für den Fall, dass ich sterbe – und für alle Fälle. Geht es schief, werden die Bilder verkauft, und geht es gut, können wir Dir bald das Geld zurückgeben. Wir verdienen gut und haben viele und große Aufträge.

Erzähl niemandem außer meiner Schwester etwas von dem Inhalt dieses Briefs, und sei so lieb, mir schnellstens zu antworten, wenn Du willst, zuerst telegraphisch und dann brieflich.

Nur weil ich spüre, dass mir der Tod auf den Fersen ist, sende ich Dir diesen Brief. Bis jetzt habe ich nie bei irgendjemandem Schulden gehabt. Die liebevollsten Grüße Dir und der Schwester von Gerda und

Einar.«

Zwei Tage darauf ist die Antwort des Schwagers eingetroffen, ein kurzes Telegramm: »Mach Dir keine Sorgen. Was Du brauchst, steht zu Deiner Verfügung.«

Einar atmet auf; er beginnt, neuen Mut zu fassen.

Kurt Warnekros hatte versprochen, ihm bald Nachricht zu senden … Signal zum Aufbruch …

Eines Abends sagt er zu Gerda: »Ich muss jetzt oft an meinen alten Gymnasialdirektor denken. Er erzählte uns so oft die Geschichte von den Negern auf Saint Croix, die einen Tag vor ihrer Befreiung aus der Sklaverei Aufruhr gemacht haben. Jetzt verstehe ich sie … Ich kann nicht mehr warten …«

Wenige Tage später, an einem Montagmorgen, kam ein Telegramm bei Hélène an, von einer Freundin aus Berlin abgesandt: Einar sollte spätestens am nächsten Sonnabend in Berlin eintreffen und in einem näher bezeichneten Hotel absteigen … Dort wohne bei seinen häufigen Besuchen in Berlin der Professor … Im Hotel werde Einar dann einen Brief vorfinden …

Bereits zwei Tage danach begab sich Einar auf den Weg …

Gerda und Hélène begleiteten ihn zum Bahnhof.

Er hatte seit Eintreffen des Telegramms fast nicht mehr gesprochen. Wie ein Traumwandler kam er sich vor … Jede Freude und jeden Schmerz verschloss er in sich. Auch beim Abschied ließ er sich seine Erregung kaum anmerken. Allein sein … fort von hier … Flucht in ein neues Schicksal hinein … Flucht vor Vergangenheit und Gegenwart … und: *nicht denken,* bis das Ziel erreicht war … Welches Ziel?

IV

Langsam setzt sich der Zug in Bewegung, Einar hat einen Fensterplatz.

Er hat sich aus alter Gewohnheit eine Caporal-Zigarette angesteckt. Eine nach der anderen raucht er … Mechanisch klopft er dann und wann die Asche ab.

Eine Beute völliger Gehirnschlaffheit, die oft allzu hastigen Reisevorbereitungen folgt in dem Augenblick, wo man bei Abfahrt des Zugs sich plötzlich mit sich allein befindet.

Entsetzlicher Gedanke, als Einar jäh ins Bewusstsein dringt, dass er sich selber jetzt preisgegeben ist … Angst befällt ihn …

Plötzlich tauchen die beiden geliebten Gesichter vor ihm auf … Gerda … Hélène … und allmählich verwandeln sich beide Gesichter zu einem … er hat nur noch *einen* Namen für sie beide: Heimat … Heim … und, jetzt fällt es ihm ein: Paris …

Er blickt hinaus, als wollte er sie suchen … Paris … Hélène … Gerda …

Nicht einmal aus dem Fenster hatte er sich vorhin gebeugt, als es ans Abschiednehmen ging … Der Eiffelturm … die weiße Luftspiegelung des himmelhohen Doms: Sacré-Cœur … Hélène … Gerda … alles war versunken … für immer …

Für immer? … Ja, für immer! Denn *er*, Einar Wegener, wird nie nach Paris zurückkehren.

Vielleicht ein anderes Wesen … Er kann den Gedanken nicht zu Ende denken.

Gerda … Hélène … Paris … Dieser Dreiklang begleitet ihn, den Flüchtling … Im Rhythmus der Fahrt hört er es jetzt plötzlich: Flüchtling … Flüchtling …

Der Zug rast durch Nordfrankreich.

… Zwischen Ruinen wachsen neue Ortschaften aus der Landschaft … Da und dort gibt es seltsame, riesige Vierecke mit fantastischen Anpflanzungen … Es sind keine Saatfelder … es sind Kreuzfelder … Kriegerfriedhöfe … Plantagen des Todes … Kreuz neben Kreuz … ins Grenzenlose hineingestellt …

Und er denkt an Gerda … Weshalb hatte er ihr nicht erlaubt, ihn zu begleiten? Sie hatte ihn darum gebeten. Nie hatte sie ihn allein gelassen. Und jetzt hatte er sie dazu gezwungen, in Paris zurückzubleiben … und zu warten … Er reißt sich zusammen, steckt sich eine Zigarette an, schaltet das Denken aus …

Die Zollgrenze Belgiens und Frankreichs ist erreicht. Er blickt teilnahmslos aus dem Fenster. Das Abteil ist jetzt bis auf den letzten Platz gefüllt.

Die Fahrt durch Belgien geht im Schneckentempo …

Ab und zu stapft Einar in den Speisewagen, gießt einen Cocktail hinunter … Es ist noch nicht sechs Uhr abends … Bei jeder winzigen Ortschaft hält der Zug. Träge steigen die Menschen aus und ein, als hätte jeder Überfluss an Zeit …

Dann ist die deutsche Grenze erreicht. Und eine neue Lokomotive bringt neue Energie in die Fahrt … Die Nacht sickert langsam nieder. Der Zug braust in die Dunkelheit hinein …

Einar hat lange im Speisewagen gesessen, hat getrunken, um alles in sich zu betäuben … auch die Schmerzen, die das Schüttern und Schlingern der Fahrt ihm verursachen … Er muss zurück in sein Abteil. Er kann sich im Gang kaum aufrecht halten. Endlich liegt er wieder in seiner Ecke, beißt die Zähne zusammen, schließt die Augen. Alle Brücken sind abgebrochen … Alles liegt dahinter … Sein ganzes Leben scheint ihm etwas Vergangenes … etwas Verlorenes … Verlaufenes zu sein.

Er will nicht denken. Aber es lässt ihm keine Ruhe … Wäre es vielleicht richtiger gewesen, auf dieses fantastische Experiment zu verzichten? … Denn ein Experiment ist es doch, was man mit ihm vorhat … Wäre es nicht vernünftiger gewesen, das Leben, so wie es sich für ihn gefügt, zu Ende zu leben, *auszuleben*, es aus sich verebben zu lassen? …

Er denkt an den Brief, den er neulich an Kurt Warnekros geschrieben hat: »Ich verschreibe mich Ihnen auf Leben und Tod, wenn nur *Lili* weiterleben darf …«

… Alles, was noch an Mannesstolz in ihm wohnt, rührt sich, ergreift ihn. »Ich habe! ans Ziel zu kommen. Ich habe! auszuhalten.« Er spricht halblaut vor sich hin. Ein paar Mitreisende sehen ihn fragend an.

Er muss lächeln … Er ist nicht umsonst Kopenhagener … Dort wird nichts tragisch genommen …

Also, sagt Einar zu sich selber, schreiben wir uns einmal selber den Nekrolog … Es könnte ja … Nein, nicht tragisch werden. Und dann formuliert er in Gedanken seinen Nachruf als Künstler folgendermaßen:

»Der Maler Einar Wegener ist tot. Er starb im Zug zwischen Paris und Berlin. Die übrigen Mitreisenden glaubten, er sei auf seinem Platz in der einen Fensterecke des Abteils eingeschlafen. – Vermutlich war die Todesursache ein Herzschlag.

Ein glückliches und harmonisches Künstlerleben hat hier seinen jähen Abschluss gefunden. Er war ein Mann in den allerbesten Jahren … Er schien gerade jetzt, nachdem er eine Zeitlang gesucht und auf verschiedene Weise experimentiert hatte, *seinen* Stil gefunden zu haben … Seine Bilder, meist in Frankreich und Italien entstanden, waren bald hell und farbenstrahlend, bald dunkel und etwas schwermütig, – aber stets voll von Stimmung und Naturgefühl. Zwei bevorzugte er vor allen: Paris, dessen Seineufer, Brücken, Türme er mit nicht geringer Meisterschaft in ihrer perlgrauen, leise verschleierten Atmosphäre wiederzugeben vermochte, und Landschaften unter drückendem Gewitterhimmel, vor dessen dunklem Hintergrund Bäume und Häuser hektisch aufleuchteten. Besonders waren es Bilder der letzteren Art, diese kräftigen, sehr männlich aufgefassten Gewitterbilder, in denen Einar Wegener Auslösung für seine Begabung fand.

Wir, die seine recht zarte, oft effeminierende Erscheinung kannten, seinen lächelnden, fast lustigen Ton in der Unterhaltung, sahen dies mit Verwunderung, und oft befiel uns der Gedanke, das alles, was an Männlichkeit in ihm wohnte, in diesen starken, etwas wilden und eigenwilligen Bildern seinen Ablauf fand …

Er malte sehr schnell. Und so kam es, dass er Zeit fand, sich neben seiner Malerei mit vielen anderen Dingen zu beschäftigen. Sein Wissen war recht umfassend. Sehr bezeichnend war für ihn eine Antwort, die wir einmal aus seinem Mund hörten, – in Trianon, an einen älteren Kollegen von ihm gerichtet. Dieser hatte seinen Ärger darüber geäußert, dass ein junger Kollege ein Gemälde auf eine seiner Meinung nach zu systematische Weise beginne. ›Sie

»Pappeln entlang des Fjords bei Hobro«. Landschaftsgemälde von Einar Wegener, 1908.

müssen mir verzeihen, dass ich Ihre Ansicht nicht teile‹, entgegnete Einar Wegener, ›aber ich glaube nun einmal, dass es unmöglich ist, das Blatt einer Rose richtig zu malen, wenn man nicht bis ins Letzte hinein den Einfluss der Reliefkunst der Assyrer auf die Skulptur der Griechen kennt …‹ Ein andermal äußerte er sich folgendermaßen: ›Ich begreife nicht, wie leichtfertig meine meisten Altersgenossen mit ihrer Kunst umgehen, – wie leicht sie mit ihrer Leistung zufrieden sind. Was mich betrifft, so rechne ich damit, tausend Jahre nötig zu haben, ehe ich ein einigermaßen anständiger Maler geworden bin.‹ So ernst nahm Einar Wegener jedenfalls seine Kunst.

Die längste Zeit seines Lebens hatte er fern von seiner dänischen Heimat verbracht – draußen in Europa, in Italien, Holland, Deutschland, Frankreich. Meist lebte er in Paris.

Der Grund, weshalb er Kopenhagen in jungen Jahren bereits den Rücken gekehrt hatte, obwohl man dort seine Kunst von Anfang an recht geschätzt, war, dass ihm Kopenhagen-Dänemark nicht als der richtige Boden für die Kunst seiner Frau erschien. In Kopenhagen hatte er oft hören müssen, wie sehr man seine Bilder denen seiner Frau vorzog. Und das war vielleicht das Schlimmste, was man ihm sagen konnte. In Paris, wo im Allgemeinen das Gegenteil der Fall war, fühlte er sich schon aus diesem Grund zu Hause. Die Erfolge seiner Frau fühlte er wie eigne Erfolge. Denn der Hauptzug seines Wesens war Ritterlichkeit seiner Frau gegenüber, wie überhaupt den Frauen gegenüber.

Er war im Übrigen eine komplizierte, problematische Natur. Trotz unvermeidlicher Einflüsse, denen jeder Künstler in Paris ausgesetzt ist, blieb er im Grunde eine nordische Malerbegabung, seine Kunst hatte in ihrem tiefsten Wesen wenig mit dem Romanischen, alles aber mit dem Germanischen zu schaffen. Als Persönlichkeit war er Europäer. Er verkehrte ständig mit französischen Philosophen und Skribenten, mit polnischen Geigern, mit russischen Architekten und deutschen Malern.

Zusammen mit einem französischen Freund hat er ein Buch über nordische Sagen geschrieben, das in Paris viele Auflagen erlebt hat. Darauf war er nicht wenig stolz. Und er freute sich, gerade durch dieses Werk der romanischen Leserwelt die Augen für die germanische Ideenwelt geöffnet zu haben, ein Unterfangen, das gerade in der Nachkriegszeit – das Buch erschien im Jahr 1924 – als ein

Einar Wegener als Maler, 1929.

geistiges Brückenschlagen zwischen der romanischen und germanischen Welt Lob verdient.

Ohne selber ein ausübender Musiker zu sein, hegte er eine tiefe Liebe zur Musik.

In den letzten Jahren war seine Gesundheit nicht besonders gut gewesen. Er hatte oft über Schmerzen geklagt, aber stets auf eine verhaltene, lächelnde Weise, so dass sogar die Ärzte, die er schließlich hatte aufsuchen müssen, sich über seinen Zustand wohl geirrt hatten oder aber sich über den Ernst seiner körperlichen Verfassung nicht hatten klar werden können.

Jetzt hat der Tod so jähe, – und zum tiefen Schmerz seiner vielen Freunde nah und fern, – dieses sympathische Künstlerleben abgebrochen, das uns allen, die ihn gekannt haben, wie ein unvollendeter Roman erscheinen muss …«

»Punktum«, sagte Einar still für sich, »Punktum«, und dachte daran, dass ungefähr so, wie er es jetzt in Gedanken formuliert, jemand anders heimlich seinen Lebenslauf in ein Tagebuch niedergeschrieben hatte – Gerda, seine treueste Lebensgefährtin … vor gar nicht langer Zeit, als alle, und auch sie, meinten, dass er heimlich aufbrechen würde … Eines Nachts hatte er sie über ihrem Tagebuch schlafend gefunden … Gerda hatte es nie erfahren, dass er diese »Tagebucheintragung« kannte.

Aachen war längst passiert. Würde man denn nie Köln erreichen, stöhnte es in ihm.

Einar hatte kein Schlafabteil bestellt. Diese Art modernen Reisekomforts hatte er stets verabscheut … Mit wildfremden Menschen eingepfercht zu werden, war ihm zuwider. Eine unüberwindliche Scham verbot ihm, sich in Gegenwart anderer Männer zu entkleiden. Viele hatten ihn deshalb verlacht. Nur Gerda verstand seinen Widerwillen …

Endlich: Köln! Alle Mitreisenden verlassen das Abteil. Sie haben Schlafplätze, denkt Einar froh. Er ist allein.

Nach kurzer Zeit setzt sich der Zug wieder in Bewegung. Einar hat sich eine neue Zigarette angesteckt. Ob ihn die Schmerzen in Frieden lassen werden, bis er am Ziel ist: Berlin …? Nur diese eine Nacht schlafen können … Nur diese eine Nacht nicht denken … Er entledigt sich seiner Jacke, legt sie unter den Kopf, um höher liegen zu können, bedeckt sich mit seinem Mantel. Ihm war vorhin so heiß geworden … Jetzt beginnt er zu frösteln. Er steht wieder auf, schließt die Gardinen vor den Fenstern zum Gang, dreht das Licht ab. Und er liegt wieder.

Die Schmerzen regen sich aufs Neue. Er zieht den Mantel über das Gesicht.

Doch er schläft ein, schläft viele Stunden.

»Hannover! … Hannover!« wird gerufen. Und wieder …, ganz fern, »Hannover!«.

Hammerschläge gegen Räder. Immer näher kommen sie. Türen werden aufgerissen … zugeworfen.

Dann ein scharfer Pfiff … Langsam setzt der Zug sich wieder in Gang.

Stumpf lehnt Einar halb liegend auf der Bank … Dann springt er hoch … Die Tür seines Abteils wird aufgerissen. Die vorgezogenen Gardinen werden beiseitegeschoben.

Eine Dame steht in der Tür. Ihre Silhouette zeichnet sich gegen das Licht im Gang scharf ab.

Das Dunkel in seinem Abteil scheint sie im ersten Augenblick scheu zu machen. Aber nur einen Augenblick.

Dann wirft sie ein Handköfferchen hinauf in das Netz an der Wand und sinkt selber schlaff auf dem nächsten, leeren Eckplatz neben der Korridortür nieder.

Einar dreht das Licht wieder an.

Er unterdrückt seinen Missmut, plötzlich aus seiner Einsamkeit herausgerissen zu sein. Bis Berlin wird der Zug nicht mehr halten, denkt er. Also gibt es keine Hoffnung mehr, wieder allein zu sein. Ob er in das nebenan liegende Abteil gehen soll? Vielleicht ist es leer ... Doch sofort verwirft er den Gedanken wieder. Er darf nicht unhöflich erscheinen ...

Er setzt sich korrekt zurecht.

Er betrachtet sie, ohne dass sie es merkt.

Der Ausdruck ihrer Augen fällt ihm auf. Sie scheint ihn gar nicht zu sehen, scheint gar nicht zu wissen, dass sie mit ihm den kleinen Raum teilt.

Er blickt vor sich hin... Er sieht auf seine Finger... Doch schon sind seine Augen wieder bei ihr. Und er sieht erstaunt, dass sie weint.

Die Tränen stürzen ihr aus den Augen. Sie muss gesehen haben, dass er sie anschaut ... Aber sie macht trotzdem nicht den geringsten Versuch, ihr Weinen zu verbergen oder die Tränen zu trocknen.

Sie muss noch recht jung sein. Ihr aschblondes Haar liegt um eine schmale, makellose Mädchenstirn. Ihre Augen, von Tränen verschleiert, sind gewiss hell und blau und können froh und sorglos schauen ... Sie hat ihre Handschuhe abgestreift ... Die Linke trägt einen schlichten Reif, sieht er. Also eine Braut ...

Tiefes Mitgefühl regt sich plötzlich in ihm.

»Mademoiselle«, beginnt er.

Sie scheint ihn nicht zu hören. Er hat wohl zu leise gesprochen Das Brausen des Zugs hat sein Wort übertäubt.

Dann fällt ihm ein, dass er sich in Deutschland befindet.

»Gnädiges Fräulein«, wiederholt er fast verlegen.

Sie schlägt ihre verweinten Augen auf … Welch eine entzückende Braut! denkt Einar.

»Ich möchte Ihnen so gern helfen«, sagt er. »Sie haben gewiss etwas recht Schweres durchgemacht, mein Fräulein …«

Weiter kommt er nicht. Sie hat beide Hände vor das Gesicht gepresst und weint herzzerreißend, dann reicht sie ihm unter Schluchzen ein Zeitungsblatt, das sie zusammengefaltet während der ganzen Zeit umklammert hat. Erst jetzt fällt es Einar auf. Er nimmt das Blatt, weiß nichts damit anzufangen, steht auf, setzt sich neben die Weinende, streichelt ihre Hand. Sie wird ruhiger.

Ihr Verlobter, ein bekannter Musiker, sei vorgestern nach Berlin gereist, um dort ein Konzert zu geben. Heute Abend sollte er eigentlich zurück sein. Unterwegs zum Bahnhof, um ihn abzuholen, kaufte sie zufällig eine Zeitung, *die* Zeitung, die Einar da in der Hand hält, und darin liest sie dann …

Sie zeigt auf der vorderen Seite auf eine Stelle, weint wieder …

Einar liest: »Der junge Pianist X. X. aus Hannover, der gestern Abend ein erfolgreiches Konzert im X. X.-Saal gegeben hat, ist auf der Fahrt zu seinem Hotel mit einer Autotaxe gegen einen Straßenbahnwagen gerannt … Mit sehr schweren Verwundungen liegt er jetzt in der X. X.-Kli nik darnieder … Sein Zustand gibt zu den größten Besorgnissen Anlass …«

Erschüttert hat Einar den Bericht gelesen … Seine Hilfe hatte er der unglücklichen Braut angeboten … Er kommt sich jetzt wie ein Schwätzer vor.

Und doch: wie wenig er sich selber stets auch hat helfen können – bei anderen vermochte er häufig durch eine mystische Kraft, die in ihm wohnen muss, Linderungen von Schmerzen zu erreichen … Wie oft haben Gerda und Hélène ihm dies nicht gestanden?

Ihre wie im Fieber brennenden Hände liegen wieder in seinen. Er hält sie lange fest umschlossen. Zuerst zucken sie wie ein gefangenes Vögelchen. Doch stiller und stiller wird das Zucken. Er spricht kein Wort. Streichelt nur ganz sacht die matten Mädchenhände … Auch sie schweigt. Er kann ihren leichten Atem hören. Und ihr Atem wird immer regelmäßiger … Ihr Kopf ist an ihn gesunken. Sie schläft. Jetzt pulst sacht ihr Herzschlag gegen seine Hand, die er um sie hatte legen müssen, um ihr Halt zu geben …

Und er lächelt glücklich … in ihm wohnt also auch heute noch etwas von jener verborgenen, rätselhaften Kraft.

Ein paarmal versucht er, sich zu bewegen. Aber jedes Mal zuckt sie zusammen wie ein krankes Kind, das im Schlummer wimmert. Er bleibt darum jetzt starr sitzen …

Dann hat die sausende Fahrt auch ihn in den Schlaf gewiegt.

Doch bald erwacht er wieder. Und er muss lächeln …

Hier sitzt er nun, er, Einar Wegener aus Kopenhagen, hingespült vom Leben nach Paris, und von Paris nordwärts gehetzt von einem fantastischen Schicksal, ein unendlich

Beladener, der der Hilfe und des Beistands bedürftig ist wie nur je ein Mensch, und da hat der Zufall ihn dazu auserwählt, dieser ihm so völlig Fremden Trost zu spenden, um ihr über eine harte Stunde ihres Daseins, vielleicht ihre härteste Stunde, hinwegzuhelfen … Und da liegt dieses kleine deutsche Fräulein, die Braut eines Unbekannten, in seinen Armen … Und sie und er, jeder von ihnen beiden, fahren, gelenkt von irgendeiner blinden Vorsehung, dem eignen Schicksal entgegen … irgendwo in Deutschland …

Dies denkt er und immer wieder denkt er es … und wird damit nicht fertig.

Und da tropfen ein paar heimliche Tränen aus seinen Augen. Sie sind sehr weh. Und er weiß, weshalb sich dies alles so gefügt hat: dieses süße Geschöpf aus Hannover, wie ein vertrauensseliges Kind in seinen Armen schlummernd, es war ihm gesandt worden als das letzte Weib, damit er als Mann von der Frau, dem Ewig-Weiblichen für immer scheiden sollte …

Also weben nebelhaft in ihm die Gedanken … und draußen ist Nebel und Frühe, der Zug braust in das Häusermeer von Berlin hinein …

Er muss seine Reisekameradin wecken.

Mit einem Angstschrei schreckt sie aus dem Schlummer, sieht ihn völlig ratlos an … »Oh, er darf nicht tot sein …« Ihre Worte ertrinken wieder in Tränen.

»Kind«, spricht Einar sanft und entschlossen und sicher auf sie ein, »Kind, ich weiß nicht Ihren Namen, und Sie kennen auch nicht den meinen, und doch bitte ich Sie: glauben Sie mir! Ich weiß es, dass er lebt!«

Sie hat beide Hände von ihm genommen und bedeckt sie mit Küssen.

»Nicht doch«, wehrt er ab, »Sie können ganz ruhig sein.«

»Oh, ich bin auch völlig ruhig! Wie haben Sie mir geholfen. Ich werde es Ihnen nie vergessen.«

Wenige Minuten später ist sie im Menschenmeer Berlin untergetaucht. Einar sieht ihr lange nach. Das Zeitungsblatt, das sie ihm während der Nacht gegeben hat, ist das einzige, was er von ihr behält …

Ein paar Tage später las Einar zufällig in einer Zeitung, dass der Bräutigam seiner unbekannten Reisegefährtin sich auf dem Weg der Genesung befände.

V

In Begleitung eines Gepäckträgers legt Einar den kurzen Weg vom Bahnhof zum Hotel zu Fuß zurück.

»Was für eine Hundekälte hier in Berlin. Und dabei haben wir den ersten März«, gesteht er überrascht dem Mann mit seinen beiden Köfferchen. »In Paris hatten wir schon Frühling …«

»Ja, in Paris«, erwidert der Biedere, »in Paris.« Und damit ist die Unterhaltung beendet.

Einar hat den Mantelkragen hochgeschlagen. Ihm klappern förmlich die Zähne. Übermüdet nach einer fast schlaflosen Nacht mitten in einer fremden Welt … Aber die unerwartet kühle Temperatur macht ihn völlig wach.

Plötzlich, noch ehe das nahe Hotel erreicht ist, durchfährt ihn der Gedanke: »Die beiden Koffer beherbergen meine allerletzten Beinkleider, Hemden, Kragen … Welche Tollheit …«

Wie Trotz wacht es in ihm auf. Als wolle der *Mann* sich zur Wehr setzen, der Mann in ihm.

Im Hotel, wo man von seinem Kommen unterrichtet ist, begegnet man ihm mit ausgesuchter Höflichkeit. Er erkundigt sich sofort, ob Professor Warnekros, der fast jedes Wochenende in diesem Hotel zu wohnen pflegte, vielleicht schon eingetroffen sei. Es ist nicht der Fall. Er ist enttäuscht. Es liegt auch kein Brief für ihn beim Portier.

Wenige Minuten später ist er in seinem Zimmer. Ein warmes Bad wird genommen. Und als er gefrühstückt hat, ist alles Trübe vergessen.

Hélènes Freundin, die Absenderin des schicksalsvollen Telegramms, das seine Abreise nach Berlin veranlasst hatte, war das erste menschliche Wesen, das ihn hier anrief.

»Willkommen in Berlin«, klang es aus dem Telefon, – Einar erkennt sofort die Stimme der Baronin von Goldschmidt-Rothschild, die er einige Male in Paris zusammen mit Gerda und ihrem Freundespaar getroffen hatte, »alles ist von uns vorbereitet. Und damit keine Zeit verloren geht, werden sich ein paar Spezialisten, die Kurt Warnekros inzwischen eingeweiht hat, mit Ihnen vielleicht heute oder morgen in Verbindung setzen …«

Wenige Minuten später bestellt ein ihm bislang völlig unbekannter Arzt, Professor Abraham, ihn um die Mittagsstunde zu sich.

Und kaum war dieser Besuch verabredet, als schon wieder das Telefon schellt. Poul Knudsen, ein alter Freund aus Kopenhagen, Jurist und Poet zugleich, seit Jahren in Berlin lebend, ruft ihn an.

»Hallo, Einar …«

»Woher weißt du denn, dass …«

»Gerda hat mir ein langes Telegramm gesandt … schon gestern … und heute früh ist ein Eilbrief von ihr aus Paris eingetroffen … Der Brief ist also mit dir um die Wette gelaufen … Du musst sofort zu uns kommen. Johanne und ich warten mit dem Morgenkaffee, bis du kommst.«

Und hastig werden Adresse und Weg beschrieben. Einar sitzt wenige Minuten danach schon in einer Autotaxe …

Eine halbe Stunde später ist er bei den Freunden angelangt.

Ein prachtvoller Mensch, dieser Poul, ein blonder Riese aus Nordjütland, wo seine Familie alten Grundbesitz hat.

Johanne, seine Frau, ist der Typ der modernen gepflegten Frau. Hennarotes Haar kontrastiert pikant mit den großen blauen Augen. Globetrotter waren beide. Gerda und Einar hatten oft weite Reisen gemeinsam mit ihnen unternommen. Aber so vertraut sie miteinander auch waren, um Einars Geheimnis wussten sie bislang nicht.

Auf das Herzlichste empfängt man ihn. Man frühstückt, spricht von gleichgültigen Dingen, so lange Johanne im Zimmer ist. Dann erst fällt Poul, wie er sich burschikos ausdrückt, mit der Tür ins Haus.

»Gerda hat mir nämlich etwas, wenn auch nicht ganz klaren Wein eingeschenkt … hier … in diesem Brief von heute früh … Du kannst ihn selbstverständlich lesen …«

Einar wehrt ab. »Nein, der Brief ist für dich bestimmt …«

»Also gut…« An den Wänden des Zimmers hängen ein paar Gemälde … von Gerda … von Einar gemalt.

Unwillkürlich muss Einar sie betrachten. Das eine Bild, von Gerda gemalt, ist … Lili.

»Ja«, sagt Poul zartfühlend, »jetzt verstehe ich vieles, was mir bisher wie eine bizarre Idee von euch beiden vorgekommen ist: dich so oft als weibliches Modell in Gerdas Bildwerken auftauchen zu sehen …«

Beide schwiegen dann eine Weile.

»Nun denn, alter Junge«, beginnt Poul wieder, »einige Andeutungen, die Gerda mir gegenüber vor einem Jahr in Paris hat fallen lassen, zeigten mir ja damals schon, dass dein Leben eine seltsame Kurve zu nehmen schien … Ob es nun eine glückliche oder unheilvolle Wendung ist, vor der dein Dasein jetzt steht, eins musst du jetzt schon wissen: du hast dein Geschick hier den besten, gewissenhaftesten Händen anvertraut … Jetzt kommt es nur auf dich an, ob du die Kraft hast, durchzuhalten … Du siehst müde aus … Aber«, und jetzt lacht Poul lustig, »es ist ja auch ein recht ungewöhnlicher Fall für einen Menschen, vor die Wahl gestellt zu werden, ob er als … Einar oder«, und jetzt zeigt er auf das Gemälde, »als Lili in dieser Welt der sich überschlagenden Sensationen weiterleben will.«

Einar sieht den Freund an. »Vor die Wahl gestellt, sagst du … Nein, ich glaube nicht, dass es sich darum handelt, … sondern um viel Ernsteres, nämlich um Leben oder Sterben … Denn der Mann, der vor dir steht, ist, du kannst es mir glauben, zum Tode verurteilt … Und jetzt handelt es sich darum, ob *das Wesen* da«, er weist auf das Bild, »ins Leben treten und den Kampf mit dem Leben aufnehmen kann …«

Poul spricht jetzt sehr ernst. »Siehst du, *das* erscheint mir nämlich im Augenblick als das Wichtigste, dass du dir selber ganz klar darüber wirst, wie diese seltsame, fantastische Wandlung, die du seit deiner Kindheit bis jetzt, also während eines normalen Menschenlebens, durchgemacht haben musst, vor sich gegangen ist … Wie allmählich also die … Lili über Einar die Überhand bekommen hat …«

»Gut«, erwidert Einar, sieht auf seine Uhr, »jetzt muss ich zu meinem ersten Richter über Leben und Tod, zu Professor Abraham. Und bin ich bei ihm fertig, muss ich wahrscheinlich weiter … die ganze Runde durch …«

»Einverstanden«, Poul hat sein behäbiges Lachen wieder, »und bist du mit deinem Pensum fertig, dann kommst du wieder zu uns. Und jetzt Hals- und Beinbruch!«

*

Professor Abraham, der Erfinder einer neuen Methode von Blutuntersuchungen, empfing Einar auf eine sehr schonende Weise. Er stellte eine Reihe Fragen, die, wie delikater Natur sie auch waren, von Einar ohne Scheu beantwortet wurden.

Während der langen, umständlichen Untersuchungen – es galt vor allem durch Analysierung des Blutes die Lebensbedingungen von Lili in Einar zu bestimmen, schaltete Einar unter Aufbietung seiner ganzen Willenskraft das Denken aus. Der Gelehrte führte ihn aus dem Arbeitszimmer in einen behaglich eingerichteten Salon. »Falls Sie rauchen wollen … bitte …« Nachdem man sich dann eine kurze Zeit über etwas belanglose Dinge unterhalten hatte, eröffnete Professor Abraham seinem Patienten, dass er jetzt von dem ihm befreundeten Sexualpsychologen Dr. Hirschfeld besonderen Untersuchungen unterzogen werden müsse. »Mein Kollege Hirschfeld besitzt jedenfalls so große Erfahrungen auf dem mehr ›seelischen‹ Gebiet – man kann wissenschaftlich hierüber denken, wie man will –, dass ich jedenfalls in diesem besonderen Fall, der Ihre Person betrifft, keinesfalls an seinem Urteil vorbeigehen möchte. – Sind Sie dann dort entlassen, so werden Sie einen anderen Kollegen, Dr. Karner, aufsuchen müssen. Er und ich haben nämlich den Hormoninhalt Ihres Bluts zu beurteilen, während Kollege Hirschfeld rein psychologisch, also seelenkundlich, sein Urteil über Sie und *die* Person in Ihnen, die Sie Lili nennen, abgeben soll. – Auf jeden Fall bitte ich Sie, mich morgen Vormittag wieder zu besuchen. Das Ergebnis dieser verschiedenen ›Prüfungen‹, denen wir Sie zu unterziehen haben, wird dann Ihrem Beschützer Professor Warnekros zugestellt.«

»Ihr Beschützer«… Diese Worte pochten an Einars Herz. Und als er kurz darauf in einem Wartezimmer des weitläufigen Instituts für Sexualwissenschaften saß, musste er diese beiden Worte immer wieder vor sich hinsprechen – sonst hätte ihn hier aller Mut verlassen. Weshalb hat man mich hierhergeschickt, fragte er sich, was habe ich hier zu tun? … Er spürte ein moralisches Unbehagen. In diesem großen Raum schien sich ein Klub von abnormen Menschen ein Stelldichein zu geben: Frauen, die wie verkleidete Männer aussahen, Männer, von denen man kaum glauben konnte, dass sie Männer seien … Die Art, wie sie sich unterhielten, war widerlich, ihre Bewegungen, ihre Stimmen, die Art ihrer Kostümierung erregte Ekelgefühl …

Endlich erschien Dr. Hirschfeld und führte ihn in sein Arbeitskabinett. Stundenlang durchforschte dieser

Der Sexualwissenschaftler Magnus Hirschfeld, um 1930.

Mann mit Hilfe von tausendfältigen Fragen Einars Seelenzustand. Einer Inquisition unbarmherzigster Art hatte er sich zu unterwerfen. Die Scham der Schamlosigkeit ist doch wohl etwas, das tatsächlich ist, dachte er während dieser Stunden, klammerte sich an diese Definition, die er in irgendeinem philosophischen Werk einmal gefunden hatte, nur, um das Gefühl, hier wie angeprangert zu stehen, loszuwerden. Es war ein Spießrutenlaufen der Seele, was er hier durchmachte …

Und als diese Tortur zu Ende war, entließ der Inquisitor ihn mit den Worten: »Ich erwarte Sie morgen um diese Zeit wieder bei mir.«

Dann kam die Reihe an Dr. Karner. – Einar hatte jetzt bereits eine Art Routine in der Beantwortung der ihm vorgelegten Fragen erworben. Diese Untersuchung verlief durchaus in Konversationsform. Ehe Einar es richtig merkte, befand er sich in einer echten »Männer-Unterhaltung«; es ging um das politische Verhältnis zwischen Frankreich und Deutschland. Und so ganz beiläufig führte der Arzt eine lange, feine Spritze in Einars Arm, um eine Blutprobe zu nehmen.

Auch Dr. Karner entließ ihn mit den Worten: »Und morgen sehe ich Sie bei mir dann wieder.«

Erschöpft kam Einar endlich abends wieder zu Poul und Johanne Knudsen.

»Nein«, rief er, »jetzt nichts fragen. Ich kann nicht mehr. Lass uns lieber einen gehörigen Rundgang durch euer Spreebabel um den Kurfürstendamm herum machen. Ich muss Menschen, gesunde Menschen sehen.«

Johanne war bereits »vergeben« für diesen Abend. Aber Poul nahm mit Freuden den Vorschlag von Einar an.

Man begann in einem russischen Restaurant, wo mit Wodka und anderen Getränken bei einem vielgängigen Souper nicht gekargt wurde. Dann kamen deutsche, französische, ungarische und spanische Weine in den verschiedensten Bars und Cafés an die Reihe. Einar war zu beider Verwunderung ein guter Zechgenosse heute Abend.

»Auf dein Wohl, Einar«, sagte Poul, der diese überraschende Trinkfestigkeit des Freundes gerade wieder konstatiert hatte, »im Grunde bist du doch ein seltsamer Bursche. Heute Abend benimmst du dich wie ein waschechter Kerl, – und morgen wirst du dir vielleicht bescheinigen lassen, dass ich dich künftig als Dame werde behandeln müssen. Wenn ich dich so ansehe, so will mir kaum in den Kopf, dass all das mit rechten Dingen zugegangen sein kann… Aber vielleicht haben wirklich von Anfang an nicht nur im goetheschen Sinn zwei Seelen in deiner Brust gewohnt, sondern zwei Wesen, zwei ganze Wesen … Ich weiß nicht recht, wie ich mich ausdrücken soll …«

Einar sah ihn ruhig an. »Ich verstehe deine Gedankengänge. Es ist schwer, aus dieser Wandlung klug zu werden, schwer für mich, um wie viel schwerer also für andere. Und das Seltsamste bei allem ist, dass jedes Wesen in mir, glaub es, in seinem Gefühlsleben gesund und, glaub es mir, völlig normal ist.«

»Und gerade dies ist vielleicht das Unnormale, das Unbegreifliche an deinem Fall«, stellte Poul fest. »Ich kenne dich doch seit Jahren. Ich meine«, und jetzt lächelte er etwas, »dich als Einar … Denn die Lili hast du uns Freunden ja verschwiegen … Und als Mann erschienst du mir stets gesund, ohne Einschränkung … Ich hab es ja auch mit eignen Augen erlebt, dass du Frauen gefällst, – das ist doch der klarste Beweis, dass du eben ein richtiger Kerl bist …« Er hielt inne, legte dann die eine Hand auf Einars Schulter. »Du nimmst es mir nicht übel, wenn ich eine offene Frage an dich richte?«

Einar sah ihn groß an. »Poul, wenn du wüsstest, was für Fragen ich heute schon habe beantworten müssen, du würdest dich weniger feierlich jetzt benehmen …«

»Nun gut, Einar. Hast du dich jemals für … deinesgleichen interessiert? … Du weißt, was ich meine.«

Einar schüttelte ruhig den Kopf. »Mein Wort, Poul, nie im Leben. Und ich kann hinzufügen, dass sich derartige Wesen auch nie für mich interessiert haben.«

»Bravo, Einar! Das habe ich mir gedacht.«

»Lieber Poul, ich will dir ehrlich und mit einfachen Worten gestehen: ich habe immer und allzeit Frauen gemocht. Und wie damals so auch heute. Ein banales Geständnis.«

Poul hob sein Glas: »Und nun wollen wir auf den morgigen Tag trinken. Mag kommen, was will. Halt durch! Halt aus! Hättest du zur Zeit der alten Griechen gelebt, so hätten sie vielleicht aus dir einen Halbgott gemacht. Im Mittelalter aber hätten sie dich verbrannt. Denn Wunder waren damals verboten. Und heute ist es allenfalls den Ärzten erlaubt, so etwas wie Wunder zu vollbringen … Also trinken wir auf den morgigen Tag.«

Sie tranken.

Poul begleitete den Freund in sein Hotel. Als er in seinem Zimmer mit sich allein war, brach er vor Seelen- und Körperqual zusammen.

*

Am nächsten Morgen hatte Einar äußerlich sein Gleichgewicht wiedergefunden.

Pünktlich fand er sich bei Professor Abraham ein.

»Ich habe inzwischen mit dem Kollegen Warnekros gesprochen. Wir sind uns beide darin einig, dass ein junger Kollege hier, ein Chirurg von Rang, Sie zuerst behandeln soll. Ist das überstanden, so steht Ihrer Aufnahme in der Klinik vom Kollegen Warnekros nichts mehr im Weg. Das heißt, nicht Sie werden dort Aufnahme finden …«

»Nicht ich?«

»Warnekros leitet eine Frauenklinik … Ihr Fall liegt«, jetzt lächelte der Professor ein wenig, »etwas ungewöhnlich, … auch für uns Medizinmänner … Das heißt also, wenn der hiesige Chirurg Sie entlässt, werden Sie nicht mehr Einar Wegener, sondern …«

»Lili sein …«

»So ist es … Wie der Kollege Hirschfeld mir inzwischen mitgeteilt hat, betrachtet auch er das Männliche an Ihnen als den bei weitem geringeren Teil Ihres Wesens, das seiner Ansicht nach zu achtzig von hundert Teilen in seelischer Hinsicht weibliche Merkmale trägt. Die Untersuchung Ihres Bluts hat zu ähnlichem Ergebnis geführt. – Im Übrigen werde ich bei der Operation, die wir hier in Berlin an Ihnen vornehmen, selbstverständlich zugegen sein. Vorher werden wir noch einige Bilder von Ihnen aufnehmen. Aus wissenschaftlichen Gründen. Kollege Hirschfeld erwartet Sie. Morgen Vormittag finden Sie sich dann in der Klinik des Chirurgen ein.« Dann gab Professor Abraham Einar die genaue Adresse der Klinik.

VI

Spät am Abend sitzt Einar wieder bei Poul und Johanne.

Nachdem man zu dritt gegessen hat, wobei das Freundespaar absichtlich vermeidet, Einar nach dem Ausfall der verschiedenen ärztlichen Untersuchungen auszufragen, zündet sich Einar eine Zigarette an, steht auf, knipst alles überflüssige Licht aus, so dass nur noch eine einzige elektrische Kerze, als Ampel in einer Alkovenecke angebracht, matt leuchtet.

Er setzt sich in den bequemen Lehnstuhl dort und beginnt ohne große Einleitung recht unfeierlich:

»Ich habe gestern Nacht sehr gründlich über deine Worte, lieber Poul, nachgedacht.«

»Über meine Worte?«

»Ja, als du nämlich sagtest: im Augenblick sei es das Wichtigste, mir selber ganz klar darüber zu werden, wie diese – ich gebrauche deine Worte – seltsame, fantastische Wandlung, die ich seit meiner Kindheit bis jetzt durchgemacht habe, vor sich gegangen sei ...«

»Richtig, wie die ... Lili über dich allmählich die Überhand bekommen hat«, ergänzt Poul.

»Nun denn, ich *habe* also die letzte Nacht darüber nachgedacht ... zumal es ja gar nicht ausgeschlossen ist, dass diese Nacht heute die letzte Nacht von ...«

»Unfug«, unterbricht Johanne.

»Lass gut sein, Johanne«, fällt Poul ihr ins Wort, »ich weiß, was Einar meint ...«

Einar lächelt. »Wie es auch kommt, Johanne, es *ist* eine Abschiedsnacht ... Und damit Sie das recht gut verstehen, will ich, vorausgesetzt, dass ihr beide ebenso viel Geduld habt wie ich, lang und breit jetzt einmal erzählen, wie das alles gekommen ist ... Ich habe mir einige Notizen gemacht, um wenigstens den sogenannten roten Faden nicht zu verlieren. Wer weiß, was morgen sein wird ... ob ich dann noch *ich* sein werde oder ob ich, gewissermaßen ausgelöscht als *Einar*, dies Wesen, was hier vor euch sitzt, selber aus dem Gedächtnis zu verlieren beginne, um einem anderen Wesen gänzlich Platz zu machen.«

Poul ist aufgestanden, geht ein paarmal auf und ab, bleibt dann vor Einar stehen, auch er ist jetzt ernst geworden.

»Daran habe ich, wenn auch etwas nebelhaft, ebenfalls gedacht. Und da du mich als einen recht sachlichen Menschen kennst, der meist die Dinge so nimmt, wie sie sind, das heißt ohne allzu viel Gefühlsduselei – außerdem habe ich aus meiner Studentenzeit das Stenografieren noch nicht vergessen –, so möchte ich dir vorschlagen, dass ich, ohne deinen Gefühlen zu nahe zu treten, dein jetzt zum Vortrag zu bringendes Curriculum Vitae mitstenografiere …« Jetzt lacht er. Einar fällt in sein Lachen ein. Auch Johanne muss lächeln.

»Ein ausgezeichneter Einfall«, ruft Einar belustigt. »Mich wird dein Stenografieren weder gefühlsmäßig noch sonst wie irgendwie anfechten. Im Gegenteil.«

»Also los!« Damit lässt Poul sich in einem Sessel nieder, holt Bleistift und einen Taschennotizblock hervor. Johanne liegt auf dem Diwan und raucht ihre Zigarette.

»Fangen wir bei meinen Eltern an, die du ja noch beide erlebt hast«, beginnt Einar, »ich will wie ein korrekter Chronist euch mein Leben beichten. Werde ich dann und wann etwas weitschweifig oder selbstbeschaulich, so …«

»Werde ich als dein Tacitus schon hinterdrein den Blaustift schwingen«, vollendet Poul den Satz.

»Meines Vaters Vorfahren kamen von Mallorca nach Jütland. Von ihm habe ich die dunklen Augen. Er war eigentlich keine sehr gestählte Natur, eher verzärtelt, sehr mit sich und seinem Wohlergehen beschäftigt. Mutter dagegen war frisch, mit gesunden Nerven, ein nordischer, blonder Typ, vielleicht sogar etwas hart in ihrem Wesen, ein tüchtiger Mensch und eine gute Mutter. Sie starb vor Vater, recht plötzlich. Über ihren Tod hat Vater sich nicht trösten können. Ihre Ehe hatte manchen Sturm bestanden. Nach Mutters Fortgang verehrte Vater sie wie eine Heilige.

Sie hatten vier Kinder, drei Söhne und eine Tochter. Ich war das Jüngste …

Ich war ein sehr frohes Kind. Von allen wurde ich verhätschelt. Auch von meinen Geschwistern. Ich war ein großer Feinschmecker. Nur meine Leibgerichte aß ich. Von Vater habe ich nie im Leben ein hartes Wort zu hören bekommen. Tat mal ein Klaps not, so wurde der von Mutter verabreicht. Im Übrigen wetteiferte sie mit Vater mich zu verwöhnen – wie wohl alle Jüngsten verwöhnt werden. Mutter liebte es, mich zu putzen. Ich war nie fein genug gekleidet. Mitunter durfte ich wegen meiner ›feinen Sachen‹ nicht mit den anderen Altersgenossen herumtollen. Das war dann mein größter Schmerz. Ich hatte als kleiner Knirps lange, blonde Locken, schneeweiße Haut, dazu die dunklen Augen, so dass ich von Fremden oft für ein Mädel gehalten wurde. In einem Kindergarten, wo ich als einziger Bub zusammen mit elf Mädels spielte, war ich von allen Kindern das tüchtigste im – Sticken und Stricken … Als Fünfjähriger erhielt ich bei einem Jahresfest unseres Kindergartens deshalb meine allererste ›öffentliche Auszeichnung‹. Wegen … Handarbeiten!

Als Achtjähriger neckten meine beiden Brüder mich oft wegen meiner ›Mädchenstimme‹. Das nahm ich mir sehr zu Herzen, strengte mich seitdem sehr an, einen richtigen Jungenbass zu bekommen.

Denke ich jetzt ernstlich darüber nach, so war meine Kinderstimme meine erste Verstellung …

Im Übrigen war meine Kindheit nichts als Sonnenschein. Mit den Brüdern spielte ich mit Bleisoldaten – mit der Schwester mit Puppen … Dass ich gern den Puppenwagen der Schwester schob, darin sah niemand etwas

Besonderes … so etwas tun ja viele Brüder, die Schwestern haben …

Mit neun Jahren kam ich auf das gleiche Gymnasium wie meine Brüder. Musterschüler war keiner von uns. Französisch und Latein waren meine Lieblingsfächer … außerdem aber war ich einer der eifrigsten Benutzer der Schulbibliothek, was mir unser ›Direx‹ hoch anrechnete. Trotzdem ich meist der Zweitletzte der Klasse war. Im Französischen unterrichtete uns der Alte. Er sprach ein ganz besonderes Französisch. Als er einmal während der großen Ferien in Paris gewesen war und uns dann mit Ingrimm erzählte, dass er nichts für die Pariser übrig habe, da sie weder ihn noch er sie verstanden habe, schloss er seinen Bericht: ›Und dabei wisst ihr doch, Jungs, dass *ich* Französisch *kann* …‹ – Er war ein schnurriger Kerl.

Anders mein Lehrer im Lateinischen. Ein recht moderner Mann, der sich nicht nur sprachlich mit uns beschäftigte, sondern sich daneben bemühte, uns in die Ideenwelt der Antike, in die Kunst der Alten einzuführen. Er war es, der mir zuerst die Augen für die makellose Schönheit der Skulpturen der Griechen geöffnet hat. Es war nur ein fernes, dämmerndes Verstehen … Aber ich weiß noch wie heute, wenn ich mit meinen Alterskameraden beim Baden war und dann neben manch derben, nicht besonders schön proportionierten Jungenkörpern meinen eignen, etwas zarten, glatten Jungenleib im Wasserspiegel sah, da konnte ich oft leise erröten. Ich war wirklich viel zarter und biegsamer gebaut als meine Kameraden. Dann dachte ich an die Jünglingsfiguren des Praxiteles, von denen uns der Lateinlehrer einige Tage vorher erzählt hatte. Wir hatten im Zeichensaal auch ein paar Gipsabgüsse.

Da fällt mir eine kleine Szene ein: Auf unser Gymnasium gingen damals schon ein paar Mädchen. Die eine besuchte die gleiche Klasse wie ich. Einmal – während der Pause – setzte sie mir zum Spaß ihren Mädchenhut auf. ›Sieh mal, der sieht ja aus wie ein richtiges Mädel‹, rief sie, und die Kameraden lachten mit mir. Plötzlich stand unser Lateinlehrer vor uns. Vor Schreck fand ich keine Zeit, den Mädchenhut abzunehmen. Und ehe ich wusste, wie mir geschah, hatte ich eine gehörige Tracht Prügel bezogen. Ich war dann völlig außer mir, und erst viele Jahre später wurde mir klar, weshalb mein alter Lehrer mich damals glaubte bestrafen zu müssen ... Wir armen Menschen ... was wissen wir von uns ... wieviel weniger da vom Nächsten ...

Im Übrigen war ich ein richtiger Junge. Ich war bei allen Prügeleien ›mitten dabei‹. Gerade, weil ich zarter war als meine Gefährten, legte ich bewusst besonderen Wagemut an den Tag. Manch blauer Fleck war das Ergebnis derartigen Ehrgeizes ...

Nebenbei aber machte ich mit meiner Schwester große Spaziergänge. Und, wenn ich wusste, dass mich niemand von den Buben sehen konnte – so im Wald bei der Stadt – übernahm *ich* das Schieben ihres Puppenwagens, unseres steten Begleiters ...

Im Übergangsalter nahm mein Interesse für Kunst immer mehr zu. Mit siebzehn Jahren begann ich Kunstzeitschriften zu lesen, Kunstausstellungen zu besuchen. Mein Vater, der als alter Kaufmann wenig von einer Laufbahn als Künstler für mich hielt, versuchte ein paarmal, meinem Leben eine ›praktische Richtung‹ zu geben. So gab er mich zuerst bei einem Kaufmann und dann bei einem Malermeister in die Lehre, ohne etwas anderes dadurch zu erreichen, als dass mein Wille zur Kunst nur noch gesteigert wurde.

Gleichzeitig hatte ich wie jeder Halbwüchsige meine ›Flamme‹, ja, um ehrlich zu sein, muss ich sogar von ›Flammen‹ sprechen.

Als mein Vater endlich eingesehen hatte, dass es hoffnungslos war, mich für etwas ›Praktisches‹ zu interessieren, wurde ich mit neunzehn Jahren nach Kopenhagen geschickt, auf die Kunstakademie. Hier nahmen einige gute Kameraden mich unter ihre Fittiche und sorgten dafür, dass ich sehr schnell meine provinzhafte Naivität und Befangenheit und auf eine recht brutale Weise ›meine Unschuld verlor‹. Dann lernte ich Gerda kennen …

Es war eine Liebe auf den ersten Blick.

Gerda war gerade zur Kunstakademie gekommen. Ebenfalls aus der Provinz … Wir beide waren sofort unzertrennlich. Alle Vorlesungen abends besuchten wir gemeinsam. Der eigentliche Unterricht an der Akademie war damals noch für Schüler und Schülerinnen nach Geschlechtern getrennt.

Ein Freund führte uns zusammen.

Als er dann eines Tages erfuhr, dass wir uns verlobt hatten, wurde er geradezu rasend vor Eifersucht. Nicht eigentlich auf Gerda, sondern, das erfuhr ich erst viele Jahre später – auf mich … Aber auch solch ein Symptom ist ja nichts Außergewöhnliches … Wieviel Freunde haben nicht ähnliche Erfahrungen gemacht, wenn eine Frau zwischen sie trat … Ein Jahr nach unserem ersten Zusammentreffen heirateten Gerda und ich.

Wir waren noch so jung … ich kaum zwanzig, Gerda noch ein paar Jahre jünger … Was wussten wir vom Leben, von den Menschen … Wir waren unbeschreiblich glücklich miteinander.

Ich weiß … es war in den ersten Jahren unserer Ehe … eines Abends – wir wohnten damals in einem Atelier mit weiter Aussicht über Kopenhagen – las Gerda mir ein uraltes Märchen aus der Antike vor. Es lautet ungefähr so: ›Hermes, der Liebling der Götter, hatte einen Sohn, und Aphrodite, die göttlich Schöne, eine Tochter. Die beiden Kinder waren das Urbild der Schönheit. Doch sie hatten einander nie vorher gesehen, als sie sich eines Tages im Wald den Göttern gegenüber standen. Das Mädchen erglühte sofort für den Knaben. Doch der Knabe flüchtete vor ihr. Wie laut sie nach ihm rief, er hielt im Lauf nicht inne. Verzweifelt wandte sich das göttliche Mädchen an Zeus und klagte ihm seine Liebesnot. ›Ich liebe ihn, Vater, aber er ist mir entflohen. Er will nichts von mir wissen. Oh, Vater, gib, dass ich eins mit ihm werde.‹ Und Zeus erhörte das Flehen des Götterkindes, und er hob seinen Arm, und im nächsten Augenblick stand der scheue Sohn Hermes' vor dem Olympier, und Aphrodites Tochter jauchzte vor Entzücken, umschlang den bebenden Jüngling – und wieder hob Zeus seinen Arm – beide verschmolzen ineinander – als Hermes und Aphrodite nach ihren Kindern suchten, fanden sie ein selig lächelndes Götterkind. ›Es ist mein Sohn‹, rief Hermes. ›Nein, es ist meine Tochter‹, rief Aphrodite. Sie hatten beide Recht …‹

›Siehst du‹, sagte Gerda zu mir, ›so lieb ich dich so oft, dass ich wünschen möchte, du und ich, wir wären *ein* Wesen.‹

Um diese Zeit malte Gerda das Porträt der beliebtesten Schauspielerin des damaligen Kopenhagen, Anna Larssen.

Eines Tages konnte sie nicht zu der verabredeten Sitzung kommen. Am Telefon fragte sie Gerda, die etwas ungehalten war: ›Kann denn Einar nicht für den unteren Teil des Bildes Modell stehen? Er hat ebenso hübsche Beine und Füße wie ich.‹

Gerda lachte wie sie. Einmal hatte ich, das wusste Anna Larssen, mit meinen Beinen Gerda bei einem Frauenbild ›zu Hilfe kommen‹ müssen. Da aber hatte es sich eigentlich nur um einen Faltenwurf gehandelt. ›Du hast eigentlich sehr hübsche Frauenbeine‹, hatte Gerda dabei scherzend zu mir gesagt.

Ich war, während Gerda jetzt mit Anna Larssen telefonierte, gerade dabei, meine Palette zu reinigen, rauchte eine Zigarre und hörte kaum hin, als Gerda mir Anna Larssens Vorschlag erzählte. Anfangs lehnte ich ziemlich barsch ab. Gerda lachte mich aus, nannte mich eigensinnig, bat mich, streichelte mich … und ein paar Minuten später stand ich in Kleid und Stöckelschuhen im Atelier. Wir beide lachten wie über einen gelungenen Spaß. Und damit die Verkleidung vollkommen war, holte Gerda eine Karnevalsperücke aus der Tiefe einer Truhe heraus, es war eine blonde, sehr gelockte Perücke, zog sie mir über – dann kam sie mit Puder und Schminke, ich ließ willig alles über mich ergehen …

Als alles fertig war, trauten wir kaum unsern Augen. Ich drehte und bog mich vor einem Spiegel, wieder und immer wieder, versuchte, mich zu erkennen. War es wirklich möglich, dass ich so gut aussehen konnte, fragte ich mich … Gerda klatschte entzückt in die Hände. ›Das vollkommenste Damenmodell‹, rief sie einmal über das andere, ›als hättest du nie etwas anderes als Frauenkleider getragen.‹

Und seltsam – ich kann es nicht leugnen –, ich gefiel mir in der Verkleidungsrolle ... ich empfand die leichten Frauenkleider als etwas überaus Angenehmes, ja Selbstverständliches ... Ich fühlte mich heimisch darin. Vom ersten Augenblick an. Gerda begann zu malen.

Da klingelt es im Korridor. Und einen Augenblick danach rauscht Anna Larssen ins Atelier herein. Sie hat gleichwohl Zeit gefunden ...

Sie sieht mich an ... erkennt die fremde Dame nicht ... erkennt nur ihr eigenes Kleid. Dann aber stößt sie einen Jubelschrei aus und umarmt mich stürmisch.

›Etwas so Lustiges habe ich lange nicht erlebt‹, stellt sie fest und applaudiert meinem Auftritt. Sie beguckt mich von allen Seiten, ich muss mich drehen und wenden und alle möglichen Stellungen einnehmen. Schließlich beteuert sie: ich sei als Mädel viel, viel hübscher denn als Mannsperson. Damenkleider trüg ich viel, viel besser als Männerzeug. Ja – sie behauptet – und diese Worte habe ich nie vergessen: ›Weißt du, Einar, du bist sicher in einem früheren Dasein ein Mädchen gewesen ... oder aber die Natur hat diesmal bei dir ein Versehen begangen.‹

Sie spricht ganz langsam, ganz nachdenklich, man merkt, dass ihr seltsam zumute ist.

Gerda gibt mir einen Wink, die Verkleidung wieder abzulegen, da Anna Larssen jetzt ja selber sitzen könne.

Ich will mich zurückziehen. Anna Larssen hält mich fest. ›Nein‹, ruft sie, ›heute würde ich ein Wiedersehen mit Einar einfach nicht ertragen. Wir wollen auch nicht von ihm sprechen! Hört ihr! Und jetzt will ich dich taufen, mein Mädelchen. Du sollst einen ganz besonders lieblichen, klingenden Namen erhalten. Zum Beispiel ...

Lili … Was sagst du zu Lili? … Fortab nenne ich dich *Lili* … Und das muss gefeiert werden! Was sagst du dazu, Gerda?‹ – Und Gerda nickt nur, sieht bald sie, bald das Taufkind an … mit verwunderten Augen … und dann wird ein lustiges Fest zu dreien gefeiert, bis tief in die Nacht hinein, Lilis Taufnacht …

So entstand Lili … und bei dem Namen ist es dann geblieben … Und nicht nur bei dem Namen …

Mit einem übermütigen Spaß, einem echten Künstlereinfall, wenn man so will, begann es … Und viele Jahre trieben wir dann unser Spiel mit Lili.

Wenige Wochen nach Lilis Taufe fand ein Künstlerfest statt. Gerda schlug vor, dass Lili daran teilnehmen sollte, um dadurch in die große Welt eingeführt zu werden. Gerda entwarf ein Pierrettekostüm …

Der Erfolg war vollkommen. Lili war eine der begehrtesten Tänzerinnen. Ein Offizier hatte es ganz besonders auf sie abgesehen. Schließlich holte er sie zu jedem Tanz. Gegen Mitternacht wurde er etwas aufdringlich. Da versuchte Lili, ihr Geheimnis zu lüften. Es nützte ihr nichts – der Offizier glaubte ihr einfach nicht! Als sie ihm glücklich entschlüpft war, kam sie vom Regen in die Traufe. Ein neuer Kavalier riss sie an sich, gab sie nicht frei, verlangte auf der Stelle die Erlaubnis, sie zumindest auf den Nacken küssen zu dürfen. Als sie endlich seinen Angriffen entkommen war, hatte das Pierrettekostüm einige Spuren davongetragen.

Eine andere, seltsame Beobachtung hatte Lili während dieses Fests übrigens machen müssen: die Haltung des weiblichen Geschlechts ihr gegenüber. Mehrmals hatte sie selber mit freundlichem Lächeln Damen betrachtet, die sie schön fand. Aber meist hatte man ihren zutraulichen Blick mit eisigen Augen zurückgewiesen. Sie war ratlos, fragte schließlich Gerda, ob sie sich schlecht betragen habe, ob sie unmöglich aussehe. Gerda sagte lächelnd: ›Die dumme Lili ist noch so jung. Sie kennt die Bosheit und das Misstrauen von uns Frauen anderen Frauen gegenüber noch nicht.‹

Es war das erste Mal, dass sich Lili als *Eigenwesen* gefühlt hat. Und so wurde auch aus diesem lustigen Einfall etwas wie Vorausahnen … Wie oft habe ich nicht an diesen fernen Abend denken müssen.

Aber noch ein anderes Erlebnis, nicht minder bezeichnend, hinterließ dieser Abend.

Gerda und Lili wollten nach Hause. Auf der Suche nach ihrem Mantel rennt Lili einem langen Maler von der Akademie in die Arme. Es war einer von meinen vier Atelierkameraden! Um Himmels willen! Wie es anstellen, dass das Geheimnis nicht verraten wird? – Lili tut, als sieht sie ihn nicht. Er packt sie, presst sie an sich und drückt ein halbes Dutzend Küsse auf ihren Hals. Diesmal komme *ich* Lili zu Hilfe. Ein paar Backpfeifen sitzen wohlgezielt dem Frechling mitten im Gesicht. Er tritt sofort den Rückzug an … Hauwitz hieß der Mann.

Als ich am nächsten Tag die Atelierklasse in der Akademie betrete, finde ich die Kameraden mitten im Diskutieren der Karnevalsnacht. Hauwitz ist der Eifrigste. Er gibt seine Erlebnisse zum Besten.

›Aber wo stecktest du gestern?‹ attackiert er mich sofort. Auch die anderen fragen, weshalb ich nicht mitgemacht hätte, zumal doch Gerda da gewesen sei.

Ja, erkläre ich, mir sei nicht wohl gewesen. Im Übrigen

hätten die Kollegen sich, wie ich gehört, sehr gut unterhalten, besonders Hauwitz, der sehr eifrig eine Pierrette umworben habe.

Woher ich das wüsste, warf Hauwitz geschmeichelt ein, man könne sich nicht rühren, ohne dass der Klatsch sich über einen hermache; wer denn so indiskret gewesen sei, mir seine kleinen Abenteuer zu verraten …

›Sie sind eben ein unerhörter Herzenbrecher‹, sagte ich. ›Also legen Sie mal los … ‹

Anfangs wehrte Hauwitz kavaliermäßig ab. ›Man ist doch ein Gentleman. Im Übrigen war die Pierrette wirklich eine fabelhafte Person.‹

Er schmunzelte, zwinkerte verheißungsvoll mir zu, alle umdrängten ihn. ›Also los, Hauwitz‹, ermunterte man ihn.

›Na, der Wegener scheint ja Bescheid zu wissen. Haltet euch an ihn‹, erwiderte er ziemlich eindeutig.

›Aber lieber Hauwitz. Verstehen Sie mich bitte nicht falsch. Ich würde wohl der letzte sein, der etwas andeuten möchte‹, gab ich zurück, indem ich dann die Frage stellte: ›War sie nun wirklich so hübsch?‹

›Vermuten Sie so viel, wie Sie Lust haben‹, legte Hauwitz wieder los, ›Sie können in Ihren Vermutungen gar nicht zu weit gehen. Eine unerhörte Sache … ‹

Worauf Hauwitz sich in Schweigen hüllte, das beredter war als die gröbste Aufschneiderei …

Meinen intimsten Freunden gestand ich hinterher, wer die Pierrette gewesen war … Hauwitz wurde erst viel später eingeweiht, nachdem er noch mehr Gelegenheit bekommen hatte, sich als Casanova zu blamieren …

Diesem Tanzfest folgten andere, in denen Lili mit

Lili Elbe auf einem Gemälde von Gerda Wegener, Paris 1921.

wachsendem Erfolg sich in ihre Rolle *einlebte*. Gerda putzte sie jedes Mal heraus, dass dieses plötzlich in der Kopenhagener Künstlergesellschaft aufgetauchte fremde Wesen anfing, Furore zu machen … Lili wurde nach und nach Gerda unentbehrlich … Denn, wie seltsam sich dies alles jetzt auch anhören mag, nicht *ich* verkleidete mich in *Lili*, sondern sowohl für mich wie für Gerda wurde Lili sehr bald ein völlig selbständiges Persönchen, und zwar eine Gespielin von Gerda, *ihre* eigentliche Gespielin und ihr Spielzeug zugleich.

Lili und ich, wir wurden zu zwei Wesen. War Lili nicht da, so sprachen wir von ihr wie von einer dritten Person. Und war Lili da, das heißt war ich nicht da, so wurde zwischen ihr und Gerda von mir wie von einer dritten Person gesprochen. Und bald lernten dies auch unsere intimsten Freunde. Aber ein Spiel war es doch viele Jahre lang …

Gerda ist in ihrem tiefsten Wesen recht melancholisch. Um über solche Stimmungen hinwegzukommen, rief sie nun ihre Gespielin Lili zu sich. Lili war nämlich die Sorglosigkeit und Heiterkeit in Person. Ebenso wichtig wurde Lili ihrer Herrin allmählich als Modell, ja, heute kann ich es ruhig sagen, dass Lili das Lieblingsmodell von Gerda gewesen ist. War es Zufall oder nicht, Gerda hatte mit Bildern, zu denen Lili ihr Modell gestanden hatte, mehr und mehr Erfolg. Und sie begann, in Lili eine Art Maskotte, einen glückbringenden Talisman zu sehen. Eine große Reihe von Gerdas Bildern und Zeichnungen entstanden damals in unserm ersten Atelier in Kopenhagen, in denen Lili in hunderterlei Variationen als Modell auftauchte. Gerdas Künstlerruhm stieg. Lilis Ruhm als Modell ebenfalls. Aber niemand wusste, wer sich hinter dem Modell verbarg. Legenden bildeten sich darum. Auch der Klatsch begann zu wispern, ohne aber dem Geheimnis auf die Spur zu kommen.

Ein bekannter Schriftsteller behauptete, das Modell Lili sei überhaupt kein Wesen aus Fleisch und Blut, sondern nichts wie ein Frauentyp, auf den sich Gerdas Fantasie nun einmal festgelegt habe, also eine leere Kaprice …

Nur wenige ahnten den Zusammenhang. Niemand aber wusste etwas Bestimmtes um das Mysterium Lili mit Ausnahme von Anna Larssen, die jedoch Verschwiegenheit gelobt hatte. Sie hat ihr Wort gehalten.

Eines Tages erhielt Gerda aus Paris eine Einladung, dort ihre ›Lili-Zeichnungen‹ auszustellen …

Und so wurden wir drei nach Paris verpflanzt: Gerda, ich und – Lili.

VII

Bereits vor unserer Übersiedelung nach Paris hatten wir mehrere Auslandsreisen unternommen. Sobald wir aus unseren Bilderverkäufen genügende Ersparnisse beisammen hatten – wir waren recht bescheiden in unseren Ansprüchen –, waren wir jedes Mal südwärts gefahren, um zu studieren, zu malen und die Welt kennenzulernen. Aber auf all diesen Reisen war Lili ›nicht mitgewesen‹. Es gab zu viel Neues zu erleben, als dass Gerda und ich Zeit gefunden hätten, uns mit ihr zu beschäftigen. Sobald wir aber wieder in unserem heimischen Atelier waren, tauchte sie auf – und dann mussten wir jedes Mal feststellen, dass wir sie eigentlich entbehrt hatten …

Fast ein ganzes Jahr hatten wir in Italien verbracht … ohne Lili. Es war das sorgloseste Jahr, das ich mit Gerda verlebt habe. Das Märchen des Südens wurde uns beiden Kindern des Nordens zu einer unbeschreiblich herrlichen Offenbarung.

Wie konnten wir da Zeit zum … Spielen finden? Gerda war damals die Heiterkeit selber. Nie fühlte sie sich in Italiens Wunderwelt bedrückt. Sie bedurfte keiner Zerstreuung. Darum wurde Lili von ihr nicht beschworen …

Und doch war Lili wohl inniger mit uns beiden zusammen denn je. Nur war es kein Spiel mehr … Mit mir selber begann zu jener Zeit eine Veränderung vorzugehen, ohne dass ich mir dessen damals recht bewusst wurde. Dies zeigte mir meine Wirkung auf *andere* … gerade damals in Italien. In Florenz machte sich ein unglücklicher Mensch an mich heran. Ein reicher Ausländer. Eines Tages, nachdem er mich ein paar Wochen auf Schritt und Tritt verfolgt hatte, sprach er mich an und machte mir den Vorschlag, in seiner Villa Wohnung zu nehmen. Nach Herzenslust würde ich dort meine Studien als Maler betreiben können. Ich lehnte höflich, aber sehr entschieden ab. Ich sah ihn dann öfters. Immer war ich in Damengesellschaft, entweder zusammen mit Gerda oder aber in Begleitung einer auffallend schönen Sizilianerin. Es hätte nicht viel gefehlt, so hätte ich diesen armen Menschen zum Duell herausfordern müssen.

In Rom hatte ich ein ähnliches Abenteuer. Dort wollte ein amerikanischer Millionär mich mit nach Ägypten nehmen. Er bestürmte nicht nur mich, sondern auch Gerda. Er segelte allein nach Alexandrien.

Nie vorher hatte ich derartige, delikate Situationen erlebt. Wieso gerade in Italien, ist mir erst viel später klar geworden. Als neulich in Paris Professor Warnekros eine Reihe fotografischer Aufnahmen, während der letzten Jahre von mir genommen, darunter auch einige von meiner ersten Italienfahrt, sah, zeigte er gerade auf diese Bilder mit den Worten: ›Damals hat sich die Lili zum ersten Mal äußerlich deutlich zu erkennen gegeben.‹ –

Nun ging es also nach Paris.

In der Nähe der École des Beaux-Arts, auf dem linken Ufer der Seine, quartierten wir uns in einem der unzähligen kleinen Hotels ein. Der Wirt kam uns wie ein Meuchelmörder vor, die Wirtin wie ein Konglomerat aus Geiz, Neugier und Unsauberkeit. Ihre kleine, allerliebste Tochter glich einem entzückenden Kätzchen. So etwas gibt es nur in Paris … das eine, wie das andere und dritte …

Wir bekamen ein paar gemütliche hellrot und grauweiß getünchte Stuben. Die eine lag nach einem alten, vernachlässigten Gärtchen hinaus und hatte einen geheimnisvollen Alkoven mit rotgeblümten Gardinen.

Das Faktotum des Hotels, Jean mit Namen, erzählte uns sehr bald, dass in diesen beiden Stuben Oscar Wilde seine letzten Tage verlebt habe … Im Alkoven mit den rotgeblümten Gardinen sei er gestorben … Als Jean uns dies erzählte, rannen ihm Tränen über die schlecht rasierten Backen. Er hatte Grund, Oscar Wildes Tod zu betrauern. Manches Zwanzig-Frank-Stück hatte der große unglückliche Dichter ihm gegeben, um für einige Sous Zigaretten zu kaufen. Das ›Kleingeld‹ hatte Jean aber niemals zurückzugeben brauchen, gab er als zarten Wink an unsere Adresse weiter. Für Gerda und mich wurden die beiden stillen Stuben doppelt stimmungsvoll. Wir saßen oft vor dem breiten

Im Pariser Hotel d'Alsace lebte Oscar Wilde die letzten Jahre seines Lebens.

Fenster zum alten Garten, lasen viele Male Seite um Seite in den Büchern des Dichters, den ich seit vielen Jahren liebte. ›De Profundis‹ und die ›Ballad of Reading Coel‹ kannten Gerda und ich allmählich auswendig. – Es waren schöne Abende …

In der Nähe des Hotels fanden wir unsere Stammkneipe, ›Château neuf du pape‹, vor allem Kunstschüler verkehrten dort. Ein sehr bescheidenes Restaurant. Aber für einen Franken und 30 konnte man dort herrlich dinieren. Der Wein war im Preis inbegriffen. Hier fanden wir unsere ersten Pariser Freunde.

Kurz darauf wurde Gerda von dem Redakteur einer bekannten Pariser Illustrierten zur Mitarbeit aufgefordert. Er hatte gerade Gerdas Gemälde und Zeichnungen auf ihrer ersten Ausstellung in Paris gesehen.

Gerda war Feuer und Flamme, sogleich mit ihrer Mitarbeit zu beginnen. Aber was sollte sie anbieten? Wo schnell ein geeignetes Modell auftreiben?

Sie sah mich fragend an, zögerte ein paar Augenblicke, dann sagte sie: ›Was meinst du, wenn Lili …‹

Ich gestehe, ich war zuerst etwas überrascht. Auch ich hatte Lili mitten im Trubel von Paris vergessen, genau wie damals auf unserer ersten Italienfahrt. Auch hier in Paris hatte Gerda der Gesellschaft Lilis weder bei der Arbeit noch zur Zerstreuung bisher bedurft.

›Gut‹, sagte ich, ›aber was soll sie anziehen …‹

Lilis ›Ausstattung‹ war in Kopenhagen geblieben. Ganz davon abgesehen, dass Lili beträchtlich größer war als die sehr zierliche Gerda, wurde in puncto Garderobe auf strengste Gütertrennung gehalten.

Schnell wurde das Nötigste für Lili besorgt. Sie war nicht wenig stolz auf ihr erstes echtes Pariser Kostüm.

So kam sie wieder mitten in Paris zum Vorschein. Die Arbeiten, zu denen sie Modell saß, machten Glück. Gerda strahlte. Sie erzielte beträchtliche Preise für ihre Arbeiten. Wir konnten uns ein angenehmes Atelier mieten. Wir wurden sesshaft in Paris, fanden unseren Freundes- und Bekanntenkreis.

Auch ich malte jetzt viel, teils in Paris, teils in Versailles, wo wir die warmen Sommermonate verbrachten.

Es vergingen ein paar harmonische, glückliche Jahre für Gerda und mich. Lili zeigte sich nur in unserer Mitte, wenn Gerda ihrer als Modell dringend bedurfte. Wir verdienten gut. Gerda konnte sich ›fremde Modelle‹ leisten …

Als wir genug Geld für eine Studienreise zurückgelegt hatten, brachen wir wieder nach Italien auf. Unser Ziel war

Capri. Jahrelang war es unsere Sehnsucht gewesen, dieses Sonnenparadies kennenzulernen.

Zu unserer großen Freude trafen wir, kaum dort angekommen, einen Maler aus Florenz wieder, den wir während unserer ersten Italienreise kennengelernt hatten. Nino nannten wir ihn. Wir waren fortan unzertrennlich. Nach wenigen Tagen hatten wir unter den auf Capri herumwimmelnden internationalen Künstlern mehr Bekannte, als uns manchmal lieb war. Drei-, viermal trafen wir uns täglich bei ›Morgano‹, und Abend für Abend wurde dort Schach und Dame gespielt. Selbstverständlich war man zur Badezeit vollzählig auf dem kleinen Strand bei ›Piccola Marina‹.

Hier trafen wir eines Tages einen Schotten, der stets in Begleitung eines sehr zierlichen Knaben auftrat. Beim Baden verwandelte der Knabe sich zu unserem Erstaunen in ein sehr niedliches Mädchen …

›Ma naturale!‹ erklärte angesichts dieser ›Enthüllung‹ ein venezianischer Bildhauer, der zu unserer Clique gehörte, ›das habe ich von Anfang an gewusst! Ein Mädchen *kann* sich nun einmal nicht als Mann verkleiden, ebenso wenig umgekehrt. Wer Augen zum Sehen hat, durchschaut sofort den Schwindel. Irgendeine Äußerlichkeit spielt immer den Verräter.‹ Favio hieß der Mann.

Gerda warf mir einen übermütigen Blick zu. Ich verstand ihn … Am Nachmittag zur Flanierstunde erschien Gerda in Begleitung einer schlanken, großen jungen Dame, die niemand bislang in Capri gesehen hatte. Sie promenierten bei ›Morgano‹ vorbei, wo Gerda viele neugierige Grüße von Freunden und Bekannten erwidern musste. Plötzlich sprach Signora Favio, die Frau des Bildhauers, die beiden Damen an, erkundigte sich nach mir, hoffentlich sei ich nicht krank, da man mich heute gar nicht gesehen habe … Ob Gerda und ich nicht zu einem Abendfest in ihrer Villa in der Nähe des Monte Tiberio kommen wollten …

Gerda bedauerte … ›Einar musste wegen einiger wichtiger Besorgungen nach Neapel. Er kann erst morgen früh zurück sein.‹ Dann stellte sie ihre Begleiterin vor. ›Mademoiselle Lili Courtot … Signora Favio …‹

Die Signora hatte erreicht, was sie wollte, und sie beeilte sich, Mademoiselle Lili mit Frau Gerda zum Abendfest einzuladen. Wir nahmen mit Freuden an.

Die Mystifikation gelang über alle Erwartung. Gerdas französische Freundin wurde von der ganzen Festgesellschaft überaus liebenswürdig aufgenommen. Eine bekannte norwegische Schriftstellerin feierte in einem schwungvollen Toast Mademoiselle Lili als ›die vollendetste Verkörperung französischen Charmes und Pariser Eleganz‹. Sie wich nicht von Lilis Seite. Sie lud Lili zu sich nach Norwegen ein. Sie trank mit ihr ›Brüderschaft‹.

Und Lili strahlte … Und nicht weniger Gerda. Denn das Entzückende oder, vielleicht richtiger ausgedrückt, das Pikante dieser neuen Freundschaft war, dass diese stürmische Norwegerin bislang *mich* angehimmelt hatte …

Gerdas französische Freundin gab in den folgenden Tagen noch ein paar Gastspiele. Um mein Fernbleiben dann begreiflich zu machen, erzählte Gerda allen, die es wissen wollten, dass zwischen mir und ihrer Freundin Lili eine unüberbrückbare Abneigung bestünde … Aber Capri ist klein. Lili musste bald wieder ›abreisen‹ und mir das Feld räumen. Favio wie alle anderen blieben völlig arglos …

– – – –

Als wir dann aber von Italien wieder nach Paris kamen, geschah es häufig, dass Lili, nachdem Gerda sie während der hellen Tagesstunden als Modell benutzt hatte, während des ganzen Abends blieb. Und kam einer oder eine von unseren Intimsten zu Besuch, so flüchtete sie nicht wie früher wie gehetzt in ein Nebenzimmer, sondern sie blieb, wo sie war und auch die anderen waren, und war froh und guter Dinge.

Nach und nach hatten alle sie gern. Sie war, wie Gerda immer wieder feststellen musste, der gute Geist und die gute Laune aller unserer kleinen Feste im Atelier …

Aber *alle* machten einen großen Unterschied zwischen Lili und mir. Gerdas Freundinnen, die mir gegenüber sich fast zeremoniell benahmen, umarmten Lili und duzten sie. Ebenso Gerdas und meine Freunde.

Sonderbar war auch, dass Lili, befand sie sich unter Gerdas Freundinnen, – die fast ausnahmslos Künstlerinnen wie sie waren, – sich als die weiblichste von allen fühlte. Und die Freundinnen lachten anfangs etwas ausgelassen über diese Tatsache, merkten allmählich aber, dass Lilis Gefühl echt war.

Und so kam es, dass Lili von Monat zu Monat immer hartnäckiger auf ihren Platz bestand und immer widerwilliger vor mir zurücktrat.

Gerda und ich hatten auf dem ›Salon d'Automme‹, wo wir beide ausstellten, einen französischen Bildhauer getroffen. Léon Leyritz. Diese Bekanntschaft sollte die Einleitung zu neuen Erlebnissen für Lili werden.

Er besaß ein Sommerhaus in einer kleinen Stadt an der Loire. Mit einigen Freunden sollte er eine Theateraufführung zu wohltätigen Zwecken auf der winzigen Bühne dieses Städtchens veranstalten. Beaugency hieß der Ort.

Er lud Gerda und mich ein, mitzumachen.

Es war eine lustige Bahnfahrt. Das Städtchen war ein kleines Rothenburg …

Das ›Theater‹, das noch am selben Abend von uns in Besitz genommen wurde, sah von außen aus wie ein Tabakladen mit anschließendem Café. Innen war es für gewöhnlich Kino nebst Tanzboden. Da es nur eine einzige Theaterdekoration gab, die außerdem unbrauchbar war, wurde Gerda sofort zum Kulissenmalermeister ernannt. Sie entwarf im Flug die ›Bühnenausstattung‹ zu der Revue, deren Verfasser Léon Leyritz selber war.

Um sechs Uhr abends ›stand alles‹. Um neun Uhr sollte die Vorstellung beginnen.

Um sieben Uhr begab sich Leyritz zusammen mit mir zum Bahnhof, um das einzige Mitglied, das in unserem ›Ensemble‹ noch fehlte, abzuholen, eine junge Malerin, die aus irgendeinem Grund nicht gleichzeitig mit uns anderen hatte fahren können. Sie hatte eine kleinere Rolle zu spielen, eine ›waschechte Pariserin‹.

Der Zug lief ein, aber unsere ›Pariserin‹ war nicht mitgekommen. Es war der letzte Zug vor der Vorstellung …

Leyritz raste. So klein die Rolle auch war, ohne sie würde das Stück ›auseinanderfallen‹.

›Dann müssen wir Gerda bitten, einzuspringen‹, erklärte ich.

Gerda und ich, die erst ›in elfter Stunde‹ zur Teilnahme an der Künstlerfahrt eingeladen waren, gehörten nicht mit zum eigentlichen ›Ensemble‹.

›Ausgezeichnete Idee‹, jubelte Leyritz und überfiel

sofort beim Betreten des sogenannten Hotels, in dem wir Unterkunft gefunden hatten, Gerda. Sie lag, von der Theatermalerei recht erschöpft, auf irgendeinem wackeligen Diwan.

›Ausgeschlossen‹, erklärte sie, ›ich *kann* beim besten Willen nicht …‹ Dann warf sie mir einen heimlichen Blick zu. ›Aber … vielleicht kann … Lili.‹

›Wer ist Lili?‹ fragte Leyritz. Alle stellten die gleiche Frage.

›Kümmert euch nicht darum. Die Hauptsache ist, dass sie kommt. Die Rolle wird sie mühelos spielen können‹, erklärte Gerda der neugierigen Korona, hakte Leyritz ein, zog ihn abseits und gab ihm die nötigen Aufklärungen. Er schüttelte sich vor Lachen, versprach Stillschweigen, und dann wurde verabredet, dass er, während Lili ausstaffiert wurde, ihr in der Verborgenheit eines Hotelzimmerchens die Rolle der ›Waschechten‹ beibringen sollte … Als abends bei vollgepacktem Theatersaal die Revue vom Stapel lief, ahnte nicht ein Einziger im ganzen Saal, dass die Lili nicht eine wirklich waschechte Pariserin war … Obendrein begeisterte sich der besonders poetisch veranlagte Apotheker von Beaugency, der mit zu dem ›Wohltätigkeitsausschuss‹ gehörte, so sehr für Lili, dass er der unbekannten Schönen eine Schachtel ›Veilchenseife‹ ins Hotel sandte.

An diesem Abend lernte Lili ihren treuesten Freund kennen. Claude Prévost. Der Tenor der Revue. Er war *der* Komiker des Abends. Sein bloßes Erscheinen auf der Bühne löste wahre Heiterkeitsorkane aus. Er war der einzige wirkliche Könner unseres Dilettantenensembles, das heißt, er war der einzige, der kein Dilettant war.

Mir war dieser junge Künstler, der mit seinem trockenen, schlagfertigen Witz in jeder Montmartre-Kneipe hätte auftreten können, schon vormittags aufgefallen. Ein völlig unregelmäßiges Gesicht, recht farblose, etwas schief geratene Augen und dazu eine putzige, spitze Nase. Auf den ersten Blick mochte er wohl hässlich wirken. Betrachtete man ihn aber etwas länger, so fühlte man eine merkwürdige Wärme und Güte, die sein ganzes Wesen ausstrahlte.

Mich, Einar, hatte er ziemlich links liegen lassen.

Ganz anders wurde sein Betragen gegenüber Lili.

Selbstverständlich war er wie auch die übrigen Kollegen und Kolleginnen aus Paris bald ›im Bild‹. Im Übrigen war man diskret.

Und die Bürgerschaft, die nach der gelungenen Vorstellung einen ›Wohltätigkeitsball‹ veranstaltete, dessen Mittelpunkt wir ›Pariser‹ zu sein hatten, sah in Lili, die auf Wunsch aller Kumpane in ihrem Bühnenkostüm geblieben war, die ›waschechte Pariserin‹ … Man behandelte sie, wo sie sich nur blicken ließ, mit ausgesuchter Courtoisie. Sie amüsierte sich himmlisch. Sie gehörte zu den begehrtesten Tänzerinnen des Balls.

Als sie endlich einmal einen Tanz überschlagen konnte, stand Claude Prévost vor ihr, machte seine lustigste Verbeugung, um dann das ernsteste Gesicht der Welt zu zeigen, zwängte das Monokel härter vors Auge, errötete sogar ein wenig und sagte fast feierlich: ›Mademoiselle, darf ich, sobald Sie sich etwas erholt haben, um die Ehre bitten, einige Male hintereinander Ihr Tanzpartner zu sein?‹ Lili sah ihn etwas erstaunt an, nickte dann. Und sie tanzten viele Male während dieser Nacht. Sie waren beide von gleicher Größe. Sie sprachen während des Tanzens

Lili Elbe (links) hat sich für einen Karneval mit ihrer Freundin, der Malerin Elna Tegner, verkleidet.

kein Wort miteinander. Sie tanzten, ganz dem Rhythmus des Tanzes hingegeben. Als der letzte Tanz zu Ende war, verbeugte Claude Prévost sich sehr tief vor Lili, errötete wieder und sagte: ›Mademoiselle, darf ich hoffen, dass Sie unseren gemeinsamen Ausflug morgen mit Ihrer Gegenwart auszeichnen werden?‹

Auch die anderen Kameraden baten Lili … und sie sagte lachend zu. An diesem Ausflug nahmen nur die ›Pariser‹ teil. Sonst hätte Lili sich wohl kaum eingefunden. Der Tag verlief in schönster Harmonie und man verabredete, am ersten August sich vollzählig wieder in Beaugency ein Stelldichein zu geben, um gemeinsam die Ferien an den Ufern der Loire zu verleben. Lili wurde ganz besonders eingeladen. Sie sagte zu, auch namens ihres ›Bruders Einar‹. So nannte Lili fortab – mich.

Abends fuhren wir zurück nach Paris.

Im August eroberte die ›Pariser Bande‹, wie man uns von dann an halb aus Bewunderung, halb aus Entsetzen nannte, das Städtchen mitsamt dem köstlichen Badestrand. 35 Grad zeigte das Thermometer im Schatten. Oft mussten wir daher unsern Tag in die Nacht verlegen, was umso lustiger war. Denn von zehn Uhr abends an lag das Städtchen im Dunkeln, ob Vollmond war oder Neumond. Die sogenannte gute Gesellschaft von Beaugency hielt sich von uns auf Abstand, mit Ausnahme von Monsieur René, dem stellvertretenden Bürgermeister. Der ›richtige‹ Stadtchef hatte die Amtsgeschäfte wegen eines chronischen Magenleidens schon seit langem auf Monsieur Renés breite Schultern legen müssen. Monsieur René, so nannte ihn das ganze Städtchen, war Junggeselle. Er nahm an allen unseren nächtlichen Streifzügen durch die nähere und weitere Umgebung ›seiner‹ Stadt teil, und er war es, der den Stadtverordneten in feierlicher Rathaussitzung während dieser Augusttage den Vorschlag unterbreitete, am Ende des Monats mit Hilfe der ›Pariser Bande‹ ein neues ›Stadtfest‹ zu wohltätigen Zwecken zu veranstalten. Der Vorschlag wurde einstimmig angenommen. Tags darauf ergingen feierliche Einladungen an Léon Leyritz, Gerda und mich sowie an ein paar andere ›Prominente‹ unserer Bande, das Festprogramm auszuarbeiten. Wir beschlossen, einen Wasserkorso zu veranstalten, mit blumengeschmückten Booten auf der Loire. Amors Boot sollte an der Spitze des Gondelkorsos segeln.

Mit Begeisterung wurde unser Vorschlag von den Stadtvätern angenommen.

Gerda erhielt den Auftrag, Amors Boot herzurichten.

»Ein Sommertag«. Gemälde von Gerda Wegener, 1927: Einar Wegener als Maler (hinten) und Lili Elbe (vorne liegend).

Monsieur René stellte einen alten, breiten Kahn sowie einen Lagerschuppen am Fluss mitsamt seinem Weinkeller zur Verfügung. Als sich endlich das ziemlich schäbige Boot in Amors Festgondel verwandelt hatte, – ein riesiges rotes Herz war das Segel, – und der Stapellauf stattgefunden hatte, stellte sich heraus, dass das Fahrzeug durch die prachtvolle wie auch sehr gewichtige Ausstaffierung recht schwierig zu steuern war. Die Loire ist bei Beaugency sehr reißend, tückische Winde machen ein Segeln ziemlich gefahrvoll. Amors Boot musste also mit einem schwimmtüchtigen Amor und einem dito Knappen bemannt werden … Da man unter den jungen Damen des Städtchens keine geübte, couragierte Schwimmerin auftreiben konnte, fragte Léon Leyritz sehr diskret mich, ob Lili nicht Amors Rolle übernehmen könnte, wenn man ihr Claude Prévost als ›Köcherknappen‹ zuteilte. Man wusste, dass ich ein ausgezeichneter Schwimmer bin. Ich sagte namens Lili zu, auch Claude, der inzwischen ein guter Freund von uns geworden war.

So wurde Lili an den Ufern dieses uralten Städtchens, in dem vor Jahrhunderten Jeanne d'Arc als Krieger in Stahl und Eisen ihren Einzug gehalten hatte, als Knabe Amor verkleidet … Das Fest fand bei herrlichstem Hochsommerwetter statt. Die ganze Bevölkerung stand am Ufer und bereitete Amor, der im Triumph auf den spiegelblanken Fluten der Loire dahinzog, frenetische Ovationen. Mit seinem goldenen Bogen schoss er einen Regen von Pfeilen auf das tausendköpfige Spalier am Ufer ab. Und alle glaubten, dass sich hinter Amors Maskierung die ›waschechte Pariserin‹ aus der Revue des letzten Wohltätigkeitsfests verbarg …

Als Claude, dem als Amors Knappen die Aufgabe zugefallen war, nach Festende Lili durch die vor Begeisterung tobende Menge ins Hotel zu begleiten, sie endlich unversehrt in ihr Zimmer gebracht hatte, sah er sie lange an und sagte dann sehr still: ›Wie du dich auch verkleiden magst und was du mir auch weismachen willst, du bist und bleibst ein richtiges Mädchen …‹

Erschreckt schwieg er. Lili sah ihn groß an.

›Was ist mit dir, Claude?‹ fragte sie.

›Nichts‹, sagte er still, ›gar nichts. Oder doch etwas … Aber würde ich das, was ich eben und den ganzen Tag gedacht habe, der Lili sagen, so würde ihr Bruder Einar mir gewiss sehr böse sein …‹

Dann ging er, und als wir am nächsten Morgen einander sahen, blickte er mich scheu an und ging mir aus dem Weg. Lili war wieder verschwunden.

– – – –

Ein Jahr nach dem andern fanden wir alle uns im August in Beaugency wieder ein. Dort gewöhnte ich mich allmählich an Lilis und mein Doppeldasein. Lili nahm an den Festen und Ausflügen teil. Ich malte sehr fleißig, schwamm, und trank mit den Honoratioren des Städtchens manche Flasche Wein. Ich hatte dort viele Freunde. Alle Einwohner des Städtchens kannten mich und freuten sich, ihre Häuschen und Gärten und sich selber auf meinen Bildern, die hinterdrein in den Herbstausstellungen von Paris hängen durften, wiederzufinden. Niemand aber in dem Städtchen ahnte, wer die schlanke Pariserin war, die ab und zu mit Gerda und Claude durch die Gassen des Städtchens und hinaus aufs Land radelte. Diese Fahrten gehörten zu den frohesten Erinnerungen Lilis. In aller Herrgottsfrühe, wenn noch kein Schlafkammerfenster sich richtig geöffnet hatte, zogen die drei hinaus in die Sommermorgenwelt. Und erst spät abends, wenn das Städtchen längst schlafen gegangen war, kehrten sie müde und froh wieder zurück … Claude war dann der entzückendste Ritter von Gerda und Lili, er war ihr Bruder und Beschützer, und die Freundschaft zwischen ihnen wurde immer inniger und dauerhafter, eine Freundschaft, die jede Prüfung bestand.

Selbstverständlich wurde dieser ›Dreibund‹ auch in Paris fortgesetzt. Jeden Sonntag fand Claude sich ein. Dann war er den ganzen Tag über ›Gast des Ateliers‹. Und einem ungeschriebenen Gesetz zufolge empfing Lili ihn stets an der Korridortür. War sie aber ein seltenes

Mal ferngeblieben, und hatte ich die Tür ihm zu öffnen, so begrüßten wir uns sehr kameradschaftlich, er gab mir die Hand, fragte auch nach diesem und jenem, aber ich konnte ihm doch seine Enttäuschung anmerken. Im Atelier betrachtete er dann, wenn auch recht flüchtig, neue Bilder von mir, Politik und dergleichen wurde gesprächsweise berührt, auch die neuesten Pariser Skandale. Aber es dauerte nicht lange, höchstens eine Viertelstunde, und Claude blickte mich etwas unsicher an. ›Ich habe Gerda noch gar nicht Guten Tag gesagt.‹ Und schon war er in der kleinen Küche bei Gerda.

War Lili aber seine sonntägliche Korridortüröffnerin, so ging er sogleich mit ihr in die Küche.

Dabei fällt mir ein kleines Geschehnis ein, das sich gerade zu jener Zeit zutrug.

Claude war an einem Wochentagsabend zu uns gekommen. Gerda war nicht daheim. Da machte ich ihm den Vorschlag, irgendeine lustige Tanzbar im Quartier Latin zusammen aufzusuchen. Wir landeten in der ›Gipsy-Bar‹, wo Claude die ›Spezialität des Hauses‹, nämlich einen ›Clou de Cerceuil‹, auf gut Deutsch ›Sargnagel‹, bestellte. Dieser Cocktail trug nicht zu Unrecht seinen vielversprechenden Namen. Eine häufige Wiederholung des Genusses von diesem ›Drink‹ an einem Tag oder in einer Nacht würde den Aufenthalt auf Erden sicherlich beträchtlich verkürzen. Vielleicht veranlasste dieser ›Drink‹ uns, einen neuen Tanz, den Claude irgendwo vor Kurzem gesehen hatte, auszuprobieren. Es war übrigens das erste Mal, dass er mit *mir* tanzte. Kaum hatten wir die ersten Pas hinter uns, als der ›Gerant‹ auf uns losgestürzt kam und uns bat, sofort den Tanz abzubrechen. ›Ces Messieurs müssten entschuldigen, er kenne uns beide ja sehr gut, aber in seinem Etablissement sei es leider nicht erlaubt, dass zwei Herren miteinander tanzten …‹

Wir erklärten dem strengen Herrn umständlich, dass es sich für uns nur darum handelte, einen neuen Tanz durchzuproben. Er antwortete: ›Messieurs, ich bin verzweifelt, aber hier dürfen Herren nicht zusammen tanzen. Erlaube ich es auch nur ein einziges Mal, und ich weiß, dass es sich bei Ihnen um einwandfreie Gentlemen handelt, so wird mein Etablissement von gewissen Herrschaften überlaufen werden, wodurch der gute Ruf meines Etablissements in Gefahr kommen würde …‹

Wir setzten uns lachend wieder hin, bestellten uns noch irgendeinen unschädlichen Aperitif und gingen heimwärts.

Am nächsten Abend zogen Gerda, Lili und Claude dorthin. Claude hatte inzwischen den beiden Damen den neuen Tanz beigebracht und kurz nach Betreten der Bar führten Claude und Lili unter dem lebhaftesten Applaus des ›Gèrant‹ den recht verzwickten Tanz fehlerlos aus.

Dann trat er an den Tisch von Claude, machte eine galante Verbeugung vor Gerda und besonders vor Lili und sagte: ›Ich hoffe, dass Ihr Herr Freund, den ich leider heute vermisse, doch nicht wegen des kleinen Zwischenfalls von gestern Abend verärgert mein Etablissement meidet. Monsieur werden verstehen …‹

›Oh, wir verstehen‹, antwortete Claude, ›und ich versichere Ihnen, dass mein Freund nicht im Geringsten verstimmt ist.‹

Und der ›Gèrant‹ wandte sich an Lili: ›Darf ich Mademoiselle mein tiefstes Kompliment machen. Mademoiselle tanzten charmant, charmant.‹ Und dann zu Claude gewandt: ›Monsieur werden zugeben, dass sich Monsieurs gestriger Partner auch nicht im Entferntesten mit Mademoiselle hätte messen können …‹

Ich muss in Verbindung mit diesem lustigen ›Zusammentreffen‹ ein anderes Erlebnis, das ebenfalls um diese Zeit sich ereignete, kurz erzählen.

Lili war manchmal zusammen mit Claude und Gerda Gast eines recht mondänen Künstlerklubs gewesen. Die Klubabende bestanden für gewöhnlich aus einem Essen mit anschließendem Ball. Eines Abends, Gerda war müde, ging Lili auf eindringliches Bitten von Claude allein mit ihm dorthin. Eine Dame, die zu unserem intimen Kreis gehörte und sowohl mich wie Lili kannte, – im Übrigen ahnte niemand im Klub etwas von unserem Doppeldasein – machte sich an diesem Abend ein Pläsier daraus, Lili mit einigen Herren, darunter ihrem Vetter, einem nicht mehr ganz jungen Grafen, bekanntzumachen. Bisher hatte Lili sich gesträubt, an diesen für sie seltenen Klubabenden neue Bekanntschaften zu machen. Sie war glücklich, mit Claude tanzen zu dürfen, ein Mehr bedurfte sie nicht. Doch ehe sie sich wehren konnte, hatte die Freundin ihren Vetter herangeholt: ›Mein Vetter le Comte de Trempe … la Baronne Lili de Courtaud!‹ Der sehr galante Graf forderte Lili sofort zu einem Foxtrott auf. Dem einen Tanz folgten mehrere. Lili konnte sich nicht wehren. Claude nickte ihr belustigt zu. So kam es, dass Lili mit ihrem neuen Kavalier bis tief in die Nacht hinein tanzte. Als sie sich endlich völlig erschöpft von ihm ›für diesmal‹ verabschiedete, bat er mit dem feierlichsten Gesicht der Welt um die Auszeichnung, ›Madame la Baronne‹, die, wie ihm seine Kusine zugeflüstert hatte, ein paar Tage bei Gerda zu Besuch sei, in den nächsten Tagen seine Aufwartung zu machen. Was konnte Lili anders machen, als gute Miene zum bösen Spiel? …

Als Lili heimkam, schlief Gerda längst.

Am nächsten Morgen, kaum nachdem ihr Lili von ihrer ›Eroberung im Klub‹ berichtet hatte, klingelte es im Korridor. Der Graf war erschienen, bat tausendmal um Entschuldigung. – Gerda hatte geöffnet, – für den Fall, dass er störe … Aber er wolle nur Gelegenheit nehmen, sich nach dem Wohlbefinden ihres Gastes, der ›Frau Baronin Lili de Courtaud‹ zu erkundigen.

Gerda bedauerte aufrichtig, dass ihr Besuch bereits ausgegangen sei, und führte den Grafen ins Atelier … Dort entdeckte er sofort auf verschiedenen Gemälden Lili, wie sie leibt und lebt … Er war außer sich vor Begeisterung. Ob er vielleicht auf die Rückkehr der Frau Baronin warten dürfe. Gerda beteuerte, dass dies ein zweckloses Unterfangen sein würde, da ihr Besuch, übrigens ihre Schwägerin, bei Freunden zu einem Diner eingeladen sei …

›Oh‹, erklärte nunmehr der Graf, ›also ist Ihr Gemahl, Monsieur Wegener, der Bruder der Frau Baronin …‹

Gerda musste in ihrer Hilflosigkeit diese ›Tatsache‹ zugeben.

›Wann darf ich dann vielleicht das Vergnügen haben, Monsieur Wegener einen Besuch zu machen‹, fragte fast aufgeregt der Graf.

Gerda versprach, ihm bald durch seine Kusine Bescheid zugehen zu lassen …

Am folgenden Tag, – wir sitzen mit ein paar Freunden beim Tee in unserm Atelier, – wir hatten gerade Lilis unfreiwilliges Erlebnis zum Besten gegeben, – klingelt wieder die Korridorglocke. – Der Graf!

›Ich freue mich aufrichtig‹, beginnt er sofort zeremoniell, ›Ihnen meine Visite abzulegen‹, kaum finde ich Zeit, ihn hereinzunötigen, ›ich hatte, wie ich bereits gestern Madame Wegener erzählt habe, vorgestern Ihre Schwester, die charmante Baronesse, kennengelernt, und es liegt mir außerordentlich viel daran, sie wiederzusehen …‹

Natürlich fällt es jetzt etwas schwer, die Haltung zu wahren. Aber es gelingt, und ich antworte: ›Meine Schwester wird sicherlich unglücklich sein, abermals um das Vergnügen zu kommen, Ihnen die Hand drücken zu können, Monsieur …‹

Gerda und unser Teebesuch hatten Mühe, einen homerischen Heiterkeitsausbruch zu ersticken. Ich muss ihnen einen mahnenden Blick zuwerfen. – Ohne Bedenken fahre ich fort: ›Leider sehen wir meine Schwester in diesen Tagen eher wenig … überall eingeladen … sehr umschwärmt … kaum vor Mitternacht heim …‹

›Ja, das begreife ich sehr wohl‹, sagt der Graf, sieht mich forschend an, ich fühle mein Herz wie einen Amboss, der unter Hammerschlägen zittert und spricht sehr langsam, jedes Wort mit einem Zwinkern durchs Monokel begleitend, weiter: ›Übrigens merkwürdig, dass Sie Geschwister sind. Madame de Courtaud hat nicht die geringste Ähnlichkeit mit Ihnen, mein Herr.‹

Ich pflichte mit Nachdruck bei, sende Gerda einen flehentlichen Blick zu, die Fassung zu behalten … Denn kaum hatte ich meine Versicherung, dass meine Schwester und ich einander überhaupt nicht im Geringsten glichen, durch einen wahren Wortschwall ›detailliert‹, als der Graf an mich die Frage richtet, ob meine Schwester, die, wie seine Kusine ihm verraten habe, nicht verlobt, wirklich noch frei … Törichterweise stelle ich das nicht in Abrede!

Worauf er eine mustergültige Verbeugung macht und ohne Umschweif erklärt: ›Monsieur, dann habe ich hiermit die Ehre, um die Hand der Frau Baronin anzuhalten.‹

Ich danke im Namen meiner Schwester und verspreche, ihr seinen ehrenvollen Antrag zu überbringen. – Darauf zieht er sich unter Austausch zahlloser Komplimente zurück …

Einen Augenblick später zittert unser Atelier von dem dröhnenden Gelächter Gerdas und unseres Teebesuchs …

Ich lache nicht mit. Dies Ballerlebnis Lilis geht mir zu weit. Ich muss auf einen Ausweg sinnen.

›Ganz einfach‹, ruft Gerda, der vor Lachen die Tränen aus den Augen perlen, ›ich werde durch die Kusine dem Herrn Grafen bestellen lassen, dass seine Angebetete plötzlich aus sehr dringenden familiären Gründen nach Kopenhagen habe reisen müssen. Vorläufig sei an eine Rückkehr nach Paris nicht zu denken!‹

So geschah es dann auch. Einige Postkarten, die wir durch einen Freund in Kopenhagen, der Lilis ›Handschrift‹ zu fälschen hatte, an den Herrn Grafen befördern ließen, überzeugten ihn allmählich von der ›Aussichtslosigkeit‹ seiner Werbung …

Er hat nie erfahren, wer Lili war. –

– – – –

Noch seltsamer dürfte ein Erlebnis sein, das sich bei meiner Schwester und meinem Schwager in Kopenhagen, wo wir wenige Monate später zu Besuch weilten, zugetragen hat.

Lili Elbe, Paris 1926.

Meine kleine Nichte hatte Bilder von Lili gesehen und wollte diese merkwürdige Person einmal ›in Wirklichkeit‹ sehen. So wurde beschlossen, dass sie an einem Sonntagnachmittag, den auch meine Eltern bei meinen Verwandten verbringen wollten, sich einfinden würde. Meine Eltern hatten Gerda und mich seit ein paar Jahren nicht gesehen. Vater und Mutter waren daher enttäuscht, als sie bei ihrer Ankunft hörten, dass ich erst später kommen würde, da ich vorher einen sehr wichtigen Besuch zu machen hätte. Plötzlich klingelte es im Entrée. Das Mädchen meldete, dass eine französische Dame im Korridor stehe und Madame Gerda Wegener zu sprechen wünsche … Die Dame wurde hereingeführt, Gerda begrüßte sie auf das Herzlichste … es sei eine Freundin aus Paris … leider spräche sie nur französisch! Und … Vater begann sofort eine Konversation auf Französisch! Mutter, die sich alles von ihm übersetzen ließ, war grenzenlos stolz auf ihn!

Im Lauf des Gesprächs machte Mutter plötzlich Vater darauf aufmerksam, dass er mit der Dame aus Paris nicht so dicht am Fenster stehen dürfe. – Es war mitten im Winter. – ›Vergiss nicht‹, sagte sie, fürsorglich die Pariser Dame betrachtend, zu Vater, ›die Dame kommt aus einem viel milderen Klima und ist so dünn gekleidet. Bitte sie, in der Nähe des Kamins Platz zu nehmen.‹ Dann wurde der Tee serviert. Und Vater und Mutter ließen sich von dem fremden Besuch das Allerneueste aus Paris erzählen …

Eine ganze Stunde hatte ›die Pariserin‹ Mutter und Vater förmlich in Atem gehalten. Als sie sich dann plötzlich zu erkennen gab, schlugen die beiden entsetzt die Hände über dem Kopf zusammen! Sie wollten ihren eignen Augen nicht mehr trauen!

›Nein, nein‹, wiederholte Mutter noch lange hinterher, ›dass der Einar und das Fräulein Lili aus Paris ein und dasselbe Wesen sind … Ich kann es nicht glauben –‹

VIII

So lebten wir beide, Lili und ich, unser Doppeldasein weiter, – und niemand, weder die ›Eingeweihten‹ noch ich selber, erblickten darin etwas anderes als eine angenehme Art von Zerstreuung und Unterhaltung, eine Art Künstlerlaune, nicht mehr, nicht weniger. Ebenso wenig beunruhigten wir uns über den augenscheinlich zunehmenden Unterschied in seelischer Hinsicht, der zwischen dem mystischen Mädchen und mir sich mehr und mehr offenbarte, wie denn auch niemand von uns ernsthaft über die leisen Veränderungen nachdachte, die sich ganz allmählich an meinen körperlichen Formen bemerkbar machten.

Aber in aller Stille hatte sich etwas *in mir* vorbereitet …

Eines Abends sagte ich plötzlich zu Gerda:

›Eigentlich kann ich mir das Dasein gar nicht mehr vorstellen, wenn eines Tages Lili für immer ausbleiben würde oder wenn sie etwa nicht mehr jung und schön aussähe. Denn dann hätte sie ja keine Lebensberechtigung mehr.‹

Gerda sah mich zuerst erstaunt an. Dann nickte sie und sagte in ihrer ruhigen, nachdenklichen Art: ›Seltsam … da berührst du etwas, woran auch ich in der letzten Zeit häufig habe denken müssen. Ich habe während der letzten Monate geradezu Gewissensbisse empfunden, und zwar deshalb, weil ich doch gewissermaßen mit die Ursache gewesen bin, Lili zu erschaffen. Sie in dir, aus dir hervorzulocken und so Schuld an einer Disharmonie in dir wurde, die sich gerade in *den* Tagen am deutlichsten zeigt, an denen Lili nicht erscheint …‹

Ich hörte gespannt auf Gerdas Worte. Es war, als zeigte sie mir einen Spiegel …

›Es kommt vor‹, sprach sie erregt weiter, ›wenn sie mir Modell steht, dass in mir ein seltsames Gefühl wach wird, dass es noch mehr *sie* ist, die ich schaffe und forme, – als jenes Mädchen, das ich auf meiner Leinwand darstelle. Mitunter ist es mir, als sei hier etwas, das stärker wurde als wir. Etwas, das uns machtlos macht, uns beiseiteschieben will, ja, als wollte es sich an uns rächen, dass wir mit ihm unser Spiel getrieben …‹

Gerda brach ab, Tränen standen in ihren Augen. ›Wir sind auf eine abschüssige Bahn gekommen, und ich weiß nicht mehr, wo wir halten sollen …‹ rief sie. Ich versuchte, sie zu beruhigen. Doch ich schaffte es kaum, wenigstens nicht sofort. Ich sprach und sie hörte mir zu. ›Siehst du, was du sagst, stimmt, stimmt ja so erschreckend wahrhaftig. Und das Gefährlichste von allem ist, dass ich fühle, Lili, gerade Lili ist es, die uns beide zusammenknüpft, dass wir so alle Jahre zusammengehalten haben … Ich glaube nicht, dass ich sie überleben könnte.‹

Gerda unterbrach mich: sie hätte genau dasselbe gedacht … so oft … Denn Lili verkörpere unsere gemeinsame Jugend und Freude am Leben. Sie schluchzte: ›Mitunter frage ich mich, wie das Leben ohne sie werden würde.‹

Wir starrten einander an, tief erschüttert über dies gegenseitige Geständnis, das aus heimlichem Gegrübel vieler, vieler Wochen entstanden war.

›Jedenfalls kann ich mir nicht vorstellen‹, begann Gerda wieder, ›wie es mit uns beiden … ohne Lili werden soll … Sie darf uns nicht verlorengehen! Sie plötzlich nicht mehr sehen …, das wäre ja wie ein Mord.‹

›Ja, umso mehr, als ich fühle, dass sie drauf und dran ist, lebenskräftiger zu werden als ich …‹, sagte ich beklommen.

Vielleicht hatte eine augenblickliche Mutlosigkeit bei mir dieses Gespräch veranlasst. Meine Gesundheit war sonst während all der Jahre vorzüglich gewesen. Trotzdem ich nie sehr robust ausgesehen habe, mir andererseits aber jede körperliche Anstrengung zumuten konnte, war ich eigentlich nie krank gewesen. – Nur in der letzten Zeit war mir öfters nicht wohl gewesen, was sich meist in einer völligen Erschlaffung äußerte. Hinzu kam, dass ich die sehr regenkalten Winter, die Paris in den letzten Jahren hintereinander erlebt hatte, nicht gut ertrug. Ich hustete vom Spätherbst bis zum Frühjahr eigentlich ohne Unterlass. So war ich wohl auf trübe Gedanken gekommen. Man kann nicht ewig jung bleiben, dachte ich. Und ich dachte an Lili. Sie teilte mit mir den Körper. Sie war ein Weib. Für sie bedeutete jung bleiben mehr als für mich.

Meine Stimmung wurde allmählich trüber und trüber. Von Natur aus war ich immer ein froher Mensch gewesen. Besonders, solange ich in Paris lebte. Damit war es jetzt vorbei. Tage, Wochen, Monate kamen, wo ich mich völlig kraftlos fühlte. Mir schwand die Energie zum Arbeiten. Jeder, der mich all die Jahre über gekannt hatte, wusste, dass ich ein Arbeitsmensch gewesen war. Ich verstand mich selber nicht mehr.

Zwischendurch kamen wohl auch lichtere Perioden

wieder – jedes Mal, wenn ich auf dem Land, weit von Paris, leben konnte und Motive sammelte. Vor allem in Beaugency. Aber das dauerte nicht lange. Ich wurde immer müder, immer schlaffer. Ich wusste mit mir nichts mehr anzufangen. Es war ein unerträglicher Zustand.

Gerda begann unruhig zu werden. Sie überredete mich, einen Arzt aufzusuchen. Ich tat ihr den Gefallen. Der Arzt fand nichts Besonderes, verordnete einige Stärkungsmittel für die Nerven. Es half nichts. Ein neuer Arzt wurde befragt. Der gleiche Erfolg. Und so weiter.

Kam aber Lili, so ging alles gut, das Leben war wieder schön. Jeder Missmut war verschwunden.

Darum kam sie jetzt so oft wie möglich. Sie hatte inzwischen ihren eigenen Freundes- und Bekanntenkreis bekommen, sie hatte ihre eigenen Erinnerungen und Gewohnheiten, die nichts, aber auch gar nichts mit mir zu tun hatten. Oft blieb sie mehrere Tage hintereinander. Und dann saß sie zufrieden mit Gerda zusammen oder auch ganz für sich allein mit Handarbeiten, nähte, stickte und lächelte vor sich hin, glücklich in dieser fraulichen Beschäftigung. Niemand verstand dieses Mysterium. Nicht Gerda, nicht Hélène. Alle betrachteten dieses rätselhafte Wesen Lili, das sich eine eigene Welt um sich aufbaute, mit Kopfschütteln und Erstaunen. Aber man ließ Lili gewähren. Sie war glücklich.

Ein Geschehnis, das sich gerade damals zutrug, sollte schneller als vermutet die Einleitung der letzten Periode dieses unablässigen und erbarmungslosen inneren Kampfs zwischen Lili und mir werden. Und lange sah es so aus, als ob niemand von uns beiden diesen Kampf überleben sollte.

Ungefähr vor zwei Jahren gab mein alter Freund Johannes Poulsen vom Königlichen Theater in Kopenhagen bei uns in Paris ein mehrtägiges Gastspiel. Da seine Frau, die bekannte Tänzerin Ulla Poulsen, ihn begleitete, sollte natürlich auch ein Ballettabend veranstaltet werden. Das Ballettkorps war nicht groß. Es fehlte ein Tänzer. Da fragte Johannes, der wusste, dass ich kein schlechter Tänzer bin, mich, ob ich Lust hätte, mitzumachen. Ich sagte selbstverständlich Ja.

Bei den Ballettproben, die sehr lange dauerten, hatte ich mich wohl überanstrengt. Jedenfalls wurde ich damals zum ersten Mal von seltsamen Blutungen heimgesucht. Meist war es Nasenbluten, aber so ungewöhnlicher Art, dass Gerda ängstlich wurde und mich bat, meine Tänzerrolle abzugeben. Dagegen sträubte ich mich aber. Ich wollte auf keinen Fall meinen alten Freund in Verlegenheit bringen.

Ich hielt durch, trotzdem sich diese Blutungen auch nach der Premiere und nach jeder der zahlreichen Wiederholungen einstellten. Und das Unbegreiflichste von allem war, dass ich jedes Mal mir völlig fremde, nervöse Weinkrämpfe erlitt … War dann aber der Anfall überstanden, so fühlte ich mich wie befreit … ganz, als ob sich etwas in mir aus einer Erstarrung gelöst hätte; als wenn etwas Neues, etwas nie Gefühltes sich regte. Mein ganzes Gemüt schien wie ausgewechselt zu sein. Als sei plötzlich ein Damm gebrochen.

Nie hatte Musik auf mich einen so aufwühlenden, erschütternden Eindruck gemacht wie an jenen Abenden. Eine schmerzlich süße und dennoch entspannende Empfindung, die alle meine Sinne einfing, so wirkte Musik auf mich … zu Tränen rührte sie mich … und aus den Tränen wurden dann Weinkrämpfe.

An diesen Abenden begann ein völliger Umschwung meines Wesens. Bisher hatte ich eher herrisch und ›von oben herab‹ mit den Menschen verkehrt. Schon von den ersten Proben an fühlte ich, als würde ich von mir selber im Stich gelassen. Ich war über mich selber völlig überrascht. Ich erkannte mich nicht wieder. Ein starker Drang, mich zu unterwerfen, zu gehorchen, mich einem anderen Willen unterzuordnen, bedingungslos, hatte mich ergriffen. Ich war wie besessen von diesem Drang. Johannes, mein alter Freund und Zechgenosse, hatte neben Ulla die Hauptrolle des Abends. Noch ein Jahr zuvor waren wir drei in Kopenhagen sehr lustig zusammen gewesen. Nie wäre mir eingefallen, ihm gegenüber den Unterlegenen zu spielen, ihn als den Führenden anzuerkennen! Aber jetzt an diesen Abenden, von der ersten Probe an, unterwarf ich mich ihm sklavisch. Nicht ein Wort des Widerspruchs fand er bei mir. Und nicht nur das, ich konnte wie ein Knabe erröten, bat er mich, diesen oder jenen Pas anders zu machen, mich bei irgendeiner Figur etwas mehr oder weniger zu beugen, und dergleichen. Und wenn er mich gar anfasste, war ich dermaßen verstört, dass ich nicht wusste, wohin mit meinen Augen. –

Bei all diesem psychischen Durcheinander, das ich damals empfand, spielte irgendetwas Erotisches auch nicht im Allergeringsten mit. Johannes wie ich waren in diesem Punkt kerngesunde Naturen. Was es also war, konnte ich nicht entdecken. Es *war* einfach so. Und nicht *ich* war es, der diese Wandlung zur Demut, wie Gerda es nannte, zuerst bemerkte, sondern Gerda. Sie neckte mich lächelnd damit. Aber hinter ihrem Lächeln verbarg sich ein grenzenloses Erstaunen.

Ich hatte zur Generalprobe zum ersten Mal meine Tanztracht an: ein stramm anliegendes Trikot, einen Bolero, dazu eine kurzlockige Perücke. Als ich nach Schluss der Generalprobe dann in einem schmutzigen, halbdunklen Gang des Theaters, der die nicht vorhandenen Garderoben ersetzen sollte, stand und dabei war, mich abzuschminken, kamen ein paar Landsknechte, die ebenfalls mit zum Ballett gehörten, waffenklirrend hinter mir vorbei. Einer von ihnen gab mir einen leisen Schlag.

›Es kleidet Sie ›crebleu‹ gut, eine Hosenrolle zu spielen, Mademoiselle!‹ grinste der Kerl.

Als ich mich mit einem energischen Protest umdrehte, kniffen die Kerle aus und riefen: ›Es gibt so viel Bluff in unsern Tagen, ma petite Demoiselle …‹

Wenige Minuten später musste ich auf die Bühne. Als Johannes mich erblickte, verzog er sein Gesicht zu einem behaglichen Grinsen und rief schallend vor Lachen: ›Nein, Kinder, das geht nicht. Jetzt haben wir zu viele Damen!‹

Ich verstand im ersten Augenblick nichts, drehte mich ratlos um, alle Augen sahen mich an, alles grinste, ich stürzte hinaus, mit puterrotem Kopf, lief einem Costumier in die Arme, hielt ihn fest und bat ihn, mich ›auf Wunsch des Herrn Direktors etwas männlicher auszukostümieren‹.

Er versuchte es mit Hilfe eines Kollegen, und zwar unter wieherndem Gelächter der beiden Biedermänner. Und ich nahm mich zusammen und tat so, als ob mich das alles völlig unberührt ließ. Abends vor der Premiere begegnete ich in den Kulissen einem recht muskulös gebauten

Schauspieler, der im gleichen Kostüm wie ich im Ballett mitzutanzen hatte. Als er mich sah, musterte er mich mit seinen Blicken von oben bis unten, um dann erbost loszuplatzen: ›Mein Gott, Mann, Sie sehen ja unmöglich aus …‹

Ich war sprachlos, mochte am liebsten in die Erde sinken. Wäre mir so etwas früher von einem Mann gesagt worden, hätte ich ihn zu Boden geschlagen.

Als ich Gerda hinterher alles erzählte, gestand sie, dass auch ihr eine sonderbare Veränderung an den Linien meines Körpers aufgefallen sei. Wie eine verkleidete Frau hätte ich in meinem Tänzerkostüm ausgesehen …

In der folgenden Zeit nahm meine Nervosität krankhaften Charakter an. In fast regelmäßigen Zwischenräumen stellten sich diese rätselhaften Depressionen mit starken Blutungen fortab ein, begleitet von heftigen Schmerzen. Und dazu dann diese nie gekannten Weinkrämpfe! Zuerst dachte ich, dass ich mir während der Ballettaufführungen irgendein inneres Organ verzerrt hätte. Auch Gerda glaubte dies. Wir gingen deshalb zu einem Arzt, der eigentlich Herzspezialist ist und für meinen vermuteten Krankheitsfall an sich nicht kompetent war. Aber er kannte mich seit Jahren. Von Lili wusste er dagegen nichts. Nur unsere ›Allerintimsten‹ waren eingeweiht … Zu ihnen zählte der Arzt nicht. Ich eröffnete ihm deshalb bei meinem Besuch auch nichts von meinem Doppelleben …, obgleich ich selbst bereits einen Zusammenhang zwischen diesem und meinem physischen Zustand zu ahnen begann.

Da er dann nach gründlicher Untersuchung nichts fand, was die merkwürdigen Erscheinungen während der letzten Zeit hätte erklären können, suchte er mit mir einen

Spezialisten auf, den ich flüchtig von Versailles her kannte. Dieser Arzt untersuchte nun sehr eingehend mit wachsendem Erstaunen meine Formen und meinte schließlich, sonderbare Unregelmäßigkeiten in meinem Innern feststellen zu können. Im Übrigen erklärte er, das einzige, was hier zu tun sei, wäre, abzuwarten, zumal meine ganze Konstitution sehr gesund und unverbraucht sei; solch einem Körper könne man schon etwas zumuten.

Ohne dass dieser Arzt etwas Bestimmtes gesagt hatte, gab mir dies Gespräch doch Zuversicht und eine fast mystische Hoffnung …

Ich war mir jetzt völlig klar darüber, dass in mir etwas ganz Ungewöhnliches vorgehen musste. Das hatte ich dem Arzt mehr vom Gesicht abgelesen, als dass seine Worte mir zu dieser Annahme Grund geben konnten.

Und jetzt begann ich – wie es wohl viele Kranke tun, die nicht recht wissen, woran sie kranken – mir alle möglichen wissenschaftlichen Bücher über geschlechtliche Probleme zu verschaffen. In kurzer Zeit hatte ich mir ein Spezialwissen auf diesem Gebiet erworben und wusste jetzt manches, von dem der Laie sich nichts träumen lässt. Aber es wurde mir auch nach und nach klar, dass nichts von alldem, das sich auf normale Männer und Frauen bezieht, sich auf meinen rätselhaften Zustand beziehen konnte.

So kam es, dass ich mir selbständig eine Meinung bildete, nämlich, dass ich in *einem* Körper sowohl Mann wie Weib war, und dass das Weib in diesem Körper dabei war, die Überhand zu gewinnen. Aus dieser Vermutung leitete ich die Tatsache der Störungen sowohl physischer wie psychischer Art ab, an denen ich in steigendem Grad litt.

Ich beichtete all dies Gerda. Und als ich, von ihr ermutigt, verschiedenen Ärzten in Paris und Versailles meine Theorie vortrug, begegnete ich bei ihnen nicht nur Kopfschütteln, sondern bei einigen sogar Hohn. Die Höflichsten von ihnen behandelten mich nachsichtig wegen aller möglicher Krankheiten, die anderen betrachteten mich als einen Hysteriker oder einfach als einen Verrückten.

Es war eine furchtbare Zeit. Mit meiner Gesundheit ging es bergab, Schlaf konnte ich bald überhaupt nicht mehr finden. Gerda war die einzige, die felsenfest mit mir an meine Theorie glaubte. Sie war es, die mir immer wieder half, den Glauben nicht zu verlieren, dass ich eines Tages dennoch Rettung würde finden können.

Vor genau einem Jahr fuhren wir dann wieder südwärts, nach Italien. Gerda glaubte, dass eine Luftveränderung mir gerade um diese Zeit, während der es in Paris recht regnerisch war, guttun würde. Der französische Winter war ungewöhnlich kalt gewesen. Der ganze März war verregnet. Jenseits der Alpen fanden wir die Welt in Blüten.

Wir reisten nach Rom. Dort hatten wir ein Zusammentreffen mit einem italienischen Offizier, den wir vor Jahren in Florenz getroffen hatten, verabredet. Er war gerade aus dem Orient nach längerem Kolonialdienst auf Urlaub heimgekehrt. Er erwartete uns auf dem Bahnhof, brachte uns ins Hotel, um dann irgendwo in der Stadt zu dinieren. Ich war grenzenlos erschöpft nach der langen Bahnfahrt, hatte unbeschreibliche Schmerzen – aber ich wollte Gerda und unserm Freund nicht den Tag verderben. Ich ging also mit.

Wir saßen bei ›Facciano‹. Durch die offene Tür strömte die sanfte Abendkühle herein … von der schönen Piazza Colonna, wo man die weiße Säule vor der rostroten

Fassade des Palazzo Chigi schimmern sieht und die Kolonnade von ›Biffi‹, die die heiseren Schreie der Zeitungsverkäufer durchgellen und auf diese Weise den Ankauf einer Gazette erübrigen. Das Orchester spielt seine Schlager … Ich werde niemals diesen Abend vergessen.

Gerda saß mir gegenüber.

Es durchzuckte mich … Sie sah plötzlich aus, als sei sie kaum 25 Jahre. Alle Müdigkeit war aus ihren Zügen wie fortgezaubert. Und neben ihr saß unser Freund Fernando Porta und strahlte sie an. Als wir ihn vor Jahren kennengelernt hatten, schien es nur eine flüchtige Bekanntschaft bleiben zu sollen. Damals war er ein frischgebackener Leutnant gewesen. ›Il bello tenente Porta‹ nannte man ihn damals … Damals … Es war während unserer ersten Italienreise gewesen … Als wir uns dann trennten, schien es für immer zu sein. Bis seine Briefe aus der fernen Kolonie zu uns nach Paris kamen … Meist an Gerda gerichtet.

Eine tiefe Wehmut beschlich mich. Ich musste an damals und an die Jahre, die verstrichen waren, denken. Auch ein wenig an mich … Was war aus mir geworden?

Ich riss mich zusammen. Tausend Fragen wurden gestellt. Ebenso viele beantwortet. ›Entsinnen Sie sich noch des Sowiesos … Und Frau X. … Entsinnen Sie sich des Abends bei Lapi … jenes Nachmittags im ›Casino‹ … und des Abends darauf im Kino auf der Piazza Vittorio Emmanuele…‹ Ich sah alles wie heute vor mir … und hier saß ich mit Gerda und Fernando Porta und lächelte wie sie … und mitunter gehörte beiden ihr Lächeln ganz allein … Und sie sahen aus wie damals … vor Jahren, waren jung. Aber ich lächelte mit. Doch es war nur ein krampfhaftes Lächeln. Meine alte Lebensfreude war zerbrochen. Ich … war ein anderer geworden … ein mutloser Mensch.

Dort in Rom, jetzt vor einem Jahr, wurde ich mir endgültig darüber klar, dass ich erledigt, am Ende war. Unwiderruflich am Ende … Das fühlte ich, wusste ich, wie etwas Unabänderliches.

Gerda und ich hatten ein Atelier mit einer weiten Terrasse in der Nähe der Piazza di Spagna gemietet. Ich war jeden Tag krank. Jeden Tag … Und dabei blühten alle Rosen und all die vielen Orangenbäume vor unserm Atelierfenster.

Ab und zu erschien Lili. Aber auch sie hatte ihr sorgloses Wesen verloren. Sie weinte, sie weinte jedes Mal. Sie begriff, wie schön das Leben sein könnte.

Mitunter weinte auch Gerda. Sie war sonst so stark. Auch in Rom. Sie versuchte zu malen. Aber es wollte nichts gelingen. Lag ich nachts wach neben ihr, so merkte ich, dass auch sie mit wachen Augen dalag. Die Abende verbrachten wir mit Porta. Allmählich veränderte sich auch sein Wesen. Eine krankhafte Melancholie bedrückte ihn, wenn er sich auch bemühte, heiter zu scheinen. Einmal konnte er nicht mehr an sich halten. Er sagte, im Grunde hätte er sein Leben verfehlt. Er könnte Menschen verstehen, die, zu dieser Erkenntnis gekommen, ein Kloster als letzte Zuflucht aufsuchten … Solche Menschen gäbe es nun einmal auch im zwanzigsten Jahrhundert … Ich merkte ihm an, dass seine Worte ernst gemeint waren …

Ich musste an Gerda denken. Hatte sie nicht auch ihr Leben verfehlt? Hatte sie sich nicht aufgeopfert, damit ich nicht allein bleiben sollte – weil sie fühlte, dass ich ein kranker Mann geworden war – weil sie wusste, dass sie die einzige war, die mich verstehen konnte? Ich wusste, keine irdische Macht würde sie bewegen können, mich zu verlassen – heute weniger denn je. – Sie war jetzt noch jung … Noch hatte sie Zeit, vieles, vieles wieder einzuholen, das sie meinetwegen versäumt hatte. Für mich hatte das Leben keinen Reiz mehr. Ich weiß, es ist ein flaches Wort – für die anderen. Aber für mich sagt und umfasst es alles. Weshalb sollte ich mich weiterschleppen? Kein Arzt begriff, was mir fehlte, niemand konnte mir helfen. Weiterleben, krank und alt vor der Zeit … der entsetzlichste Gedanke für mich. Ganz unpathetisch dachte ich dies alles durch. Auch ohne Mitleid mit mir. Und so kam auch wie eine Selbstverständlichkeit der Gedanke: lieber sterben. Dann wird Gerda frei sein. Dann kann das Leben noch viele, reiche Jahre ihr bescheren. Damals, an jenem Abend in Rom, fasste ich meinen Entschluss. Der gilt heute noch. Nur einer kann ihn ändern. –

Es war damals Mai. Noch ein Jahr Frist gab ich mir. Finde ich nicht im Laufe dieses Jahres einen Arzt, der mir helfen kann – der versuchen will, Lili zu retten – sie von mir zu trennen – ich weiß, wie schwer es für andere ist, diese Worte, Lili von mir zu trennen, zu verstehen – aber wie soll ich dies sonst in Worte kleiden? – Ja, finde ich bis zum nächsten Mai nicht diesen Helfer, so werde ich selber in aller Stille Abschied von diesem Dasein nehmen, selbst wenn auch das andere Wesen, das sich mit mir einen Körper teilen musste, mein Schicksal gleichfalls teilen muss! Ich setzte sogar den Tag fest. Der erste Mai sollte es sein … Und es sollte auf eine diskrete Weise vor sich gehen, um Gerda zu schonen, soviel wir beide konnten, Lili und ich.

Gerda … Wie sie schonen? … Das war das Schwerste von allem. Ich wusste nur zu gut, wie Gerda einen gewaltsamen Abschluss meines Lebens hinnehmen würde. Aber trotz aller Überlegungen und Bedenken gegenüber der besten, treuesten Freundin meines Lebens sah ich ein, dass es keinen anderen Ausweg für mich gab – es würde dennoch eine Befreiung für uns beide sein. Und sicherlich die einzig mögliche.

Als dieser Beschluss gefasst war, fühlte ich Erleichterung. Nun wusste ich doch wenigstens, dass es einmal, und zwar in absehbarer Zukunft, ein Ende mit dieser Qual werden würde.

Meine Gesundheit verschlechterte sich von Tag zu Tag. Und der Augenblick kam, da Gerda einsah, dass ich nicht länger in Rom bleiben dürfte, dass eine Rückkehr nach Paris, wo wir einige tüchtige Ärzte kannten, dringend notwendig sei. Grenzenlos bedrückt verließen wir an einem sonnigen Frühlingsmorgen, viel, viel früher als geplant, Rom und – Fernando Porta.

In Paris, in der heimischen Umgebung, besserte sich mein Zustand scheinbar. Wieder suchten wir ein paar Spezialisten auf. Doch stets mit negativem Ergebnis.

Schließlich nahm mich ein Radiologe in Behandlung. Sie hätte mir fast das Leben gekostet, ich wäre auf diese Weise fast der Notwendigkeit enthoben worden, am festgesetzten ersten Mai selber die Exekution vorzunehmen.

Da der Pariser Sommer zu warm wurde, zogen wir wieder nach Versailles, in die Nähe des Parks. Unser Leben gestaltete sich wie früher. Weder Gerda noch ich liebten es, viel Wesens von unserm Wohl und Wehe, unsern Freuden und Sorgen zu machen. Arbeit ist der beste Arzt, sagte

Lili Elbe und Claude Prévost in Beaugency, Frankreich 1928.

ich mir. Und ich ging wie in allen Jahren mit Malkasten und Staffelei hinaus in den Park, so oft mein Zustand es zuließ. Und so oft, wie sie wollte, kam Lili und versuchte, Gerda und sich selbst zu zerstreuen.

Der einzige, der meinen Zustand ziemlich klar erkannte, war Claude Prévost. Er war uns beiden damals ein Tröster. Er fühlte, ohne viele Worte zu machen, was sich hinter der scheinbaren Ruhe, die Gerda und ich und – Lili bei allen seinen Besuchen ihm zeigten, verbarg. Wenn er am Sonntag kam, herrschte bei uns wieder die alte Fröhlichkeit.

Hätten wir damals Claude Prévost nicht gehabt …

Er, wie Gerda, hatte längst begriffen, dass das einzige, was in mir noch lebenskräftig war, Lili sei … Felsenfest glaubten beide daran. – Und deshalb ermunterten beide auch Lili, zu kommen, so oft sie nur wollte. –

Claude Prévost machte oft weite Spaziergänge mit ihr durch den Versailler Park … Zukunftspläne schmiedend.

An einem solchen Abend, die untergehende Sonne hatte alle Fenster des Schlosses und das spiegelblanke Wasser der Bassins in Brand gesteckt, spazierten die beiden Arm in Arm über die Terrasse. Plötzlich hörten sie im Vorbeigehen eine Dame zu ihrem Begleiter sagen: ›Sieh mal, zwei glückliche Menschen.‹

– – – –

Die meisten von unseren Freunden und Bekannten erfassten meinen Zustand viel klarer als alle Ärzte, die wir befragt hatten. Natürlich musste ihre Anteilnahme sich auf Worte beschränken. Aber gleichwohl gaben mir ihre Worte oft moralischen Halt … man sah in mir einen beladenen Menschen, dessen Leiden ein wirkliches Martyrium und nicht, wie die französischen Ärzte wieder und immer wieder erklärten, Einbildung, Hysterie seien …

Eines Tages traf ich in Trianon mit einem älteren französischen Maler zusammen. Wir kannten uns seit Jahren, hatten einander aber längere Zeit nicht gesehen. Er erkundigte sich teilnehmend nach meinem Befinden – ich antwortete ausweichend, ohne ihm auch nur im Entferntesten etwas zu verraten.

Zu meinem Erstaunen antwortete er dann statt meiner. ›Ich habe Sie schon lange beobachtet, ohne dass Sie mich bemerkt hatten. Hier im Park, wenn Sie malten. Dabei fiel mir auf, welch völlige Veränderung mit Ihnen während der letzten Jahre vorgegangen ist. Früher wirkten Sie frisch, straff, wie ein gesunder Mann. – Jetzt dagegen – verzeihen Sie mir, wenn ich das sage – wirken Sie auf mich wie ein verkleidetes Mädchen … Sie sind krank … Sie sind sogar sehr krank. In Ihnen geht eine Umwälzung vor. Ein fantastischer Gedanke. Aber auch das Nochniedagewesene kann morgen zur Tatsache werden ... Fälle umgekehrter Art kennen wir ja seit langem. Ärzte sind mit ihnen fertig geworden. Weshalb sollte deshalb nicht auch Ihnen geholfen werden können? Hoffentlich finden Sie einen mutigen und fantasievollen Arzt ... Darauf kommt es an ... Natürlich ein armer Maler, werden Sie meinen, woher soll er das Riesenhonorar für solch eine Kapazität nehmen ... Hoffen wir, dass sich trotzdem ein Mann findet, der Ihnen aus menschlichen und wissenschaftlichen Gründen beisteht.‹

Diese und ähnliche Äußerungen von Verständnis waren in meinem Zug durch die Wüste wie kleine Oasen, und sie gaben mir Mut und Kraft, mein hoffnungsloses Suchen nach einem Retter noch ein wenig fortzusetzen.

In diesem letzten Sommer in Versailles begann ich zu merken, dass man mir oft auf der Straße, im Park, wo ich stand und ging, verwundert nachblickte – sogar in den Geschäften, die ich seit Jahren aufzusuchen pflegte. Auch in Paris war mir dies in den letzten Jahren ab und zu aufgefallen ... aber doch nicht derart, wie jetzt in Versailles. Im Übrigen sind die Pariser ja die wohlerzogensten, gleichgültigsten und blasiertesten Menschen der Welt, während die Versailler halt Kleinstädter sind.

Eines Morgens, ich will, um schneller in den Park zu kommen, um zu malen, einen Durchgang vom Hotel des Reservoirs benutzen, stehen da ein paar junge Kellner.

Ich beachte sie kaum, bin schon vorüber. Da höre ich im unverfälschten Kopenhagener Slang hinter mir die Worte: ›Kiek mal an, ein fesches Mädel, das in Hosen zum Malen auszieht!‹

Nebenbei bemerkt sind die Hotels in Versailles voll von dänischen Kellnern – ich weiß nicht, weshalb. Vielleicht, weil dort wie in Paris vor dem Krieg in der Hauptsache deutsche und österreichische Kellner benutzt wurden, und zwar wegen ihrer Sprachkenntnisse.

Genug. Ich tat so, als hätte ich nichts gehört, ging weiter, grübelte über den Sinn dieses Kompliments nach – und mir begann zu dämmern, aus welchem Grund ich in der letzten Zeit überall Aufsehen erregte.

Ein paar Tage später spricht mich die Frau unseres Hauspförtners, mit der ich auf bestem Fuß stand, an und erzählt mir folgendes: ›Monsieur dürfen mir nicht gram sein, wenn ich Monsieur anvertraue, dass die Ladenbesitzer hier im Quartier, bei denen Madame und Monsieur kaufen, nicht glauben wollen, dass Monsieur ein Monsieur sind.‹ Sie blieb mit aufgerissenen Augen und aufgesperrten Lippen stehen, als ich ihr lächelnd zur Antwort gab: ›Madame, ich bin drauf und dran, den Ladenbesitzern recht zu geben!‹

Diese und ähnliche Vorfälle zeigten mir, dass die Situation anfing, paradox zu werden. Lili durfte sich an und für sich nicht auf der Straße zeigen, weil sie mit mir den Körper gemeinsam hatte – obwohl auch nicht eine Menschenseele Notiz von ihr nahm, wenn sie sich einmal unter Menschen zeigte, abgesehen davon, dass ihr dann und wann einmal jemand ›nachstieg‹. Mich dagegen glotzte man überall jetzt an, trotzdem ich vollkommen korrekt als Mann gekleidet und mit richtigen, weitausholenden Männerschritten meiner Wege zog – und man hielt mich für ein verkleidetes Mädchen … Es war nicht zum Aushalten.

Im Herbst, als wir nach Paris zurückkehrten, stellte ich

fest, dass ich auch hier jetzt aufzufallen begann, wenn dies auch meist auf eine etwas diskretere Weise zum Ausdruck kam. In der Metro oder im Omnibus oder in der Tram fing ich oft Blicke und Worte von Leuten auf, die mich beobachteten. Wollte ich auch ihre Bemerkungen überhören, oft verstand ich jedoch aus ein paar Wortfetzen genug, um mich davon zu überzeugen, dass sie die Ansicht der Ladenbesitzer in Versailles teilten.

Mit meiner gründlichen Kenntnis der Blasiertheit der Pariser im Allgemeinen wurde es mir doppelt klar, dass ich wirklich dabei war, aufsehenerregend zu werden – und diese Tatsache machte mich immer mehr nervös – meine durch langjährige Leiden geschwächten Nerven machten einfach Aufruhr: sie ertrugen es nicht mehr, mich überall von fragendem, neugierigem Grinsen verfolgt zu sehen. Diese Belästigung durch meine Mitmenschen bedrückte mich maßlos. So ging ich aufs Neue zu dem mir befreundeten Herzspezialisten. Gerda war ein paar Tage vorher bei ihm gewesen und hatte versucht, ihm mein und Lilis Doppeldasein zu erklären – und er hatte ihr versprochen, mich zu einem anderen Spezialisten in Versailles zu führen – wenn er auch persönlich alles miteinander für eine fixe Idee von mir und ausschließlich für eine ›krankhafte Einbildung ohne irgendwelche physische Grundlage‹ ansah.

›Ihr Mann ist gesund. Sein Körper ist normal. Ich spreche ja aus gründlicher Kenntnis, aus gründlicher Inaugenscheinnahme seines Körpers, Madame‹, das war seiner Weisheit letzter Schluss …

Dieser Besuch bei dem neuen Spezialisten in Versailles sollte mein letztes Experiment sein, hatte ich hoch und heilig Gerda und mir selber geschworen, ehe wir uns auf den Weg machten. Bei meiner Ankunft bekam ich sofort den Eindruck, dass die beiden Ärzte im Voraus ihren Schlachtplan festgelegt hatten: sie wollten versuchen, mir meine ›hysterischen Grillen‹ auszutreiben. Nach einer recht oberflächlichen Untersuchung wurde mir ohne Umschweife erklärt, ich sei ein völlig normal gebauter Mann, dem nicht das Geringste fehle, der nur versuchen solle, mit Energie und gutem Humor sich als Mann zu bewähren, um wieder das Leben eines regelrechten Dutzendmenschen masculini generis führen zu können … Man betrachtete mich während dieser Zusammenfassung ihres tiefschürfenden Urteils mit kaum unterdrückter Ironie: man hielt mich für einen Hysteriker, für einen Simulanten schlechtweg, und der eine von ihnen, der ›neue Spezialist‹, deutete sogar an, ich sei wohl im Grund – homosexuell. Diese Andeutung brachte mich fast um meine Selbstbeherrschung. Hätte Gerda nicht durch ein helles Auflachen die Situation gerettet und statt meiner diese Vermutung als völlig absurd zurückgewiesen, ich wäre diesem Herrn an die Gurgel gesprungen.

Nach dieser hoffnungslosen, mich wie Gerda tief deprimierenden Konsultation merkte ich, dass ich meine letzte Kraft verbraucht hatte. Und ich gelobte mir in aller Stille, dass mich fortab keine Macht auf Erden dazu bewegen würde, neue Ärzte zu befragen. Zum Gespött der Herren Mediziner wollte ich denn doch nicht degradiert werden.

Ich sagte mir: da mein Fall bis jetzt in der Geschichte der ärztlichen Kunst unbekannt ist, so existiert er einfach nicht, durfte er einfach nicht existieren. Mein und damit auch Lilis Todesurteil war gefällt. Jetzt galt es nur noch, auf eine möglichst anständige und geräuschlose Weise Geduld zu haben, bis die kurze Frist, die ich mir selber gesetzt hatte, ausgelaufen war.

Äußerlich änderte sich an unserm täglichen Leben nichts. Ich war sogar in sorgloser Stimmung, wenn Freunde oder Bekannte uns besuchten, besonders aber gegenüber Gerda, da ich Angst hatte, sie könnte mich durchschauen. Ihr ging es nicht gut, das konnte ich an ihrem ganzen Wesen merken. Sie nahm sich zusammen, zeigte mir meist eine lächelnde Miene, hinter der sie ihre Angst und Trostlosigkeit glaubte verbergen zu können. Sie war so ruhelos geworden. Oft, wenn sie glaubte, nicht von mir beobachtet zu sein, sah sie mich heimlich so seltsam fragend an, dass ich fürchtete, sie ahne meine Pläne …

In diesen Wochen hatte ich nur ein Verlangen: Musik zu hören. Konzerte mochte ich nicht mehr aufsuchen. Nur keine Menschen sehen. Ich kaufte daher Unmengen von Grammophonplatten. Klassische und modernste Musik, alles durcheinander. Und lange Abende bis tief in die Nächte hinein spielte unser Grammophon. Ich verschlang alles, was Musik war. Heitere und tragische, banalste und feierlichste, melodischste und disharmonischste Musik – wenn es nur Musik war. Sie war meine Trösterin, ob sie mich zu Tränen rührte oder mich verleitete, lustig irgendeinen Schlager mitzuträllern oder gar Gerda zu bitten, mit mir zu tanzen. Ich lebte damals von Musik. Konnte ich keinen Schlaf finden, so flüchtete ich mich zu ihr. Mochte ich morgens die Augen nicht aufschlagen, so holte Gerda das Grammophon aus dem Atelier an mein Bett. Es gab in mir nichts, was man mit dem Wort Sentimentalität lächelnd abtun kann. Nichts Rührseliges war in mir. Nie war ich weniger empfindsam als damals. Nur grenzenlos verloren fühlte ich mich, preisgegeben einem Schicksal, das über Menschenverstand hinausgeht. Die Sprache der Seele an sich, die Sprache der Töne befreite mich, nur nicht selber sprechen, meinem trostlosen Gegrübel Form geben müssen! Nur nicht selber denken, nur nicht Selbstgedachtes in Worte kleiden, war mein täglicher, nächtlicher Hilferuf …

Früher hatte ich beim Lesen Ablenkung gefunden … Jetzt schlug ich kein Buch mehr auf. Was sagten mir die Schicksale fremder Wesen, da ich von keinem Wesen in diesen Büchern Zuspruch finden konnte, das ein Wesen meiner Art war. Von solch einem Wesen hat noch kein Dichter dichten können, weil es noch keinem Dichter eingefallen war, dass solch ein Wesen je gelebt haben könnte. Wie konnten mir die Philosophien der Griechen und der Gegenwart helfen, die uns nur vom Denken des Mannes und vom Denken des Weibes in getrennten Körpern und Hirnen und Seelen berichten? Platons Gastmahl … früher hatte ich dort meine Zuflucht gefunden. Von Menschen an den Grenzen beider Empfindungswelten, der des Mannes und der des Weibes, wusste Platon, Mischwesen sind sie. Hier aber, in meinem siechen Körper, wohnten *zwei* Wesen, getrennt voneinander, unverwandt miteinander, feindlich einander, wenn sie auch Erbarmen hatten miteinander, da sie wussten, dass dieser Leib nur Raum hatte für eins von ihnen. Eines dieser beiden Wesen hatte unterzugehen, zu verschwinden, oder aber beide hatten zu sterben … Wahnsinn fasste mich in diesen Nächten an, dass dieser Leib nicht mir allein gehörte, dass mein Anteil an diesem Leib von Tag zu Tag geringer wurde, da er in seinem Innern ein Wesen umschloss, das um den Preis meines Daseins sein Dasein verlangte. Wie ein Betrüger kam ich mir vor, wie ein Usurpator, der über einen Leib herrschte, der ihm längst nicht mehr gehörte, wie ein Mensch, dem von seinem Haus nur die Fassade gehört.

– – – –

Dann und wann kam Lili wohl noch. Und Gerda freute sich jedes Mal über ihr Kommen! Lili war froher als ich. Das wussten beide. Und Lili wusste, dass sie dadurch Gerda trösten konnte. Mitunter blieb sie auf Gerdas Bitten mehrere Tage. Zusammen mit Lili konnte Gerda die Nächte leichter ertragen. Lili konnte leichter Schlaf finden. Und schlief sie, so konnte auch Gerda einschlafen. Oft weinte Lili, ohne dass Gerda es merkte. Lili hatte immer schon ihre eigene Traumwelt besessen. Sie hatte immer so fröhliche Träume gehabt. Jetzt waren ihre Träume verflogen. Nur ein paar Nächte waren sie wieder da gewesen. Und jeder Traum war eine Fortsetzung des anderen gewesen. Es war Winter. Sie träumte von einem nahen Frühling, der sehr viel Sonne hatte. Sie erzählte Gerda diese Träume. Aber sie fühlte, dass es nur Träume waren. Und dann bekam sie Furcht. Die nächste Nacht vertrieb dann aber ein noch schönerer Traum ihre Furcht wieder. Gerda hat viele von ihren Träumen heimlich in ihr Tagebuch geschrieben, erzählte sie mir einmal. Und das tat sie mit Worten, als hätte sie ein Geheimnis verraten.

Lili träumt dir einen Roman vor, sagte ich da zu ihr und wandte mich leer ab. Aber dieser Traumroman wurde das Lieblingsgespräch von Gerda und Lili während jener dunklen Tage, und diese Gespräche waren das einzige, das Gerda und Lili neuen Mut gab und ihre Hoffnung lebendig hielt, dass dennoch ein Wunder geschehen würde.

So wurde es Februar. Hélène und Eric waren wieder nach Paris gekommen. Und Hélène nahm mich dann eines Morgens mit zu dem fremden Mann aus Deutschland. Heute haben wir den dritten März. In knapp zwei Monaten haben wir den ersten Mai. Das ist die unwiderruflich äußerste Frist, die ich mir gesetzt habe. Dann wird es keinen Einar Wegener mehr geben. Ob Lili diesen Tag überleben und ihr eigenes Leben leben wird, liegt nun in Kurt Warnekros' Händen.«

IX

Als Einar sein Hotel betrat, war es fast Morgen.

Er stand am Fenster seines Hotelzimmers und blickte auf den Platz vor dem Bahnhof. Einige Autodroschken gab es dort. Ein paar späte Nachtwanderer. Dazu der Lichtschimmer aus der gläsernen Wand der langgestreckten Bahnsteighalle.

Er war sehr müde.

Er entkleidete sich langsam. Er stand nackt vor dem Spiegel. Er musste an seine Worte von heute Nacht denken: ich bin wie einer, dem nur die Fassade seines Hauses noch gehört. Das Spiegelbild vor ihm zeigte ihm die Fassade … Es war der makellose Leib eines Mannes.

Fröhlich wachte er nach wenigen Stunden auf, nahm ein Bad, frühstückte, machte hintereinander pünktlich seine letzten Besuche bei den verschiedenen Ärzten, war fast sorglos. Mitten auf der Leipziger Straße hörte er eine Kinderstimme wispern: »Mutti, guck mal, eine Frau in Männerkleidern …« Er drehte sich um, sah in zwei erschreckte Mädchenaugen, wohl eine Zehnjährige, mit dicken, blonden Zöpfen; die Kleine wurde feuerrot und hakte sich schnell bei der Mutter ein, die erstaunt wie ihre Tochter ihn betrachtete und eiligst mit dem Kind weiterging.

Ein merkwürdiger, harter Trotz stieg in ihm hoch. Ohne dass er es selber wollte oder recht wusste, blieb er vor einem Ladenfenster stehen, betrachtete forschend sein eigenes Spiegelbild in der blanken Schaufensterscheibe. Ärgerlich wandte er sich ab. »Geht mich ja gar nichts mehr an. Geht mich ja gar nichts mehr an.« Mehrmals wiederholte er diesen Satz, blickte dann auf seine Uhr, es war halb fünf nachmittags, um fünf Uhr sollte er in dem Sanatorium sein, bei Professor Gohrbandt.

Er befand sich am Potsdamer Platz, ging ins Postamt, suchte in dem riesigen Telefonbuch nach dem Anschluss der Baronin von Goldschmidt-Rothschild, die er eigentlich vorher noch hatte besuchen wollen, ließ sich verbinden. Sie war nicht zu Hause. Eiligst kaufte er einen Rohrpostbrief, warf ein paar flüchtige Zeilen hin: »Liebste Baronin, mir nicht böse sein, wenn Sie *mich* nicht wiedersehen. In ein paar Minuten nehme ich mir eine Autotaxe und besorge dann selber mein Begräbnis: Grabstätte Sanatorium von Professor Gohrbandt. Wie es auch kommt, behalten Sie mich lieb. Und darf Lili für sich allein weiterleben, lassen Sie sie nicht ganz allein. Ich weiß, dass nicht alle meine Freunde ihre Freunde sind. Doch meine Freundinnen … sie möchte ich ihr so gern vererben …«

Er warf den Brief in den Postsack des Briefträgers, der gerade den blauen Briefkasten entleerte. Er drückte dem guten Mann eine Reichsmark in die Hand. Der sah ihn erstaunt an. Ehe der Mann danken konnte, war Einar bei der nächsten Taxe, rief dem Chauffeur die genaue Adresse der Klinik zu und betrat Punkt fünf Uhr das Sanatorium.

Sofort wurde er zu dem Herrn des Hauses geführt, der ihn freundlich betrachtete.

»Ich habe gerade mit dem Kollegen Warnekros ein langes Telefongespräch wegen Ihres Falls geführt«, begann der Professor. »Vorher hatte ich bereits eine Besprechung mit dem Kollegen Abraham. Er wird bei der Operation, die ich vorzunehmen habe, zugegen sein. Ich möchte mich jetzt aber gern einmal persönlich mit Ihnen kurz unterhalten. Ein persönlicher Eindruck ist ja immerhin notwendig.«

Einar antwortete sehr sachlich: »Bitte, Herr Professor, fragen Sie nur.« Aber der Professor zog allen Fragen eine körperliche Inaugenscheinnahme vor, bat ihn, sich zu entkleiden und sich auf einen bereitstehenden Untersuchungsdiwan von der Art, wie er sie in Berlin mittlerweile gründlich kennengelernt hatte, niederzulegen.

»Ja«, stellte der Professor dann nach eingehender Betrachtung fest, »an sich sind Sie ganz und gar das, was Sie im bürgerlichen Leben vorstellen, ein Mann, gleichzeitig aber zeigt Ihr Körper zweifellos weibliche Formung. Ich bin überrascht von dem Gesamtbefund ...« Und während Einar sich wieder ankleidete, ging der Chirurg nachdenklich auf und ab, betrachtete ohne Unterlass den Patienten, warf einen Blick auf sein Journal und sagte dann: »Ich weiß, Sie haben Eile. Kommen Sie also morgen früh ...«

»Das geht nicht gut, da ich morgen Vormittag um 11 Uhr auf Wunsch von Professor Warnekros vor der Operation von Dr. Hirschfeld fotografiert werden soll.«

»Gut«, erklärte Professor Gohrbandt, nachdem er sich sein Journal wieder betrachtet hatte, »es passt auch um 4 Uhr nachmittags ... Heute ist Montag ... also morgen, Dienstagabend ...«

– – – –

»Also haben wir noch eine Galgenfrist«, sagte er zu sich, sah auf seine Uhr, es war fast halb sieben ... Eine Autotaxe hielt in der Nähe. Er rief dem Chauffeur den Namen seines Hotels zu – und verbrachte diese allerletzte Nacht mit sich allein im Hotelzimmer. Er fühlte, dass er seinem Körper und seinen Nerven heute nichts mehr zumuten durfte, – die durchwachte Nacht gestern, das Gespräch vorhin, die laute, fremde Riesenstadt um ihn herum.

»Ich selber bin jetzt kein Spieler mehr ... ich bin jetzt nur noch Einsatz ... für Lili ... Ich muss also sparen ...«

– – – –

Dienstagmorgen verließ Einar zeitig das Hotel. Es war ein klarer Märztag; er wanderte die Friedrichstraße entlang, bog dann in die breite Straße Unter den Linden ein, stand auf dem Pariser Platz, vor dem strengen, schlichten Brandenburger Tor. Sonne, herbe, hellgoldene Märzsonne übergoss dieses schönste, fast klassisch reine Straßenbild. Der Maler wachte in ihm auf. Er zog in den Tiergarten hinein. Überall Sonne und sprießendes Grün. Und das alte Laub glänzte wie Bronze. Er wanderte einen Pfad entlang, der einen See erreicht. Enten schwammen darauf. Das Astwerk hoher Bäume spiegelte sich auf der Wasserfläche.

Hier war er nie gewesen. Er sog das Bild in sich ein. Er musste an so viele Morgenstunden seines vergangenen Malerlebens denken, weit fort von Städten und Menschen, und hatte sein eigenes Geschick gepriesen, Maler, nichts als Maler sein zu dürfen, ein ganz einfältiges Wesen, dem Augenblick völlig hingegeben. Sie nicht verlieren, diese köstlichen Augenblicke, das war sein Trieb, der Befriedigung fand, wenn er malte. Wie im Fieber malte er meist, konnte kaum abwarten, das Bild, das sich seinem Blick bot, einzufangen, diesem entladenen, von dem Wind der Wanderungen rein geblasenen Blick, der mehr sieht als der taube Blick der anderen Menschen, der heller ist als der der anderen … Hell seherisch … Wie er das Wort immer geliebt hatte … Wie er dieses Wort jetzt, in diesem Augenblick, wieder liebte!

Eins war er dann immer gewesen mit diesem Unfassbaren, Ruhelosen, diesem Spiel aus Licht und Schatten, Hell und Dunkel, um Farbe und Form, diesem Vielgetön und Rankengewirr … Wie ein heimlicher Vogelsteller war er sich vorgekommen, der auf der Lauer liegt und alle Lockrufe weiß, dem zufliegt, was er sucht.

So hatte er seine Bilder geschaffen, festgebannt auf die tote Leinwand mit toten Farben, bis dies mit den Augen Erlauschte plötzlich anfing, Eigenleben zu erhalten … Eingefangenes Echo, hatte er sich dann meist selber gestanden, mattes Echo sind nur meine Bilder … aber doch Echo … Er war glücklich gewesen und sehr demütig wie ein Eingeweihter … Und diese Stunden waren die einzigen wirklichen und wahrhaftigen Freuden seines Lebens gewesen. Diese Freuden hatten ihm gehört, ihm allein, diese Freuden hatte er nicht mit einem anderen Wesen teilen müssen, diese Freuden hatte er niemand anders geraubt, gestohlen … Sie waren ausschließlich *sein* Reichtum, *sein* Besitz gewesen … Konnte er diesen Besitz, diesen Reichtum vererben? … Nie hatte er vorher jemals diese Frage in sich gehört … Freude, kann man sie vererben? Freude am Malen…? Für ihn, Einar Wegener, waren diese Freuden unwiderruflich dahin. Und Lili … wenn sie ihn überleben durfte, würde sie wohl Lust verspüren, zu malen? Würde er ihr wie eine kleine Entschädigung für das Leben, das er ihr gestohlen, für die vielen, jungen Menschenjahre, um die er sie gebracht hatte, diese Freude, dieses Glücksgefühl des Schaffenkönnens als Erbschaft geben dürfen? Sein Schuldbewusstsein, das ihn so oft zu Boden gedrückt, würde geringer werden …

Dass er jetzt an Lili denken musste … an sie, die so ganz andere Neigungen hatte als er … Wozu an Erbe, an Hinterlassenschaft jetzt denken … Was hatte er denn groß ausgerichtet in diesem Leben? Richtig, einen kleinen Beweis besaß er ja, er allein, den er auch mit niemandem zu teilen hatte: die goldenen »Palmen« der »Académie« in Paris … O Eitelkeit …

Sollte er noch einmal umkehren? … Er stand auf einer zierlichen, leicht geschwungenen Brücke, von der er hinüber auf einen breiten Kanal sehen konnte, der seine Wassermassen durch eine halb hochgezogene Schleuse in ein Stauwerk fallen ließ, dass es wie ein Wasserfall en miniature zischte und glitzerte.

Richtig, wie einer, der versucht, einen Wasserfall hinunterzusegeln, bin ich jetzt, dachte er, und ich merke, wie mich der Strom zu fassen bekommt, und ich weiß nicht mehr, wohin die Fahrt geht. Vielleicht hinein in die völlige Vernichtung … Gleichwohl … jetzt, halbwegs, kann das Boot nicht mehr verlassen werden … Der Entschluss ist gefasst … Ich kann nicht mehr zurück …

– – – –

Eine halbe Stunde später ist er bei Dr. Hirschfeld. Er muss auf den Fotografen warten.

Eine Dame, Assistentin Hirschfelds, ist jetzt zu ihm ins Wartezimmer gekommen. Sie beginnt ein Gespräch mit ihm. Er hört eigentlich nur zu. Sie hat Takt und was sie sagt, geschieht, fühlt er, ohne Neugier, ohne Aufdringlichkeit.

»Ihr Fall ist für uns hier ein Novum. Und was das Interesse noch erhöht, das wir aus Gründen der Wissenschaft Ihnen entgegenbringen, ist die Tatsache, dass sie ein Künstler, ein Intellektueller sind, dass Sie also imstande sind, sich selber, Ihre Gefühle, Ihr Gefühlsleben zu analysieren. Sie werden ja das Unerhörte, Unglaubliche erleben: zuerst als Mann gelebt und gefühlt zu haben, und dann als Frau leben und fühlen zu sollen. Ich muss an jenen römischen Kaiser denken, der sich das Leben genommen hat, weil er das, was jetzt *Ihr* Schicksal wird, nicht erlangen konnte…«

Endlich fand sich der Fotograf ein. Als Einar das Institut von Dr. Hirschfeld verließ, lud er sich selber zu einem »Abschiedsfrühstück« ein. Mit großer Sorgfalt suchte er das hierfür geeignete Restaurant im Westen auf.

– – – –

Dann fuhr er ins Hotel, beglich seine Rechnung, und dann nach der Thomasiusstraße, um seinen Freunden Lebewohl zu sagen.

»Einem Schlachtopfer gleichst du gerade nicht«, stellte Freund Poul bei seinem Eintreten sofort fest.

»Fühl mich auch nicht so, – im Gegenteil, –«, rief Einar lachend, während Frau Johanne die Hände über dem

Kopf zusammenschlug: »Aber Einar, in ein paar Stunden sollen Sie operiert werden, und da kommen Sie mit einer fast rabenschwarzen Importe im Mund daher!«

Sie riss ihm überraschend die Zigarre aus der Hand.

»Ich bitte Sie, ich komme von meiner Henkersmahlzeit oder richtiger gesagt, ich habe im wortwörtlichsten Sinn mein ›enterrement de ma vie de garçon‹ gefeiert, ohne das mindeste Equivoque in diesem Ausdruck, der im Französischen eurem ›Polterabend‹ entspricht …‹

Frau Johanne nahm ihn bei der Hand. »Ich bin nicht umsonst einmal Krankenschwester gewesen, ich weiß, wie man sich vor einer Operation zu benehmen hat. Ganz bestimmt nicht so wie Sie, Einar. Das sind dumme Jungenstreiche, hinzugehen und zu prassen. Das ist Wichtigtuerei. Im Übrigen sehen Sie sehr schlecht aus. Und jetzt begleitet Poul Sie ins Sanatorium.«

Und so geschah es. Ohne Zigarre betrat Einar unter Aufsicht seines Freundes das Sanatorium.

Die Operationsschwester empfing die beiden Herren, führte sie in ein Zimmer neben dem Operationssaal, dessen Tür offen stand. Ein paar Schwestern schienen alles klar zur Durchführung einer neuen Operation zu machen. Ein starker Geruch strömte herein.

Professor Gohrbandt könne leider erst gegen sechs Uhr kommen, die Herren müssten sich also etwas gedulden, wurde ihnen dann mitgeteilt.

Die Uhr war kaum vier. Poul machte ein völlig verzweifeltes Gesicht. »Zwei Stunden halte ich es hier nicht aus«, sagte er beinahe zerknirscht und erklärte, mit dem Patienten in dem in der Nähe gelegenen großen Café die Wartezeit verbringen zu wollen.

Als sie im Café gegenüber den Zeitungssammelfächern einen Platz gefunden hatten, entdeckte Einar einige Meter von ihnen entfernt einen rothaarigen Krüppel, den »Zeitungschef«. Im Nu war Einar aufgesprungen, ging von rückwärts an den Krüppel heran, was dieser verwundert bemerkte, wofür er von Einar eine Reichsmark erhielt, und dann noch eine zweite Reichsmark, nachdem er den recht umfangreichen Buckel des »Zeitungschefs« berührt hatte. Dann setzte Einar sich froh lächelnd wieder auf seinen Stuhl neben Poul.

»Lieber Poul«, sagte er dann als Antwort auf den erstaunten Blick des Freundes, »das nenne ich Freundschaft! Bringst mich vor Toresschluss mit einem so prachtvollen Buckel zusammen. Denn du weißt natürlich, dass solch ein Kerl einem Glück bringt, und zwar unfehlbar. Ein Aberglaube. Meinetwegen. Aber ich fühle mich jetzt jedenfalls gefeit – gegen alles. Solch ein männlicher Buckel, berührt man ihn, wirkt nämlich Wunder. Ein weiblicher Buckel dagegen das Gegenteil.«

»Was wir mit einem edlen Tropfen Rheinwein gewissermaßen als Begräbnistrank nach echt nordischem Brauch begießen wollen.« Und schon hatte Einar dem Ober eine Flasche allerbesten Jahrgangs in Auftrag gegeben. »Aber bitte drei Gläser.«

»Drei?« fragte Poul.

»Natürlich hat der Buckel mitzutrinken.« Was der Rothaarige sich nicht zweimal sagen ließ. »Unsereins ist ja manchen Kummer gewöhnt«, erwiderte der Eingeladene unter tiefen Verbeugungen, ergriff das ihm dargebotene Glas und hob es gegen Einar, »Ihr Wohl, mein Herr! Auf dass Ihre gütige Seele Sie lange überlebe!«

»Der Bursche spricht ja wie ein Prophet!« rief Poul. Einar aber schloss den Rothaarigen in seine Arme, ließ den Erstaunten dann wieder los, hielt sein Glas hoch: »In diesem Sinn!« Und er ließ sein Glas gegen das Glas des Buckels klingen. Als Einar und Poul endlich gingen, sah der Rothaarige ihnen kopfschüttelnd nach.

– – – –

In dem Zimmer der Klinik, das auf Einar wartete, brannte bereits Licht. Eine Schwester begleitete sie hinein, nahm die Personalien des Patienten auf, hing eine Fieberskala über das Bett und bat Einar, sich sogleich niederzulegen. Die Ärzte würden sich bald einfinden.

»Da ist es wohl das Beste, dass ich gleich gehe«, fragte Poul. Einar nickte. »Also, alter Kumpan, leb wohl, und ich werde mir ehrlich Mühe geben, die Prophezeiung des Rothaarigen zu erfüllen.« Poul wollte noch etwas sagen. Doch Einar schob ihn zur Tür hinaus. »Nett von dir, Einar, sonst könnt es mir passieren, rührselig zu werden. Also im Sinne des Rothaarigen.« Ein kurzes Händeschütteln, und Einar war allein. –

Er schritt auf und ab. Ein-, zwei-, dreimal … Ohne dass er es wusste, begann er seine Schritte zu zählen. »Also sieben Schritte lang und sechs Schritte breit.« Dann setzte er sich auf das Bett. Er betrachtete das Zimmer. Ein Klinikzimmer, wie es unzählige gibt. Helle Wände. Und Bett und Tisch und Schrank und die beiden Stühle ebenfalls hell gestrichen. –

Und dann begann er sich zu entkleiden, sehr langsam. Denn plötzlich fiel ihm ein, dass er, Einar Wegener, sich wohl zum letzten Mal entkleidete …, dass es ein Abschiednehmen war, was hier vor sich ging, ein Abschiednehmen von Rock und Weste und Beinkleidern und so weiter … und so weiter. Ein Menschenleben lang hatte diese Hülle von Rock und Weste und Beinkleidern und so weiter ihn umschlossen … Er betrachtete die Kleidungsstücke, eins nach dem andern, im Ablegen, er hing den Rock über die Weste und dann beides auf den Bügel im Schrank, so, wie er es gewohnt war seit … ja, seit wann? Er spannte die Beinkleider in den Hosenbügel … betrachtete Stück für Stück und streichelte Stück für Stück. »Was wird aus euch werden? Was wird aus mir werden? Wer von uns hier wird den andern überleben? Ihr mich? Ich euch? … Rock, Weste, Hose … Schuhe, Unterkleider, Strümpfe …«

Und nahm seinen Hut vom Tisch. »Du auch … Dich hätt' ich beinahe ganz vergessen … Wen ich wohl sonst noch vergessen habe …?« Und er fasste in die innere Rocktasche, nahm ein Bild heraus, stellte es auf den Tisch, lehnte es gegen die Wand. »Gerda«, sagte er, wollte das Bild streicheln. Da klopfte es, und die Tür wurde geöffnet: Professor Gohrbandt trat ein, in Begleitung seines Assistenzarztes. Einige Fragen wurden an Einar gerichtet, mit dem Ergebnis, dass zu seiner Überraschung die Durchführung der »ersten Operation, die übrigens völlig ungefährlich sei«, wie der Professor erklärte, auf den nächsten Vormittag verschoben werden müsste. »Sie nennen solche Abschiedsfeiern bei Ihnen im Norden ›Gravöl‹«, lachte der Professor. »Ihr Freund hat mir bereits die Rheinweinmarke von vorhin verraten. Mein Kompliment. Sie scheinen auf diesem Gebiet bewandert zu sein. Aber dergleichen ›Eingriffe‹ nimmt man am besten bei leerem Magen vor. Damit Ihnen aber bis morgen die Zeit nicht zu lang wird, werden wir Ihnen in ein paar Stunden ein Schlafmittel geben. Und nun guten Mut.« Ein Händeschütteln – und Einar war wieder allein.

»Also immer noch warten, warten, warten«, sagte er vor sich hin. »Wie viel Geduld man haben muss, du …« Und jetzt sprach er zu dem Bild, das auf dem Tisch neben seinem Bett stand.

»Gerda…« Mehr sagte er nicht, lehnte sich in die weißen Kissen zurück, starrte zur Decke empor, war müde …

War am Ziel … abgekämpft. Die Hast der Tage hier in Berlin kam ihm zu Bewusstsein. Jetzt durfte er es sich eingestehen, dass er am Ende seiner Kräfte war. Und der letzte Rest seines männlichen Trotzes, den er in dieser fremden Millionenstadt wie einen Stahlpanzer herumgeschleppt hatte, fiel von ihm ab. –

»Gerda … gut, dass du mich jetzt nicht siehst …«

Nein, keine Tränen … durchhalten …

Er hatte Papier und Füllfeder auf dem Tisch liegen. Er nahm einen Bogen und schrieb:

Berlin, den 4. März,
Dienstagabend

Liebste, süße Gerda,
morgen Vormittag werde ich operiert. Der Professor sagt, es handle sich nur um eine kleine, ungefährliche Operation. Deshalb habe ich Dich nicht gebeten, zu mir zu kommen. – Sollte es aber dennoch anders kommen, so will ich Dir doch heute noch sagen, dass ich an Dich jede Stunde, jede Minute, bis zum letzten Augenblick nur an Dich gedacht habe. Mein letzter Wunsch ist, dass Deine Zukunft glücklich wird, – dass Du mein – im Grunde so

frohes – Gemüt erbst. Tausend Küsse von Lili. Dein, nur Dein Einar.

– – – –

Als Johanne eine Stunde später bei ihm eintrat, gab er ihr den Brief und bat sie, ihn Gerda zu geben, falls …

»Sie großer Junge, ich weiß längst von Poul, dass alles gut gehen muss. Ich bin sogar in dem Café gewesen und habe Ihrem etwas ungewöhnlichen Schutzengel ein paar Blumen gebracht. Er bekam einen puterroten Kopf und sagte: ›Das ist ja der reinste Glückstag‹ …«

– – – –

Um zehn Uhr trat der Assistenzarzt wieder ein. Er gab Einar das versprochene Schlafpulver. Dann erschien die Schwester, ordnete noch etwas im Zimmer, knipste das Licht aus …

Man hatte ihn bis zum Erscheinen der Ärzte schlafen lassen. Bis in den hellen Morgen hinein. Kaum hatte er notdürftig Toilette gemacht, als Professor Abraham bereits neben seinem Bett stand und ihn bat, eine Erklärung zu unterschreiben, in der stand, dass er, Einar Wegener, auf eignen Wunsch und eigne Gefahr operiert werden wolle, und dass er bei einem eventuellen ungünstigen Ausfall Professor Gohrbandt von jeglicher Verantwortung entbinde …

»Mit Vergnügen«, erklärte er, unterschrieb sogleich das Schriftstück, das an irgendeine hohe Behörde adressiert war und auf gut Deutsch besagte: Falls ich sterbe, verzichte ich hiermit auf jedes Recht, hinterdrein Schwierigkeiten zu machen … »Aber darf ich nicht ein paar Dankworte an die deutschen Ärzte hinzufügen«, bat er plötzlich, »die den Versuch unternehmen wollen, mich zu retten?« Diese Bitte wurde lächelnd abgeschlagen, worauf sich der Professor mit den Worten, »die Operation findet in wenigen Minuten statt, ich wohne ihr auf Wunsch von Professor Warnekros bei, also Glück auf«, zurückzog.

Als Einar wieder allein war, schrieb er noch einen Brief:

Sehr geehrter Herr Professor Warnekros,
im letzten Augenblick vor meiner Operation fühle ich das Verlangen, Ihnen meinen tief gefühlten Dank zum Ausdruck zu bringen. Seit dem Tag, da ich Sie in Paris getroffen habe, bin ich hoffnungsvoll gewesen, und hier in Berlin, wo ich keinen der Ärzte, die mich untersuchten und mir beistanden, kannte, war mir, als hätte eine unsichtbare Macht mir alle Wege geebnet. Ich weiß, dass Sie diese Macht sind, und dass alles Gute, das mir begegnet ist, von Ihnen gekommen ist. Wie es nun auch gehen mag, so bitte ich Sie, an meine grenzenlose Dankbarkeit, die ich für Sie hege, glauben zu wollen. Ihr anhänglicher

Einar Wegener.

– – – –

Jetzt war alles geordnet …

Einen Augenblick später trat der Assistenzarzt ein.

– – – –

Als Einar unter heftigen Schmerzen wieder erwachte, war es fast Mittag. Mit einem Schrei schlug er die Augen auf … Ganz allmählich wurde ihm klar, dass er in seinem Bett lag. Ihm war, als habe er lange geschrien, als habe er sich gegen etwas gewehrt. Zwei Krankenschwestern standen neben ihm und sprachen ihm beruhigend zu. Als er zu Bewusstsein gekommen war, fühlte er, dass die Schmerzen heftiger wurden. Doch bald hatte er die Herrschaft über sich zurückerlangt, er biss die Zähne zusammen. Er wollte nicht schreien. Und er schrie nicht mehr.

»Habe ich viel ... Lärm gemacht«, fragte er.

»Nun ja ... etwas ...«, sagte die eine Schwester lächelnd, »und seltsam war, dass sich Ihre Stimme völlig verändert hatte, es war eine hohe Frauenstimme.«

Dann trat Professor Gohrbandt ein, nahm Einars Hand. »Das ging ausgezeichnet. Im Übrigen muss ich Ihnen mein Kompliment machen. Sie haben einen ganz prachtvollen Sopran! Einfach erstaunlich!«

Gegen Abend wachte er durch einen Hustenanfall auf. Ihm war, als sollte sein ganzer Körper zerrissen werden. Der Husten war fürchterlich. Er versuchte, ihn zu unterdrücken. Es gelang nicht.

Endlich war der Anfall überstanden. Erschöpft lag er da. Die Schwester wischte ihm den Schweiß von der Stirn. »Sie haben gewiss viel geraucht?«, fragte sie. »Vielleicht sogar noch gestern ...«

Auf dem Tisch neben dem Bett lag eine Schachtel Zigaretten.

»Schmeißen Sie sie aus dem Fenster, Schwester. Nie im Leben kommt mir eine Zigarette oder Zigarre wieder an die Lippen.« Lachend nahm die Schwester die Schachtel an sich. »Vergessen Sie nur nicht Ihr Gelübde!«

»Das schwöre ich Ihnen und mir.« Und er musste an die Importe denken, die Johanne ihm gestern fortgenommen hatte. Es war die allerletzte Zigarre, die Einar geraucht hat ...

Neue Hustenanfälle im Lauf des Abends vertieften seine plötzliche Feindschaft gegen Tabak so sehr, dass schon der Gedanke an Tabakrauch in ihm Übelkeit hervorrief. – Und diese fanatische Abneigung gegen jeglichen Tabakgenuss hat er Lili vererbt …

Poul wurde für einige Augenblicke zu ihm gelassen.

»Das geht ja großartig mit dir«, begann er sofort.

»Ach ja«, mehr vermochte Einar nicht über die Lippen zu bringen. Poul sah die Schwester erstaunt an.

Sie flüsterte ihm zu: »Sie wundern sich gewiss über die helle Stimme …«

Poul nickte. »Nicht zum Wiedererkennen …«

Dann setzte er sich auf den einen Stuhl neben dem Bett. »Ich soll von Johanne Grüße bestellen. Im Übrigen …«

Die Schwester gab einen Wink. Poul ging aus dem Krankenzimmer hinaus. Und Einar wimmerte: »Schwester, geben Sie mir eine Spritze …« Es war nicht die einzige, die er während dieser Nacht bekam. Es war eine endlose, qualvolle Nacht. Erst gegen Morgen fand er kurzen, dumpfen Schlaf.

Als er gegen Mittag völlig erwacht war, fühlte er sich kraftlos wie nach einer Wüstenwanderung. Doch die Schmerzen waren gleichsam ferner geworden.

Nur dann und wann zuckte ein Fragen in ihm auf: »Wer bin ich … was bin ich … was war … was wird …?«

Dann kam Johanne, – mit Blumen und einer großen Flasche Eau de Cologne. Blumen! Wie ihr Duft das Krankenzimmer verwandelte!

»Ach, mich mit Eau de Cologne übergießen, Johanne! Das ganze Zimmer durchträufeln!«, rief er fast außer sich vor Freude.

Und dann setzte sie sich zu ihm ans Bett, sprach zuversichtlich zu ihm, – und sie, die früher immer »Sie« zu ihm gesagt hatte, sprach jetzt im vertraulichen »Du« zu ihm.

Das fiel ihm erst viele Tage später ein. Sie nannte ihn während dieser ersten Tage nie bei Namen …

… Sie kam jeden Tag wieder zu ihm mit Blumen und guten Worten. So verging ein Tag, so vergingen zwei Tage, drei Tage. Einar schlief meist. Es gab auch gar keine Träume in den langen Nächten, durch die ihm Schlummermittel hindurchhalfen. Und jeden Morgen war Johanne bei ihm mit frischen Blumen.

Eines Tages hatte sie einen ganz herrlichen Frühlingsstrauß mitgebracht.

»Diesmal darfst du nicht mir danken. Von einem guten Freund sind die Blumengrüße, du.«

»Von Claude Prévost …?«

Johanne nickte.

Sie öffnete den Brief, der an dem Strauß hing und las: »Jede Blume meines Sträußleins ist ein Gruß an Lili!«

Lange verbargen die Blumen die Augen des Kranken. Auch Johanne konnte nicht sehen, dass die Augen viele heiße Tränen weinten.

»Ob Claude sie jemals wiederfinden wird?«

»Wen?«

»Lili.«

Das fragte der Kranke, als er Johanne eine Karte gab, die mit ein paar Zeilen beschrieben war.

»Hast *du* das geschrieben?« fragte sie.

»Ja, Johanne.«

»Aber dann *ist* sie ja schon *da,* Claudes *Lili*! … Sieh doch nur?«

Er betrachtete die Karte und erkannte seine Schrift nicht wieder. Es war eine Frauenhandschrift …

Johanne eilte hinaus, der Assistenzarzt stand im Korridor, sie wies ihm die Karte. »Was sagen Sie dazu, Herr Doktor. Das hat doch kein Mann geschrieben?«

»Nein«, sagte der überraschte Arzt, »nein, Sie haben recht. Eins nach dem andern bricht sich Bahn.«

»Eins nach dem andern?«

Einar hörte deutlich die Worte ...

Und der Arzt antwortete: »Haben Sie nicht die völlig veränderte Stimme bemerkt? Sie hat sich doch aus einem Tenor in einen klaren Sopran verwandelt.«

Als Einar wieder allein war, sprach er leise vor sich hin ... wollte seine Stimme belauschen. Er war schon wieder eingeschlummert.

Plötzlich wachte er auf. Mitten in der Nacht. Ein entsetzliches Schreien drang herein. Zuerst glaubte er, er selber habe geschrien. Er wollte nicht schreien. Er biss die Lippen zusammen. Doch der Schrei war schon wieder da. Nein, nicht er hatte geschrien. Es war wie der Schrei eines gemarterten Tiers ... Er hielt es nicht länger aus. »Da wird jemand ermordet, Hilfe, Hilfe!« schrie er, suchte den Klingelknopf, schellte. Die Tür wurde aufgerissen. Das Licht unter der Zimmerdecke flammte auf. Die Krankenschwester stand vor ihm. »Was ist mit Ihnen geschehen?«

»Mit *mir*?« Schon wieder gellte der Schrei.

»Ich bekam solche Angst, Schwester. Liegt da jemand im Sterben?«

Die Schwester schloss die Tür zum Korridor, zog den beiseitegeschobenen Filzvorhang vor die Tür ... »Eine junge Frau hat ein Kind geboren ... ein kleines, süßes Mädel ... Was glauben Sie wohl, wie schwer es ist, zu gebären ...«

Am nächsten Morgen war Johanne wieder da.

»Du«, rief sie ihm beim Eintreten entgegen, »weißt du, wer sich für die nächsten Tage angemeldet hat?«

»Gerda?«

»Ja, hier hast du ihren Brief.«

Aus einem großen Strauß musste er den Brief herausholen, und er las noch darin, als Professor Gohrbandt mit dem Assistenzarzt ins Zimmer trat.

»Herr Professor«, rief Einar da, »sagen Sie bitte, wann kann ich aufstehen?«

»Wozu die Eile, es geht uns doch vortrefflich hier im Bett unter Blumen und milden Händen.«

»Doch, doch, Herr Professor, es eilt, in drei Tagen trifft meine Frau ein.«

»Ihre Frau …?« Der Professor stutzte. »Stimmt ja … ja … Na, abwarten, abwarten, – etwas verändert wird Madame Sie sicher wohl finden.«

Dann verließ er hastig mit seinem Begleiter das Zimmer.

»Habe ich mich lächerlich benommen, Johanne? Der Professor sah mich mit so komischen Augen an.«

»Dumme Lili …« Das war alles, was Johanne als Antwort wusste.

X

Drei Tage später, frühmorgens, traf Gerda ein.

Die wachhabende Schwester wusste sofort, wer sie war.

Ein paar Augenblicke noch, und sie stand im Krankenzimmer.

Mit ausgebreiteten Armen stand Gerda mitten im

Raum, konnte sich nicht rühren. Sie kämpfte mit Tränen. Sie wollte ein frohes Wort als Gruß sagen und sank aufschluchzend vor dem Krankenbett nieder …

Spät abends, allein mit dem Ansturm wirr durcheinanderwogender Gedanken und Empfindungen, schrieb Gerda diesen Brief an den Freund in Paris, an Claude Prévost:

»Claude, nur andeuten kann ich, was ich heute hier durchgemacht habe. Ich glaubte, Einar zu finden. Einar ist tot. Denn ich fand ihn nicht wieder. Ein bleiches Wesen fand ich. Lili, und doch war es nicht Lili, wie wir sie in Paris gekannt haben. Es war eine andere. Neu in Stimme und Ausdruck des Auges, neu in dem Druck ihrer Hand, eine unsagbar Verwandelte. Oder war es ein Wesen, das auf dem Weg ist, sich selber zu finden? Dies muss es wohl sein. So fraulich und unberührt von dem Leben. Nein, fraulich ist nicht das richtige Wort. Mädchenhaft muss ich wohl sagen. Vielleicht kindlich, tastend, mit tausend Fragen im Schauen. Eine ›Nova Vita‹ … Ach, ich suche hier nach Worten, selber bis ins Tiefste erschüttert … Welch ein Geschick, Claude! Unfassbares Schauern schüttelt mich, überdenke ich all dies. Eine Gnade des Himmels ist es, dass Lili selber noch zu schwach ist, jetzt rückwärts und vorwärts zu blicken. Kaum dass sie imstande ist, ihren augenblicklichen Zustand völlig zu erkennen. Ich sprach mit den Ärzten. Dieser erste Eingriff, der ja erst einen Beginn darstellt, sei über alle Erwartungen günstig verlaufen. Einar hat aufgehört zu existieren, sagten sie. Seine Keimdrüsen, oh, dieses mystische Wort, seien ihm genommen. Was jetzt noch zu geschehen sei, würde in Dresden bei Professor Warnekros vor sich gehen. Von Hormonen erzählten mir die Ärzte; ich tat so, als wüsste ich, was sie meinten. Jetzt habe ich mir ein Wörterbuch genommen und nachgelesen, dass es sich dabei um ›für Lebensvorgänge wichtige Absonderungen innerer Organe‹ handelt. Aber klüger bin ich nicht geworden. Muss man denn aber mit Klugheit und Wissen sich ausrüsten, um ein Wunder begreifen zu können? Muss man überhaupt ein Wunder begreifen? Ich nehme das Wunder hin wie ein gläubiger Mensch. Was ich hier in der Klinik gefunden habe, möchte ich die Enträtselung des geliebten Wesens nennen, dessen Leben und Qual wir alle, die wir es die vielen, schweren Jahre daheim miterlebt haben, als ein unlösbares Rätsel empfunden haben … Enträtselung … Das ist es wohl. Doch die Enträtselung ist noch nicht vollbracht. Ich weiß es. Lili ahnt es. Ihren zerschundenen Leib darf sie selber noch nicht sehen. Er liegt verbunden, ihr selber und wohl auch den Ärzten noch ein Geheimnis, das erst Warnekros ganz lüften darf. Sie alle hier, die Ärzte, die Schwestern, unsere Freunde Poul und Johanne, haben mir ihre Verwunderung über die unerhört große äußerliche Veränderung an ›unserm Patienten‹ – denn sie wissen nicht recht, ob sie dieses Wesen noch als Mann oder aber schon als Weib ansprechen sollen – unverhohlen ausgedrückt. Was ist ihre Verwunderung gegen meine? Sie haben das kranke Wesen jeden Tag jetzt gesehen. Aber ich, nur zwei Wochen von ihm getrennt gewesen, ich hätte dieses geliebte Menschenkind jetzt kaum wiedererkannt. Und so wie es mir ergangen ist, wird es einst Dir ergehen, Dir und Hélène und Eric, denen Du diese Zeilen zeigen musst. Denn mehr kann ich heute nicht schreiben. Nur noch dies, dass Lili, diese neue, süße Lili, wie, oh, ich muss es aussprechen, weil es die Wahrheit ist, wie ein Schwesterchen in meinen Armen lag, viel, viel Tränen weinte und einmal ganz leise schluchzend zu mir sagte: ›Bist du mir auch nicht gram, dass – (und da sah sie mich mit fassungslosen Augen an) Einar dich um deine schönsten Jahre betrogen hat?‹ – Claude, ich konnte vor Erschütterung kein Wort über die Lippen bringen – und als ich es endlich hätte aussprechen können, was ich fühlte, da wagte ich es nicht. Nicht mich, dachte ich, hat Einar betrogen, nicht mich, wohl aber dich, Lili, meine süße, blasse Lili, dich um deine jungjungen Mädchenjahre … Claude, Du und ich und wir alle müssen der betrogenen Lili helfen, Einars Betrug an ihr wiedergutzumachen …«

Viele Monate später hat Lili diesen Brief gelesen. Claude gab ihn ihr.

– – – –

Am nächsten Morgen – die Nacht hatte Gerda allein in einem Hotel verbracht – machte die Oberschwester den Vorschlag, noch ein Bett in das Krankenzimmer zu stellen, damit Gerda bis zur Abreise nach Dresden, die in wenigen Tagen würde stattfinden können, in der Nähe des Patienten sein konnte.

»Herrlich«, flüsterte Gerda entzückt, nahm die Schwester bei der Hand, zog sie mit sich hinaus in ein Nebenzimmer, das leer stand, hatte geschwind ein Köfferchen, das sie im Korridor hatte stehen lassen, geholt, öffnete es geheimnisvoll und wisperte fast unhörbar: »Liebste Schwester, aber jetzt dürfen wir nicht mehr von dem Patienten sprechen!«

Die Schwester begriff nicht, was Gerda damit meinte, sah sie nur fragend an.

»Bitte«, mit schnellem Griff hat Gerda aus dem Köfferchen ein Seidennegligé hervorgeholt.

»Wie Sie das kleiden wird, gnädige Frau!«

»Mich? … Nein, Schwesterchen, das ist ein Geschenk von unserer Pariser Freundin für unsere – Patientin da drinnen! – Aber bitte, nichts verraten – vor morgen früh!«

Und als es wieder Morgen war, saß im duftigsten Pariser Negligé Lili, noch recht blass und zag, aber dennoch so grenzenlos froh, in dem weißen Krankenbett. Und der Assistenzarzt traute kaum seinen Augen. »Fabelhaft! Mein Kompliment, gnädiges Fräulein! Und wenn Sie sehr brav und vorsichtig zu sein versprechen, dürfen Sie heute zwei Stunden aufstehen und sich Ihrer erstaunten Umwelt zeigen! Aber bitte schön, nur hier im Zimmer! Mehr dürfen wir uns noch nicht zutrauen!«

Eine Schwester nach der anderen huschte herein. Grenzenloses Erstaunen bei allen.

So und nicht anders nahm man in der Berliner Klinik das an diesem noch recht müden Menschenwesen geschehene Wunder hin, ohne Neugier, ohne langes Fragen, und als abends sich Professor Gohrbandt zur Visite einfand, küsste er mit galanter Selbstverständlichkeit seiner Patientin die zitternde Hand. »Guten Tag, Mademoiselle«, sagte er, »ich beglückwünsche Sie. Sie sind auf dem besten Weg.«

Dann erst bemerkte er Gerda. »Ah, Madame, willkommen.«

Einen Augenblick lang standen sich der Professor und Gerda nicht ohne verhaltene Erschütterung stumm gegenüber. Dann brach Lili das Schweigen. »Ja, Herr Professor, das ist Madame Gerda, die …«

Der Professor fand ein gütiges Lächeln. » … ich weiß, die mit dem uns auf so mirakulöse Weise entwichenen Monsieur Einar Wegener verheiratet war. Männer sind nun einmal untreue Wesen, Madame.« Und damit war auch in diesem Augenblick auf echt deutsche Weise, wie Gerda später ihren Freunden erzählt hat, das erlösende Wort gefunden worden.

Wie unbeteiligt nahm Lili selber all dies während ihrer *ersten* Berliner Tage hin. Man konnte ihr kaum irgendwelche Erregung anmerken, eher eine Art Entspannung. Auch vermied sie es, irgendeinen verwunderten Blick der anderen durch ein Wort oder auch nur durch eine Geste zu erwidern.

»Wir müssen sie in Frieden lassen«, sagte dann heimlich Gerda zu ihnen. »Sie ruht in sich aus. Es ist ja alles erst eine Art Übergang. Der große, befreiende Aufschwung bereitet sich in ihr erst vor.«

In diesen Tagen begann Gerda, ein Tagebuch zu führen. Jeden Abend trug sie darin ihre Beobachtungen, ihre Erlebnisse, die im Zusammensein mit der neuen Lili auf sie einstürmten, ein. Einfache, leise, wie tastende Sätze, auf der Suche nach dem Weg der Freundin, diesem schweren, wunderbaren Weg, auf dem Lili kaum die ersten Schritte versucht hatte …

Hier ist ein Blatt dieses begonnenen Tagebuchs:

»Mit unsagbarer Geduld erträgt Lili alles. Wohl weint und jammert sie, wenn sie abends und morgens neue Verbände erhält, wenn Klammern gelöst und Fäden abgetrennt werden müssen, wenn die noch frischen Narben bepinselt werden. ›Das muss wohl so sein‹, sagt sie mit einer Geduld, die ich nie vorher an ihr erlebt habe. Sie hat nur einen Wunsch, bald nach Dresden zu kommen, zu *ihrem* Professor. Nur so spricht sie von ihm oder sie nennt ihn ihren Wundermann. Von der Vergangenheit spricht sie mit keinem Wort. Es will mir oft scheinen, als habe sie noch gar keine Vergangenheit gehabt. Als glaube sie auch noch nicht recht an eine Gegenwart. Als erwarte sie erst von Warnekros, ihrem Wundermann, ihren eigentlichen Lebensbeginn.«

Hier eine andere Eintragung:

»Mit Johanne hatte ich heute, ohne dass Lili wusste, was wir vorhatten, Besorgungen gemacht. Wir müssen uns ja für die Reise nach Dresden vorbereiten. Nachmittags kamen wir wieder zu Lili. Einen großen, bunten Karton brachten wir mit. ›Rate, was wir für dich mitgebracht haben‹, sagte ich sehr froh. Lili sah uns ruhig und ohne Lächeln an. ›Ich weiß es nicht.‹ Das war ihre einzige Antwort. Dann öffnete Johanne den Karton. Darin lag ein brauner Pelzmantel. ›Der ist für dich, Lili‹, sagte Johanne, breitete den Pelz vor Lili aus, zeigte ihr das schöne Seidenfutter. ›Wird Professor Warnekros mich nicht ausschelten, wenn ich so zurechtgemacht vor ihn hintrete? Er erkennt mich ja gar nicht wieder.‹ Und ihre Augen waren traurig geworden. – Gott, ihre Augen … Eigentlich sind sie immer traurig, auch wenn sie lächeln. Einar hatte ganz andere Augen. Auch die Lili in Paris. Ich glaube, die Augen der Lili von heute sind noch nicht ganz wach geworden. Sie glauben noch nicht … Oder mag sie es noch nicht zeigen, dass sie glaubt?«

– – – –

An diesem Tag schrieb Lili ihren ersten Brief – an den Schwager in Kopenhagen:

»Berlin, 14. März 1930

Lieber Inger,
jetzt ist es Lili, die schreibt. Ich sitze in meinem Bett in Seidenhemd mit Spitzen, frisiert, gepudert, mit Armband, Halskette, Ringen. Sogar mein feierlicher Professor nennt mich Lili, und alle machen mir wegen meines Aussehens Komplimente, aber ich sehe noch müde aus nach der Operation und den fürchterlichen Nächten danach. Gerda ist gekommen. Sie war ausgegangen, um mir einen warmen Mantel zu kaufen, damit ich in der nächsten Woche nach Dresden fahren kann. Die Operation, die hier vorgenommen worden ist, erlaubt mir, in die Klinik für Frauen (ausschließlich für Frauen) zu kommen. Und jetzt fühle ich Mut zu der großen Operation. Der Professor sagt, ich hätte so gutes frisches Fleisch zum Dreinschneiden … Tausend Dank für den Scheck … Wenn wir nach Dresden gereist sind, werden alle Briefe nachgeschickt … Jetzt sage ich mit dem größten Leichtsinn: gleichgültig, was für Schmerzen meiner warten. Denn ich bin so glücklich, und in wenigen Monaten werde ich ganz gesund sein, ein frisches Mädel. Ich umarme Dich und die Schwester.

Eure Lili.

Im größten Geheimnis schrieb ich diesen Brief! Sprich zu niemand davon!«

– ––

Es war Winterwetter in Berlin, als Lili einige Tage später, in ihren neuen Pelz vermummt, zum ersten Mal die Klinik für einige Stunden verlassen durfte. Der Professor hatte ihr eine Autofahrt »verordnet«. – »Wir müssen uns nun jeden neuen Tag für die große Reise nach Dresden vorbereiten, Gnädigste«, erklärte er, »etwas Luft schnappen, unter Menschen kommen, neue Kräfte sammeln.«

Unter Menschen kommen … Bei diesen Worten horchte Lili auf. Eine heimliche Furcht befiel sie. Sie ließ sich aber nichts anmerken. Poul und Johanne holten sie mit Gerda, die nicht von ihrer Seite wich, ab.

Als Lili vor der Klinik stand, matt auf Pouls Arm gestützt, war die Furcht aufs Neue da … Ängstlich, zag wie eine Gefangene, die nach langer Haft zum ersten Mal wieder die helle Luft der Freiheit einatmet, sah sie aus, scheu sich umblickend, als fürchte sie, dass alles um sie herum nur ein Trug sei.

Sie zögerte, weiter zu gehen.

»Komm nun, Kind«, sprach Gerda leise zu ihr.

»Sie ist hochmütig«, lachte Poul, »sie will natürlich allein gehen.«

»Nein, nein«, sehr erschrocken kamen Lilis Worte, »mich nicht allein stehen lassen. Nur noch einen Augenblick. Ich muss die Luft erst einmal wieder richtig schmecken. Diese Luft …«

Als Lili, eng an Gerda geschmiegt, im Wagen saß, schloss sie die Augen. »Kümmert euch nicht um mich. Ich muss mich erst wieder an all das gewöhnen …«

Und so fuhr sie durch das brausende Leben des Kurfürstendamms, wie eine Schlafwandlerin, stumm, in sich verriegelt …

Zwei Stunden währte die Fahrt. Dann brachte Gerda die Müde wieder in ihr Bett. Kaum, dass sie von den herbeigeschafften Speisen ein wenig genippt hatte, war sie eingeschlummert. Bis in den nächsten Morgen.

Gegen Mittag holte Poul sie beide wieder ab. Lili war

schon viel beherzter geworden. »So, heute will ich euch nicht langweilen. Auch mich nicht. Ich habe sogar ordentlich Hunger auf – Menschen …«

»Sind wir etwa keine?« fragte belustigt Poul.

»Doch, aber fremde Menschen … ja, fremde Menschen einmal wiedersehen.«

»Ausgezeichnet, glänzender Vorschlag, meine Gnädigste« – und jetzt entschied Poul, dass bei ihm »diniert« werden sollte, zur »Feier des Tages«. Geheimnisvoll ließ er vor einer Telefonzelle halten, stieg aus – er wolle nur Johanne verständigen. Und mit noch geheimnisvollerer Miene kehrte er zurück.

In einer Viertelstunde war man angelangt. Johanne empfing die Freundinnen draußen vor der Korridortür. Einen großen Strauß Rosen drückte sie Lili in die Arme. »So, nun tapfer sein, Lili, jetzt findest du alles, was dein Herz begehrt« – Und dann wurde ihr eröffnet, dass drinnen eine – junge Dame aus Kopenhagen sei, die weder Lili noch Gerda noch – Einar kannte, der man den Besuch einer »gerade aus Paris importierten Französin« angekündigt habe.

»Um Himmels willen«, rief fast außer sich Lili.

»Keine Widerrede. Du hast jetzt die ›importierte Pariserin‹ zu spielen«, erklärte Johanne, »meine Freundin weiß, dass du weder Deutsch noch Dänisch verstehst. Und sie versteht kein Wort Französisch. Ich hab ihr gesagt, dass du eine schwere Krankheit durchgemacht hast und noch sehr erholungsbedürftig seist. Du verstehst weder Deutsch noch Dänisch.« Und schon hatte Poul die Widerstrebende beim Arm genommen. »Hereinspaziert, meine Lieben!«, kommandierte er, und ehe sie noch recht zur Besinnung kam, saß Lili in dem weichen, tiefen Sessel seines Arbeitszimmers, in dem vor ein paar Wochen eine Nacht hindurch Einar Wegener die Wanderung seines Lebens ihm hingebeichtet hatte …

Dann öffnete sich die Tür … eine junge Kopenhagener Schauspielerin, Sascha Wamberg – die Gerda und Einar seit vielen Jahren kannte, stand vor Lili … Lili glaubte, dass ihr das Herz zerspringen müsste. Fieberröte schoss in ihr blasses Gesicht. Doch niemand merkte ihr auch nur die geringste Erregung an.

»Darf ich vorstellen«, begann lächelnd Johanne, »Fräulein Sascha Wamberg – Mademoiselle Julie Stuart.« Und dann, sich an Gerda wendend: »Ihr beiden kennt euch ja.«

»Aber ja«, rief Sascha Wamberg begeistert, »wie geht es Ihrem Gatten Einar?« Und Gerda erklärte, dass es Einar vorzüglich gehe, dass er leider wegen Arbeitsüberhäufung Paris nicht habe verlassen können … Lili saß dabei, hörte das auf Dänisch geführte Gespräch völlig unberührt an, beantwortete jede Frage, die Fräulein Sascha auf Dänisch stellte und von Gerda oder Johanne geschwind ins Französische übertragen wurde, im elegantesten Französisch …

Das Mädchen bat zum Essen. Lili ließ sich von Poul ins Esszimmer geleiten. Die Konversation sprudelte von einer Sprache in die andere spielend dahin, Lili agierte als die vollendetste Pariserin, als habe sie nie im Leben ein dänisches Wort gehört. Mit Selbstverständlichkeit nahm sie Fräulein Saschas Komplimente über ihr »unerhört schickes Pariser Kostüm« hin – diesmal spielte Poul den Dolmetscher, und Lili vergaß in der Freude über dieses recht überschwängliche Lob ihres Anzugs, dass ihre schnell besorgte Garderobe durchaus nicht Pariser Ursprungs war, sondern aus einem Berliner Damenatelier stammte.

Nicht mit einer Miene verriet sie sich! Wohl musste sie sich manchmal auf die Zunge beißen, um sich nicht plötzlich in das auf Dänisch geführte Gespräch zu mischen … Fast zwei Stunden währte diese Komödie. Es wurde viel gelacht … auf Dänisch. Und Lili lachte erst, als man ihr den Grund des »dänischen Gelächters« auf Französisch übersetzt hatte …

Dann konnte sie nicht mehr … Sie war zum Umsinken müde. Sie bat Gerda, sie – in ihr Hotel zu geleiten.

Lächelnd verabschiedete sie sich von Sascha Wamberg.

»Nächstes Mal, wenn wir uns sehen, werde ich auf Französisch radebrechen«, rief die junge Kopenhagenerin ihr noch nach. »Auf Wiedersehen in Paris … und Frau Gerda, nicht vergessen, Monsieur Einar von mir zu grüßen …«

Poul begleitete die beiden wieder in die Klinik.

»Nein«, sagte er, als sie im Wagen saßen, »das hätte ich nicht für möglich gehalten. Jetzt glaube sogar ich felsenfest an Wunder!«

Lili sank müde in sich zusammen. Stumm ließ sie sich wieder durch die jetzt aus tausend und abertausend Lichtern funkelnde, dröhnende Riesenstadt fahren. Als der Wagen vor der Klinik hielt, musste Poul Lili in ihr Zimmer tragen. Er trug eine Schlafende.

So verlief Lilis erstes Zusammentreffen mit einem – fremden Menschen.

»Dass sie mich nicht wiedererkannt hat …«, wehmütig sagte sie dies.

»Aber Kind«, entgegnete Gerda lächelnd, »das sollte

dich doch froh machen. Lili, meine neue Lili, kennt ja noch niemand draußen. Du sollst doch erst mit dem Leben anfangen …«

An diesem Morgen konnte Gerda noch nicht verstehen, noch nicht fassen, dass Lilis Wehmut Furcht vor Freundearmut war …

XI

Am nächsten Morgen traf die erste Nachricht von Professor Warnekros aus Dresden ein. Alles sei zur Aufnahme bereit. Falls der körperliche Zustand des Patienten es im Übrigen erlaube, könne sogleich die Reise nach Dresden angetreten werden. Zuvor sei nur noch ein Besuch bei Doktor Karner, der vor kaum zwei Wochen Einar Wegeners Blut untersucht hatte, zweckmäßig, damit dieser Arzt auch das Blut des Patienten *nach* der ersten in Berlin vorgenommenen Operation untersuchen könne …

Gerda las Lili dieses Schreiben vor, sehr langsam, ihre Stimme bebte vor Erregung.

»Wir fahren natürlich morgen früh«, sagte Lili.

»Gut, dann müssen wir also heute noch zu Doktor Karner.«

Und schon war Gerda auf den Korridor hinausgeeilt, um sich mit dem Laboratorium des Biochemikers Doktor Karner verbinden zu lassen.

Als sie wenige Minuten später zurückkam, mit der Nachricht, dass Doktor Karner erst in einer Stunde anwesend sein würde, fand sie Lili mit dem Brief von Professor Warnekros in der Hand vor dem Fenster stehen.

»Lili, wir können uns gleich auf den Weg machen. Wir können ja etwas zu Fuß gehen. Das wird dir nur guttun.«

»Nein, nein, nicht gehen. Denn … ich mag mich noch nicht … auf der Straße zeigen …« Und dann kamen die Tränen.

Unterwegs erzählte Gerda dann ganz beiläufig, dass die Assistentin des Arztes, mit der sie telefoniert habe, ihren Namen nicht verstanden habe. »Es war ja auch etwas schwierig, ihr klar zu machen …«

Zufällig kam ihr Wagen gleichzeitig mit dem Auto von Doktor Karner vor dem Laboratorium an.

»Guten Tag, Herr Doktor«, sagte Lili, ihn sogleich wiedererkennend, und reichte ihm die Hand hin.

»Guten Tag, gnädige Frau«, antwortete der Arzt, augenscheinlich erstaunt, als suche er in seinem Gedächtnis nach ihrem Namen.

Lili blickte vor sich hin, sah dann Gerda an, fasste sich endlich ein Herz: »Ich bin – ich bin aus der Klinik von Herrn Professor Abraham – ich bin Lili Wegener …« Es war das erste Mal, dass sie ihren Namen aussprach … sie hörte sich selber sprechen. Eine unsagbare Scham brannte in ihrem Blut … »Erkennen Sie mich denn nicht wieder, Herr Doktor?«

»Aber natürlich, gnädige Frau, natürlich«, antwortete Doktor Karner, doch man hörte seinen Worten an, dass er keine Ahnung hatte, wen er vor sich hatte.

»Es handelt sich um eine Blutprobe, soviel ich verstehe«, fuhr er recht nervös fort, führte die beiden Damen durch die Vorhalle und dann in das Wartezimmer.

»Ja, Herr Doktor – aber erkennen Sie mich immer noch nicht?«

Der Arzt wurde nur noch verwirrter. »Wegener … Wegener … Natürlich, der Name klingt mir bekannt … Vor ungefähr vierzehn Tagen war Herr Wegener bei mir … ebenfalls von Herrn Professor Abraham zu mir geschickt … Aber ich entsinne mich nicht, dass Sie, gnädige Frau …«

»Der … Herr … und … ich …, Herr Doktor, … ist ja ein und dasselbe … Wesen …«, stammelte Lili.

»Was meinen Sie?« Völlig entgeistert blickte Doktor Karner von einer Dame zu der anderen – sah dann auf seine Taschenuhr, verbeugte sich schnell. »Oh, Sie entschuldigen mich einen Augenblick – die Damen sind Ausländerinnen, natürlich …« Und schon war er aus dem Wartezimmer heraus.

Lili blickte außer sich vor Verwirrung Gerda an. »Ich glaube, ich verliere den Verstand.«

Gerda lachte. »Der Ansicht ist dein Doktor sicherlich ebenfalls. Er hat bestimmt keinen Ton von dem, was du ihm da erzählt hast, verstanden.«

Da begann Lili plötzlich zu lachen. »Aber das ist ja herrlich. Er erkennt mich also auch nicht wieder …«

Eine Schwester war hereingekommen und bat sie, mit ihr zu gehen. Der Arzt wartete in dem Laboratorium, das Lili sofort wieder erkannte, auf sie, hielt ein kleines Instrument, einer Morphiumspritze ähnlich, in der Hand, eine durchsichtige Glasspritze, lächelte, immer noch etwas befangen. »Bitte schön, gnädige Frau …«

Sie hörte die Anrede im Ohr aufklingen … gnädige Frau …

»Bitte schön, gnädige Frau, wollen Sie hier Platz nehmen … und den Ärmel etwas hochschieben … bis über den Ellbogen … damit ich die Ader frei bekomme … So, danke verbindlichst, gnädige Frau …«

Lili fing mit einer nie gekannten Hellhörigkeit Wort für Wort auf, ihr war, als blieben die Worte im Raum hängen … ihre Augen sahen unverwandt auf die Spritze, deren Nadel sich behutsam in ihren Arm bohrte, sie sah, wie sich der Glasbehälter langsam mit ihrem Blut füllte … und dann wurde sie ohnmächtig. – Als sie wieder zu sich gekommen war, sah sie sich scheu um. Der Arzt stand lächelnd neben dem Operationsstuhl.

»Habe ich lange hier gelegen, Herr Doktor?«

»Nur ein paar Minuten … Tat es denn so weh …«

»Weh … nein, nein, ich bin sonst eigentlich nicht so wehleidig … Das müssen Sie doch wissen …«

»Richtig, das war Herr Wegener ja auch nicht … Wegener, wenn ich recht verstanden habe, gnädige Frau, Ihr Gemahl …«

»Mein? … ja … ja …« Sie wusste vor Verwirrung nicht wohin mit ihren Augen.

Jetzt lachte der Arzt. »Also habe ich vorhin doch richtig verstanden. Die deutsche Sprache ist eine schwere Sprache. Es war sehr lustig, wie Sie sich vorhin ausgedrückt hatten – so, als hätten Sie gesagt, Sie und Ihr Gatte wären ein und dieselbe Person … Hahaha …«

»Aber Herr Doktor…«

»Liebe, gnädige Frau, glauben Sie mir, auch unsereins sagt die unglaublichsten Dummheiten, wenn er sich einmal in einer fremden Sprache verständlich machen soll … Übrigens, um von Ihrem Gatten zu sprechen – eine stählerne Natur, wirklich – jetzt entsinne ich mich natürlich – so krank und mitgenommen er auch aussah, neulich, als ich ihn im selben Stuhl vor mir hatte, in dem Sie jetzt sitzen – mit keinem Wort streifte er sein Leiden, lehnte jede Andeutung bewusst ab … stattdessen unterhielten wir uns, wie es bei Männern nun einmal hierzulande zur Übung geworden ist, zumal wenn der eine Part aus dem Ausland kommt, über Politik – während ich ihm etwas Blut abzapfte. Dass so etwas nicht schmerzlos vor sich geht, weiß ich natürlich sehr wohl, auch wenn Ihr Gatte so tat, als ob … Und zwar mit Erfolg. Während Sie, gnädige Frau …«

»Aber ich bitte Sie, Herr Doktor …«

»Aber meine Gnädigste, das ist doch Ihr verbrieftes Vorrecht … Sie als Repräsentantin des schwächeren Geschlechts – während Ihr Herr Gemahl als, wenn ich mich als Arzt so ausdrücken darf, Prototyp des masculini generis …«

»Liebster Herr Doktor«, Lili lachte jetzt schallend – sie hatte sich erhoben und sah ihn, übermütig fast, in die Augen, »wenn Sie ahnten, welch eine Lektion Sie mir mit Ihren Worten erteilt haben!«

»Lektion?« – der Arzt neigte sich ritterlich zu ihrer Hand nieder, »aber ich bitte Sie, meine Gnädigste, ich bewundere Sie geradezu. Unaufgefordert lassen Sie an sich die gleiche Blutprobe vornehmen wie Ihr Gatte – was übrigens sehr vernünftig war. So etwas bringen nur Frauen fertig! Geteiltes Leid, halbes Leid … Habe ich mich nicht gut aus der Affäre gezogen?«

»Vortrefflich, Herr Doktor. Und nun auf Wiedersehen!«

»Auf Wiedersehen, und meine besten Empfehlungen an den Herrn Gemahl!«

– – – –

»Gerda, Liebste«, sagte Lili, als sie mit ihr zusammen wieder im Freien stand – »ich bin jetzt so weit, dass ich, ohne mit der Wimper zu zucken, die Komik der Situation, die ich soeben vor mir gesehen habe, mit fröhlicher Gelassenheit hinnehmen will. Täte ich es nicht, ich müsste entweder irrsinnig werden oder aber – mich selber verlieren.«

Abends schrieb Gerda in ihr Tagebuch nieder: »Lili ist immer und wohl noch lange auf der Suche nach ihrer Bestätigung … Man wird es ihr nicht leicht machen … Man … damit meine ich – die einstigen Gefährten von Einar…«

– – – –

»Komm«, sagte Lili, »jetzt will ich meinen ersten Spaziergang durch Berlin machen.«

So gingen sie beide von Doktor Karners Laboratorium durch das Getümmel der großen Stadt zwischen fremden Menschen dahin. Es war ein sonnenblanker, frischer Frühlingstag. Der Himmel war wolkenlos und seidig blau. Die Luft fühlte sich an wie eine einzige Liebkosung. Die Gesichter der Menschen, denen sie begegneten, hatten so leuchtende, frohe Augen, stellte Lili froh bewegt fest. »Ob ich wohl auch so aussehe, Gerda?« fragte sie viele Male. Und wie sie so dahin wanderten, Arm in Arm, blieben sie oft vor Schaufenstern stehen, Auslagen von »fraulichen Läden«, wie Lili lächelnd immer wieder sagte. Sie konnte sich nicht satt sehen an all dieser Pracht von »Seidigem« – und sie spiegelte sich in jeder Vitrine. »Gerda, sag mir, sehe ich – gut aus in meinem Pelz … Sehe ich anders aus als – du?« Und Gerda lächelte sie an. »Kind, denk doch nur an deinen Doktor Karner – und sei froh, dass wir so weit gekommen sind.«

Und Lili fragte nicht mehr. Nur dann und wann streifte ihr Blick wie forschend Menschen, die vorübergingen. Ein unablässiges Fragen wühlte in ihr. Doch sie ließ es nicht laut werden. Sie zwang sich, ein frohes Lächeln zu zeigen und sich selber immer und immer wieder zuzuflüstern: »Niemand kennt mich und mein Schicksal hier in der großen Stadt. Niemand misstraut mir. Niemand. Ich darf in Frieden mein Geheimnis mit mir herumtragen. Niemand errät mich. Und es ist heller Tag. Mit viel Sonne.«

Recht milde hing sie an Gerdas Arm. »Gerda«, sagte sie einmal, »Gerda, du schämst dich meiner doch nicht …«

Als Gerda sie überrascht ansah, tat Lili so, als sei ihr etwas ins Auge geflogen.

»Aber was ist mit dir …?«

»Nichts … nichts … wir fahren morgen nach Dresden … Und ich freue mich, dass Poul uns begleiten will … Mitunter überfällt mich solche Angst … Ich weiß nicht, weshalb.«

Dieses Angstgefühl steigerte sich in der letzten Nacht vor der Abreise nach Dresden so sehr, dass Gerda die Oberschwester zu Hilfe rufen musste.

Lili weinte und weinte viele verzweifelte Stunden lang. »Ich kann nicht … ich kann nicht … Wie soll ich Professor Warnekros unter die Augen treten … Er kennt mich ja nicht … er weiß ja gar nicht, wer ich bin … ich fürchte mich . . . ich möchte am liebsten vorher sterben …« Als sie endlich nicht mehr weinen konnte, lag sie, vor sich hinstarrend, in ihrem Bett.

Tausend Ängste erfassten sie. Die Bahnfahrt nach Dresden, inmitten von fremden Menschen … die Ankunft in einer neuen, großen Stadt … der Weg in die Klinik … wieder fremde Menschen … mit neugierigen Augen… und dann der Professor … wie wird er sie empfangen …

Lili wusste selber nicht, was in ihr vorging …

Gerda hatte längst die Koffer gepackt, hatte viele frohe Worte zusammengefunden, hatte von gleichgültigen Dingen erzählt – teilnahmslos hatte Lili dagelegen. »Und morgen soll ich vor Professor Warnekros stehen … und niemand kann mir helfen … niemand …« Immer wieder sprach sie flüsternd diese Worte. Und wenn Gerda ihr sagte, dass sie und Professor Warnekros doch nur einen einzigen Gedanken hätten, ihr beizustehen, und dass es undankbar sei, jetzt, gerade jetzt zu verzagen, dann schüttelte Lili nur müde den Kopf. »Gerda, ich weiß es besser … Niemand kann mir helfen … Es ist viel zu schwer für einen müden Menschen …«

Frühmorgens, Gerda schlief noch – sie war so spät erst eingeschlafen –, stand Lili auf, zog sich an, betrachtete sich, ging leise, damit sie Gerda nicht störe, vor dem nicht sehr großen Spiegel, den Gerda mitgebracht und über dem in einen Toilettentisch umgewandelten Nachttisch aufgehängt hatte, auf und ab. – Sie gefiel sich nicht … Hässlich und ausdruckslos erschien ihr ihr Spiegelbild … eine trübe, müde, blutleere Larve… Sie setzte sich auf den einen Koffer nieder, legte den Kopf in die Hände.

»Lili … Lili …« Gerdas Arme lagen um Lilis Hals. »Jetzt siehst du aus wie eine Mutter, die sich Sorgen um ihr Kind macht, du …«

»… die sich Sorgen um ihr Kind …« Lili sprach lang

sam die Worte nach. »Ja … um ihr missratenes Kind … Ob solch eine Mutter je wieder froh werden kann?«

So begann der Tag. Und es gab wieder viele schwere Stunden. Poul kam bald.

»Wie ein Offiziersfräulein sieht unsere Lili aus«, rief er begeistert, »hochmütig und herablassend! Ein unglaubliches Phänomen …«

– – – –

In einer halben Stunde wird das Phänomen seiner Bestimmung zugeführt werden, sagte Lili still zu sich selbst … Das Phänomen … Und sie riss sich zusammen. Niemand sollte heute Tränen an ihr sehen. Niemand. Auch nicht denken. An nichts denken. So ließ sie sich zum Bahnhof fahren … mit Augen, die so taten, als sähen sie … Aber sie sahen nichts … nichts … Im Wartesaal zwang man sie, mit den beiden anderen zu frühstücken. Sie war gehorsam. »Heute will ich keinen Willen haben, Poul, heute will ich tun, was ihr beide mir befehlt. Heute will ich noch einmal – frei haben.«

– – – –

Ein geradezu üppiger Frühstückstisch wurde in aller Hast hingezaubert. »Eine Morgenandacht, Herrschaften«, gebot Poul feierlich, »außerdem schon deshalb bedeutungsvoll, weil wir heute unsere Lili auf ihre erste Überlandfahrt geleiten.«

Der Kellner hatte jedem von ihnen einen Literkrug »Hofbräu« vorgesetzt. Poul hob seinen Krug gegen Lili, und Gerda, die zierliche, elegante Gerda hob, wenn auch mit beträchtlicher Mühe, ihren Krug gegen Lili – und Lili war kein Spielverderber.

»Skål, ihr Lieben«, sagte sie, »oder wie man hier sagen

muss, Prosit!« Und ehe noch Poul seinen Krug gegen Lilis hatte klingen lassen, hatte sie einen gehörigen Zug getan.

»Bravo, bravo!« jubelte Poul, so laut, dass sich viele Gäste des Wartesaals nach ihnen umblickten.

Lili setzte sogleich ihren Becher wieder hin. »Bitte, bitte, kein Aufsehen erregen.« Die Angst, die Angst, die sie nicht losließ …

Doch sie wollte fröhlich sein. Und außerdem, sie gestand es sich ehrlich: das frische, duftige Bier schmeckte ihr herrlich. Und dieses herzerquickende Frühstück mit knusprigen Berliner Knüppeln und Brötchen, mit Schlackwurst und Leberwurst und Käse, ein echt deutsches Morgenmahl – ganz und gar keine Krankenkost!

»Man wird ein ganz neuer Mensch, Kinder«, gestand sie, »das schmeckt wie Auferstehung! Wenn's nur erst so weit wäre! Prosit! Es lebe das Leben!«

Als die Abfahrtszeit gekommen war, zog Lili, am Arm von Poul, mitten durch das wimmelnde Gedränge auf den Bahnsteig hinaus, so schnell, dass Gerda Mühe hatte, ihnen zu folgen. Man fand für Lili einen Fensterplatz in einem Zweite-Klasse-Abteil. Poul und Gerda hatten ihr gegenüber Plätze bekommen.

Mit frohen, wachen Augen, die jede Nichtigkeit um sie herum wie ein neues Erlebnis aufnahmen, fuhr Lili in ihr neues Leben hinein.

Die Landschaft zwischen Berlin und Dresden, endlose, wenig abwechslungsreiche Ebenen mit mageren Waldungen und frühlingsbraunen, leeren Äckern, da und dort rot und weiß und gelb koloriert von kleinen Siedlungen und Dörfern und Städtchen und Städten, durchbrochen von langsam dahingleitenden Bach- und Flussläufen – ein Bild ohne Erregungen, ein Panorama, das besänftigt und einlullt. Ein niedriger, blaugrauer Himmel darüber, der mit frischem Morgenwind weiße Sonnenwolken wie junge Lämmer, die gerade aus den Ställen herausgelassen, lustig vorwärts trieb. Dann plötzlich ein großes, hellgrünes Viereck, Wintersaat, schon der Krume entsprossen, zwischen Weidenbüschen, die schon etwas Silber trugen, darüber geisternd eine dunkle Wolkeninsel. Ein Kirchturm steht vor dem Horizont gen Osten. Die Sonne löst sich aus einem sehr tieftreibenden Wolkenballen los und übergießt die ganze Welt mit messingblankem Geglitzer. Die Telegrafendrähte vor dem Wagenfenster schwirren auf und nieder. Ein Rebhühnerschwarm schießt wie eine auseinandergerissene dunkle Kugel aus einem finsteren Stück Brachland vor falbem Föhrengehölz hoch; ein Bahnwärterhäuschen mit Silberbirken und ein paar Obstbäumen, verkrüppelt und geduckt, und dazwischen flatternde, bunte Wäschestücke, eine Frau, die Hände gegen die Hüften gepresst, die Augen auf den Zug gerichtet, neben ihr ein blondes Kind mit einem knallroten Ball in der Hand, und ein brauner Spitz hockt neben dem Kind – husch – vorbei. – Man kann noch das Winken der Frau erhaschen. Wie eine Fahne weht ein blau und weiß gewürfeltes Wäschestück in ihrer Rechten. – Ein ungepflasterter Landweg biegt gegen den Bahndamm. Zwei schwere Ackergäule vor hochbeladenem Fuhrwerk. Der Fuhrmann holt mit der Peitsche aus. Die Sonne vergoldet ihn und die Peitschenschnur und das Blechstück seines Pfeifendeckels. Auch die Pfützen der ausgefahrenen Wagenspur. – Hinter einem weitgeschwungenen Landrücken steigen Fabrikschlote hoch, und weiße und gelbgrünliche Rauchsäulen winden sich ins Blaue, bis eine Brise sie knickt und sie sonnenhelle Wolken werden …

Lilis Augen sind Maleraugen geworden. Und sie erschrickt. »Das sind nicht meine Augen … Das sind Einars Augen … Ist er denn noch nicht tot in mir? … Kann er mir denn keinen Frieden geben?«

Sie schließt die Augen. Sie weiß nicht, weshalb sie sich so fürchtet, so, wie Einars Augen es getan, die Welt zu sehen, aufzufangen und zu lieben … Ist es, weil sie sich fürchtet, nie zu sich selber zu kommen, nie sich loslösen zu können von – Einar? …

Gerda und Poul sind hinausgegangen, um zu rauchen.

Im Abteil sind noch ein paar sehr korrekt aussehende deutsche Herren. Die beiden Eckplätze an der Tür gehören ihnen.

Lili hat sie bis jetzt kaum beachtet. Sie halten sich hinter Zeitungen verschanzt.

Plötzlich legt der eine Herr seine Zeitung vor sich hin, der andere Herr folgt seinem Beispiel, nur mit dem Unterschied, dass er seine Zeitung fast feierlich zusammenfaltet, der »Herr von Gegenüber«. Unwillkürlich betrachtet sie ihn, und er erwidert den Blick sehr umständlich. Hm, macht er mindestens viermal. Der andere Herr klopft sich etwas Staub ab, zieht seinen einen blanken, braunen, sehr soliden Handschuh ab. Ein erheblicher Brillantring kommt zum Vorschein. Hm, räuspert es wieder. Lili zieht ihren Pelz enger um sich. Sie fühlt die Blicke der beiden »Herren der Schöpfung« auf sich gerichtet. – Sie macht ein sehr hochmütiges Gesicht.

Hm, sagt da der Herr neben ihr, hm, und noch einmal: »Gnädigste gestatten?« Sie blickt ihn an.

Er hält ein sehr schweres silbernes, mit Gold belegtes Zigarettenetui ihr entgegen: »Es ist zwar ›Nichtraucher‹ … Hm … Aber die beiden anderen Herrschaften … hm.«

Lili lächelt. »Nein, danke.«

Hm, und der Herr hat sein Etui wieder zugeklappt und umständlich in der hinteren Hosentasche untergebracht. Hm …

Der Herr gegenüber entfaltet seine Zeitung wieder.

Und Lili blickt zum Fenster hinaus.

Ein kleiner zierlicher Birkenwald auf einem Hügel unter der Sonne. Zwei ganz kleine Perlmutterwolken darüber – wie Flügel, von einem Kinderengel beim Spielen vergessen.

Poul ist hereingekommen, sitzt wieder auf seinem Fensterplatz.

»Vorfrühling«, sagt er, »Vorfrühling, Lili … Keine andere Sprache kennt ein ähnliches Wort.«

Und Gerda, die jetzt auch wieder hereingekommen ist, wiederholt das Wort: »Vorfrühling … Das habe ich nie gehört. Ein schönes, entzückendes Wort … Jetzt dort draußen stehen und malen, malen, so wie …«

Da bricht sie ab, meidet Lilis Blick und schließt die Augen.

Eine lange Stunde saßen sie so schweigend.

In Lilis Ohr klangen Gerdas Worte nach: »…Vorfrühling … malen … so wie…« und sie vollendete den Satz … »so wie einst mit Einar.«

War es Eifersucht, was sich jetzt in ihr regte? …

Nein, nein, nicht denken …

Sie beugte sich zu Gerda hinüber, – niemand sah es,

auch Poul nicht, der eingeschlummert war wie Gerda, und die beiden fremden Herren standen draußen im Gang und rauchten, – und legte ihre Hand auf Gerdas Schoß. Dann stand sie auf und setzte sich neben Gerda hin, legte den Kopf gegen Gerdas Schulter und blickte wieder hinaus: Höhenzüge wellten heran, wuchsen zu kleinen Bergen, und immer neue gesellten sich hinzu, bestreut mit Villen. Und schließlich wurde alles zu einem Kunterbunt von Villen und Gärten und Mietshäusern – und dazwischen reckten sich Fabrikbauten empor, Straßenzüge öffneten sich wie Kanäle und Grachten zwischen Häuserkolonnen, und die Häuserkolonnen wurden zu großen Siedlungen voll von quirlendem Leben. Straßenbahnen, Autos, Menschen, schreiende Reklamen an fensterlosen Giebelwänden, weite, vielverzweigte Schienengelände auf beiden Seiten, Züge mit endlosen Wagenkarawanen, Stationen, rechter Hand und linker Hand, ein ewiges Erschüttern des Wagens, der stoßend und polternd durch Weichen geschleift wurde …

Dann hielt der Zug.

Poul war erwacht.

»Sind wir bald angelangt?« fragte Lili.

»Die nächste Station.« Sie weckten Gerda.

Als der Zug sich wieder in Bewegung setzte, standen sie alle drei am Fenster. Jetzt fuhren sie über die lange Brücke, unter der sich der breite, dunkle Strom wie ein schillerndes Samtband dehnte, und Lili sah Dresdens grüne Kuppeln und Türme und Dächer aus dem schillernden Wasserspiegel auftauchen wie ein verklungen gewesenes und heimgekehrtes Vineta … ihr Vineta … Sie hob langsam den Blick aufwärts und sah, dass es kein Trugbild war, diese große, schöne, königliche Stadt zu beiden Seiten des Elbestroms, aufsteigend aus dem breiten Tal zu grünen Hügeln und sanftem blauen Himmel.

Auf dem Sitz ihres Platzes kniete sie und starrte hinaus und trank das Bild dieser so heiß ersehnten, aus vielen Schmerzen ihr bescherten Wallfahrtsstätte mit den Augen. Und die Augen wurden zu voll und zu schwer. Sie musste sie schließen und presste die Hände gegen das Herz. Es waren sanfte, gläubige Tränen, die sie weinte … Grenzenloses Glücksgefühl überflutete ihr ganzes Denken. »Jetzt bin ich zu Hause … jetzt bin ich bald zu Hause.«

Poul legte seine Hand auf ihre Schulter. »Kind, Kind.«

»Es ist ja nur vor Glück, Poul.«

Gerda stand neben ihr. Sie konnte keine Worte finden. Aber viele Tränen.

Wie Lili aus dem Abteil hinausgekommen ist, wie sie dann in einer Autotaxe in Dresden ihren Einzug gehalten hat, ist ihr für immer aus dem Gedächtnis entschwunden.

Es ist eine lange Autofahrt gewesen, die Stadtstraßen lagen schon hinter ihnen, Villenviertel nahmen sie auf, und plötzlich kamen sie vorbei an breitgelagerten, hohen Gebäuden. Dort bog der Wagen um eine Straßenecke, schlanke, weiß leuchtende Birken hoben ihr filigranfeines Zweigwerk über eine Gartenmauer, hinter der ein grauer, feierlicher, mächtiger Baukomplex, aus vielen Häusern sich zusammenfügend, aufstieg.

»Halten, halten!« rief Lili. »Hier ist es!«

Im nächsten Augenblick hielt der Wagen vor einem Portal, das mit großen Lettern die Aufschrift trug:

STAATLICHE FRAUENKLINIK.

Die Staatliche Frauenklinik in Dresden, 1903 gegründet, heute Universitätsklinikum Carl Gustav Carus.

»Wie konntest du das wissen?« fragten Gerda und Poul, als sie Lili beim Aussteigen halfen.

»Ich fühlte es, dass es hier sein musste«, antwortete Lili sehr matt, »helft mir etwas, – damit ich mich stützen kann … Es war eine so lange, schwere Reise.«

Als sie vor dem Portal standen und klingelten, war Lili bleich wie der Tod. Sie hörte den Ton der Hospitalglocke, und ihr war, als hätte sie den Klang ihres eigenen Herzens vernommen.

Aus dem Fenster der Pförtnerwohnung rief sie eine weiß gekleidete Schwester. »Zur Privatabteilung? – Bitte rechts durch den Garten.« Es war bereits später Nachmittag. Weiches, gedämpftes Licht aus regenfeuchtem Himmel lag über dem großen Garten, dessen schlanke Birkenstämme wie Silber über Rasenmatten leuchteten. Lili ging voran.

Sie war endlich zu Hause. –

XII

In der Eingangstür zur Privatklinik stand eine ältere, weiß gekleidete Schwester und umarmte eine Dame. Dieses war Lilis erster Eindruck von der Frauenklinik. Und dieser Eindruck blieb.

Die ältere Schwester war die Frau Oberin. Sie nahm Abschied von einer Patientin. Dann empfing sie mit großer Liebenswürdigkeit die drei Ausländer und führte sie in einen langen Hospitalkorridor hinein. Die Dämmerung hatte bereits begonnen, und durch die Glasscheiben einer großen Flügeltür am Ende des Korridors fiel ein weicher, seegrüner Schimmer, der sich auf dem blanken Parkett und den vielen weiß lackierten Türen widerspiegelte.

»Der Herr Professor kommt bald«, sagte die Oberin.

In der Nähe der großen Flügeltür standen ein paar Lehnstühle und ein kleiner Tisch, von einer Lampe beleuchtet. Dort unterhielt sich ein Arzt in weißem Kittel mit ein paar Damen.

Gerda ergriff Lilis Hand. »Das ist doch Professor Warnekros«, flüsterte sie.

»Du irrst dich, Gerda«, sagte Poul. »Übrigens hast du ihn ja nie gesehen. Es ist sicherlich nur ein Assistenzarzt.«

»Gerda hat recht, es ist Professor Warnekros«, flüsterte Lili mit bebender Stimme.

Während er die beiden Damen zu dem Direktionszimmer begleitete, blieb er einen Augenblick stehen und begrüßte die Neuangekommenen mit zeremonieller Höflichkeit, worauf er sie bat, Platz zu nehmen.

Sie setzten sich um den runden Tisch, Lili war stumm geworden. Weiße Schwestern kamen und gingen und wünschten Guten Tag.

Lili sah nichts, hörte nichts.

Erst als die Tür vom Direktionszimmer sich wieder öffnete, und die beiden Damen von dem Professor hinausgeleitet wurden, erwachte sie wieder zum Bewusstsein.

Die Oberin gab ihnen ein Zeichen, und Poul nahm Lilis Hand. Gerda blieb im Lehnstuhl sitzen.

Vor ein paar Monaten, in Paris, hatte Professor Warnekros ein einziges Mal Einar vor sich gesehen. Heute stand zum ersten Mal Lili vor ihm. Der Professor geleitete sie in das Direktionszimmer hinein, dann ging er hinaus, um Gerda zu begrüßen.

Lili, die plötzlich sehr ruhig geworden war, sah sich in dem Raum um. Es war ein großes Zimmer, einem Arbeitszimmer wie einem Operationsraum ähnlich. Vor dem hohen Fenster, von dem man eine Aussicht über die Birken des Gartens hatte, stand ein Untersuchungsstuhl, vor der einen Wand ein Schreibtisch, voll von Papieren. Alles in dem Raum war blendend weiß.

Als der Professor zurückkam, setzte er sich Lili gegenüber nieder. Sie begann fahrig von ihrem Berliner Aufenthalt zu sprechen. Plötzlich unterbrach er sie mit einer Frage. Sein etwas strenges Gesicht zeigte ein Lächeln:

»Hat Ihnen Professor Abraham das Ergebnis seiner chemischen und mikroskopischen Untersuchungen bekanntgegeben?«

»Nein, Herr Professor.«

»Na, da kann ich Ihnen die erfreuliche Mitteilung machen, dass alle Untersuchungen günstig ausgefallen sind. Alles bestätigt unsere Annahme.«

Sie atmete auf. Also brauchte sie ihm keine Erklärungen zu geben.

Sie lauschte seiner seltsamen, verschleierten Stimme. Ein Gefühl von Glück ergriff sie. Der Professor sprach so teilnehmend über alles, was sie anging, dass sie mutig wurde. Und plötzlich begann sie von ihrem Erlebnis mit Doktor Karner in Berlin zu erzählen. Als sie jedoch aufblickte und in Professor Warnekros' Augen hineinsah, in diese Augen, die zu gleicher Zeit hell und dunkel waren, da erstarb ihr das Wort auf den Lippen. Sie konnte nicht weitersprechen. Blitzartig fiel ihr ein, dass Einar in Paris ohne Hemmung sich mit dem Professor hatte unterhalten können. Weshalb vermochte sie es nicht?

Fragend sah Professor Warnekros sie an, wartete wohl, dass sie mit ihrer Erzählung fortfahren sollte. Als dies jedoch nicht geschah, unterbrach er das Schweigen.

»Sie sollten eigentlich sofort in die Privatabteilung kommen, aber unerwarteterweise ist im Augenblick alles besetzt. Was im Übrigen nicht schadet, da wir mit der Operation doch noch etwas warten müssen. Denn ich suche nach einem Paar besonders guter Drüsen für Sie ...«

Lili zuckte bei dieser sachlichen Begründung zusammen. Sie wusste nicht, wohin sie ihre Augen wenden sollte. Sie empfand eine grenzenlose Scham. Sie war völlig verwirrt.

Der Professor schien dies kaum zu beachten, denn er fuhr ruhig fort:

»Es wird Ihnen übrigens nur gut tun, noch ein paar Tage im Hotel zu verbringen, und sich die Stadt und unsere Museen anzusehen. Außerdem könnten Sie etwas malen. Sie werden hier sehr viele Motive finden. Solche Ablenkung wird ganz heilsam für Sie sein.« Lili schien jeden Halt zu verlieren. Der Gedanke, nicht sogleich in die Klinik aufgenommen zu werden, sondern noch tagelang in einem fremden Hotel zu verbringen, erschien ihr ungeheuerlich, wie eine unverdiente Strafe. Sie wollte schon den Professor anflehen, sogleich hierbleiben zu dürfen. Sie wollte sich auflehnen gegen seinen Beschluss. Und sie sah hilfesuchend den Professor an und konnte nichts anderes sagen als: »Ja, Herr Professor.«

Damit war die Unterredung beendet. Der Professor reichte ihr die Hand und ging mit ihr hinaus zu Gerda, nannte ihnen ein Hotel in der Nähe der Frauenklinik und verabschiedete sich sehr formell.

Fassungslos stand Lili vor Gerda. Ihr war, als habe sie eine vernichtende Niederlage erlitten. Ein einziger Blick dieses Mannes hatte ihr alle Kraft genommen. Ihr war, als sei durch diesen Mann ihre ganze Persönlichkeit zertrümmert worden. Mit einem einzigen Blick hatte er sie ausgelöscht. Es lehnte sich etwas in ihr auf. Wie ein Schulmädchen kam sie sich vor, das von einem vergötterten Lehrer kurz abgefertigt worden war. Sie hörte noch die Stimme des Professors im Ohr. Sie fühlte eine wunderliche Schwäche in allen Gliedern. Wie im Nebel stand sie, und sie begriff nichts. Aber später, als sie an diesen Augenblick zurückdachte, fand sie die Erklärung: damals war es das erste Mal gewesen, dass ihr Frauenherz vor ihrem Herrn und Herrscher gebebt hatte, vor dem Mann, der sich zu ihrem Beschützer gemacht hatte, und sie begriff, weshalb sie sich schon damals ihm und seinem Willen machtlos unterworfen hatte.

– – – –

Das Hotel, das ihnen Professor Warnekros genannt hatte, lag an einem weiten, von Bäumen umgebenen Platz und hatte einen Garten. Es war ein stilles, vornehmes Haus, kaum zehn Minuten weit von der Frauenklinik gelegen.

Lili und Gerda bekamen ein großes, helles Zimmer, das zum Platz hinaus lag. Poul installierte sich in einem anderen Zimmer. Es waren schwere, bedrückte Tage, die für Lili kamen. Sie konnte es nicht fassen, dass man sie nicht sofort in der Klinik aufgenommen hatte. Sie war fest überzeugt, dass Professor Warnekros sie unsympathisch fand, dass sie abstoßend auf ihn gewirkt habe.

Gerda trug in ihr Tagebuch ein:

»Lili ist völlig verzagt. Sie glaubt, dass der Professor in ihr nichts anderes als einen verkleideten Mann, nämlich Einar sieht. Sie bildet sich ein, dass sie hässlich und widerwärtig aussehe, und dass jeder normale Mensch vor ihr einen Widerwillen haben müsste. Sie weint unablässig. Wir sind ein paarmal ausgegangen. Aber von ihrer fixen Idee beherrscht, glaubt Lili in jedem Blick der Vorübergehenden eine Bestätigung von Professor Warnekros' Widerwillen gegen sie lesen zu können. Selbstverständlich müssen wir Ausländer hier in Dresden auffallen, aber diesen Umstand bezieht Lili nur auf sich. Sie ist außer sich, dass der Professor ihr vorgeschlagen hat, inzwischen etwas zu malen. Das wäre das Furchtbarste, was er von ihr habe verlangen können! Alles, was mit Einar im Zusammenhang steht, ist ihr verhasst, besonders aber das Malen. Um von Einar loszukommen, dürfe sie vor allen Dingen nicht das tun, was er getan habe, nämlich malen. Das hätte, sagt Lili, der Professor wissen müssen oder aber, er habe mit dieser Äußerung gerade zum Ausdruck bringen wollen, dass er in Lili nichts anderes als den verkleideten Einar sehe.«

Tags darauf schrieb Gerda in ihr Tagebuch:

»Poul hat sicherlich völlig recht, wenn er sagt, dass das, was der Professor mit Lili jetzt tue, nichts anderes sei, als ein seelisches Modellieren. Und zwar vor dem körperlichen Modellieren zum Weib. Bisher sei Lili wie Ton gewesen, den andere präpariert hätten, und dem jetzt der Professor durch eine flüchtige Berührung schon Form und Leben gegeben habe. Bis jetzt sei, glaube er, Lilis Weiblichkeit nichts als Oberfläche, noch nicht völlig echt gewesen. Durch einen einzigen Blick habe der Professor gestern ihr Herz zu Leben erweckt, zu einem Leben mit allen Instinkten des Weibes … Je mehr ich hierüber nachdenke, desto inniger muss ich Poul zustimmen. Lili ist jetzt still und völlig in sich verschlossen. Wohl weint sie mitunter noch leise vor sich hin, aber es ist das Weinen des Heimwehs. Sie weiß selbst nicht, was mit ihr vorgeht, und ich kann ja nichts anderes tun, als ihr mit guten Worten und Geduld beistehen …«

Das nächste Blatt enthielt folgende Eintragung:

»Lili sagte nachts zu mir: ›Es ist sicherlich unrecht, wenn ich bitter an Einar denke. Aber mitunter muss ich ja an ihn denken, und dann weiß ich gar nicht, wie ich ihn nennen soll. Ich glaube, ich muss ihn meinen toten Bruder nennen. Daran muss ich mich gewöhnen. So sehr, dass ich auch nicht mehr in Gedanken weiß, dass er und ich im selben Körper gewohnt haben, und dass dieser Körper jetzt mir allein gehört.‹ Dann sagte sie: ›Vielleicht bin ich der Mörder von Einar, und dieser Gedanke quält mich furchtbar. Denn ich merke, dass ich vielleicht viel weniger wert sein werde als er. Er war ein schaffender Mensch. Er war ein Maler, der schon eine Leistung hinter sich hatte. Und gerade davor fürchte ich mich ja, jemals etwas leisten zu wollen. Denn würde ich wirklich einmal malen und dann sehen, dass ich weniger kann als er gekonnt hat, so würde mich dieses vollkommen umwerfen, ich würde Selbstmord begehen!‹

Plötzlich sagte sie: ›Gerda, ich sehe die Kleider von Einar, die wir in Berlin zurückgelassen haben, vor mir. Jedes Kleidungsstück sehe ich. Daran dachte ich nachts. Und ich hatte Angst, wieder einzuschlafen, denn ich fürchtete mich, dass ich im Traum in diese Kleider hineinschlüpfen könnte …‹

So verging eine ganze Woche. Eine tiefe Melancholie legte sich über Lili. Und diese Melancholie steigerte sich zu einem eisigen Entsetzen, als eines Morgens aus der Frauenklinik ein paar Briefe aus Kopenhagen ankamen, die an Herrn Einar Wegener aus Paris gerichtet waren. Sie wagte nicht einmal, die Briefe anzurühren. Auch Gerda durfte die Briefe nicht lesen. Poul musste sie verbrennen. Und jetzt war Lili überzeugt, dass sie niemals in die Frauenklinik würde kommen können.

›Die Briefe haben mich unmöglich gemacht. Lass uns von hier verschwinden…‹ bat Lili ohne Tränen, fest entschlossen, irgendwo in aller Stille im Nichts untertauchen zu können. Da kam, wie eine Erlösung, die Nachricht aus der Frauenklinik, dass für Lili jetzt ein Zimmer frei sei.

Augenblicklich verließ Lili das Hotel, und Gerda wanderte mit ihr den kurzen Weg zur Frauenklinik.«

Tags darauf fuhr Poul nach Berlin zurück.

XIII

Viele Male versuchte Lili die ersten Augenblicke, die sie in der Frauenklinik verbracht hatte, aufs Neue zu erleben, und jedes Mal empfand sie wieder die unendliche Stille, die sich damals über ihr verstörtes Gemüt gelegt hatte. Eine strahlende Hoffnung, die wie eine Bachsche Hymne von hellen Engelsstimmen zu einem unsichtbaren Gewölbe emporgetragen wurde.

Alle Angst und Unruhe war von ihr gefallen. Ihr eigenes Leben erschien ihr so nebensächlich, so wertlos. Ein unklares Gefühl erfüllte sie mit Andacht, ein Gefühl, Mitwisser von etwas Neuem und Großem zu sein, etwas, das bedeutungsvoller, mächtiger war als alles, was Menschenschicksale gemeinhin erfahren. Ein weißes Krankenzimmer, überspielt von dem grünen Widerschein des Gartens. Ein weißes Bett. Auf einem weißen Tisch blanke, geheimnisvolle Instrumente und Scheren unter einem Glassturz. Ein Geruch von Äther und Formol überall. Die Besuche der Oberin, dieser kräftigen, frischen und mütterlichen Frau in weißer Schwesterntracht, mit der steifen, weißen Haube auf dem silbergrauen Haar. Dann und wann, durch die Doppeltür eindringend, ein gedämpfter Laut, sich allmählich verlierend, – Krankenwagen, die vorüberrollen. Und in dem weißen Zimmer Gerda. Dann und wann leise Stimmen, Schritte. Die Tür wird geöffnet, eine schlanke

Gestalt in weißem Kittel tritt ein, bleibt im Zimmer stehen.

Von diesem ersten Besuch des Professors hat Lili nur eine fast musikalische Erinnerung zurückbehalten. Eine Stimmung. Eine Vision. Was er zu ihr gesprochen hatte, wusste sie nicht mehr. Aber seit dem Augenblick, wo er vor ihr stand, in dem weißen Krankenzimmer, war alle Last von ihr genommen.

Und alles in ihr war Sicherheit und frohe Hoffnung geworden.

– – – –

Unter den Birken in dem großen Garten ging Lili und wartete. An einem der nächsten Tage würde alles für eine Operation bereit sein, hatte der Professor gesagt.

Die weißen Bäume leuchteten silbern auf den blanken, grünen Rasenbeeten. Ihr Zweigwerk stand wie von rötlichem Schimmer übergossen vor der grauen, flimmernden Luft. Hecken und Büsche da und dort, mit noch nacktem Zweigwerk. Seidige Kätzchen an den paar Weiden. Knospen, braune und rötliche, und hie und da gelbe Knospen. Und an den Wegen viele Bänke. Weißgekleidete Schwestern hielten dort Mittagspause und grüßten Lili und Gerda. Und mitten im großen Garten eine Schar junger, schwangerer Frauen. Sie lächelten froh und glücklich und sahen in ihren blauen Krankenkleidern aus wie große, gerade aufgesprungene Krokusse.

»Lili«, sagte Gerda, »jetzt verstehe ich das schöne, deutsche Wort ›Vorfrühling‹. Hier ist alles so voll von Erwartung.«

Dann ging ein schlanker Mann in weißem Kittel durch den Park, eilig, zur Septischen Station. Ein Assistenzarzt folgte ihm, und ein Flüstern flog von Mund zu Mund:

»Der Professor.« Alle Augen blickten ihm nach, alles schien einen Augenblick stillzustehen.

– – – –

Und dann schlägt die Turmuhr der Klinik. Sechs Uhr. Es ist Zeit, zurück ins Zimmer zu gehen. Der Park ist schon dunkel, Arm in Arm gehen Lili und Gerda langsam in das große Haus hinein. In den weiten, weißen Korridoren glühen die Lampen auf. Junge Schwestern in weißer Tracht, mit weißen, prall anliegenden Hauben, bringen den Kranken das Abendessen. Unten, vor dem Zimmer des Professors die Frau Oberin. Plötzlich klingt seine Stimme durch die offene Tür. Lili zuckt zusammen. Sie zieht Gerda erschreckt mit sich um die Ecke, in den Quergang hinein, wo ihr Zimmer liegt.

»Was ist mit dir«, fragt Gerda.

»Beeile dich«, flüstert Lili atemlos und schlüpft in ihr Zimmer hinein. Ein unerklärlicher Schreck ergreift sie bei dem Klang des Professors Stimme. Wieder kommt sie sich wie ein Schulmädchen vor! Am nächsten Abend, als man Lili ins Bett legt, wird sie all den Zeremonien unterworfen, die einer Operation vorausgehen. Und Gerda sitzt mit guten Worten neben ihr. Der Professor hatte bereits am Vormittag angekündigt, dass, wenn eine junge Frau, die am nächsten Morgen operiert werden müsste, geeignete Ovarien besäße, die Transplantation vorgenommen werden solle. Bewegt und glücklich nahm sie an diesem Abend von Gerda Abschied. Stundenlang lag sie wach und starrte in das weiße Zimmer. Die Nachtlampe verbreitete ein dämmeriges Licht. Schwester Hanna, jung und schön, saß bei ihr, unterhielt sich mit ihr, stellte ihr ein Schlafmittel auf den Nachttisch und verschwand dann leise.

Lili nahm das Schlafmittel nicht. Sie hatte Angst, zu lange zu schlafen. Sie wollte wach, ganz wach den nächsten Morgen, ihren großen Morgen erleben.

Von den Korridoren kam kein Laut mehr herein. In der Stille der Nacht ertrank alles. Lilis Gedanken waren ein Lächeln. Ihr war, als habe sie keine Verantwortung mehr für sich, für ihr Schicksal. Denn Kurt Warnekros hatte ihr alles abgenommen. Auch Willen besaß sie nicht mehr. Der war bei dem Professor.

Und plötzlich dachte sie an das Einst … an Paris. Doch im nächsten Augenblick floh sie vor dieser Erinnerung. Es gab ja kein Einst für sie. Alles, was damals war, gehörte einem Verschwundenen, einem Toten. Einar Wegener, wie ganz anders war er gewesen als sie. Nur ein ganz demütiges Weib gab es jetzt, das bereit war, zu gehorchen, das glücklich war, sich eines anderen Willen zu unterwerfen.

Wieder klang der Schlag der Turmuhr. Viele, viele Male noch in dieser Nacht.

Als das erste Morgenlicht durch die Gardinen hereindämmerte, lag Lili schon hellwach in ihrem Bett. Es war sechs Uhr, um sieben Uhr kam Schwester Hanna herein und machte sie zur Operation fertig. Dann kam das lange, lange Warten. Sie wagte sich kaum zu rühren. Jeden Schritt auf dem Korridor belauschte sie, jede Stimme, die von dort hereindrang, jedes Geräusch … aber niemand blieb vor ihrer Tür stehen. Ob man sie vergessen hatte?

Endlich kam die Oberin, setzte sich zu ihr, nahm mütterlich ihre Hand und brachte ihr die traurige Kunde, dass leider noch ein paar Tage lang gewartet werden müsse, da die betreffende Kranke, die operiert worden sei, kein »einwandfreies Material« für Lili gehabt habe.

Lili Elbe mit einer Schwester zwischen der zweiten und dritten Operation, Mai 1930.

Enttäuschung und Spannung hätten sich beinahe in Tränen ausgelöst, wenn die Oberin ihr nicht eine andere, frohe Mitteilung gemacht hätte. Nämlich, dass sie ein neues Zimmer erhalten solle, das ein großes Fenster zum Garten hinaus und die ganze Morgensonne habe. Und als wenige Minuten später sich Gerda einfand, wurde die Übersiedlung in das neue Zimmer sofort eingeleitet.

– – – –

Wieder gingen die beiden Arm in Arm durch den Park der Frauenklinik. Wie alles hier ihnen beiden so schnell vertraut geworden war. Auch die weißgekleideten Schwestern. Dankbar beantworteten sie ihren Morgengruß. Und Lili lächelte glücklich den jungen, schwangeren Frauen in den krokusblauen Kleidern zu. Hin und wieder gingen junge Ärzte vorüber, auch sie wünschten: »Guten Morgen, gnädige Frau!«

Lili war glücklich. Hier ging sie jetzt ganz natürlich wie eine junge Frau unter anderen jungen Frauen. Sie war ein Geschöpf ohne jede Vergangenheit. Hatte sie jemals anders ausgesehen als jetzt? Sie musste lächeln. Denn plötzlich sah sie Einar vor sich, wie er in Paris entzückt elegant gekleidete Damen betrachtet und sie um ihre Eleganz fast beneidet hatte. Wie plump und schmucklos, hatte er oft gesagt, sei doch die Männerkleidung. Jetzt war alles das dahin – ausgelöscht. Wie durch eine Handbewegung ihres Meisters, ihres Schöpfers, ihres Professors. Es gab keinen Einar mehr, er konnte nie wieder zurückkehren. Jetzt stand zwischen ihm und ihr Kurt Warnekros. Sie fühlte sich sicher und geborgen.

Hier in diesem kleinen Staat im Staat herrschten Männer uneingeschränkt, mit dem Professor an der Spitze. Die Oberin war die einzige Ausnahme. Trotz ihrer gütigen Mütterlichkeit war sie eine sehr bestimmte Dame, deren energisches Profil unter dem silbergrauen Haar an die Bourbonen in ihrer Glanzperiode erinnern konnte. Eine große Überlegenheit ging respektheischend von ihr aus – sie war das einzige Wesen in der Frauenklinik, das, bis zu einem gewissen Grad, mit Kurt Warnekros auf vertraulichem Fuß stand.

Eines Morgens hakte sie Lili ein und sagte ihr, dass es sicherlich nicht mehr lange dauern würde. Vielleicht schon morgen, vielleicht übermorgen würde die Operation stattfinden können.

»Sagen Sie mir, Frau Oberin«, fragte Lili unvermittelt, »weshalb nimmt man eigentlich gesunde Ovarien einer Frau fort?«

»Aber Frau Lili«, antwortete die Oberin, »es würde viel zu lange dauern, Ihnen das zu erklären, noch dazu, wo Sie nicht die notwendigen anatomischen Kenntnisse besitzen, um es zu verstehen. Aber seien Sie nur ruhig, der Professor weiß schon, was er tut. Lassen Sie ihn nur schalten und walten. Und außerdem brauchen Sie keine Angst zu haben, denn es handelt sich um eine ganz kleine Operation bei Ihnen.«

Lili lächelte.

»Ich habe gar keine Angst, Frau Oberin. In Berlin hat man mir übrigens auch gesagt, dass es nur ein ganz kleiner Eingriff sei, den man dort vornehmen wolle. Und hinterher erfuhr ich, dass ich fast anderhalb Stunden auf dem Operationstisch gelegen habe. Ob nun diese neue Operation gefährlich oder ungefährlich ist, ich mache mir keine Gedanken darüber. Ich bin nicht hierhergekommen, um zu sterben. Das fühle ich. Das hätte ich ja auch ohne Hilfe des Professors tun können.«

Die Oberin zog Lili ganz dicht zu sich heran. »Seien Sie übrigens froh, Frau Lili, die neuen Ovarien, die der Professor an Ihnen transplantieren will, werden Ihnen neue Lebenskraft und neue Jugend geben. Die Frau, bei der die Operation vorgenommen werden muss, ist nämlich kaum 27 Jahre alt.«

Lilis Stimme zitterte vor Erregung. »Ist es wirklich wahr, Frau Oberin, dass dadurch … durch die Ovarien … das Alter einer Frau bestimmt wird? Ist das wirklich das Entscheidende für eine Frau?«

Die Oberin streichelte Lili. »Wie neugierig Sie sind. Aber wenn Sie mir nicht glauben, dann fragen Sie doch unseren Professor.«

»Ja, natürlich, warum habe ich das nicht schon längst getan. Ich werde ihn heute Abend schon fragen.«

– – – –

Und als am nächsten Morgen die Oberin fragte, ob der Professor ihre Neugier gestillt habe, fühlte sich Lili sehr beschämt. »Nein«, sagte sie, »das habe ich ganz vergessen.«

Die Oberin hob den Zeigefinger und drohte im Scherz: »Warum nicht einfach ehrlich sagen, Sie hätten es nicht gewagt!«

»Nein, ich habe es auch nicht gewagt«, beichtete Lili.

»Darüber brauchen Sie nicht zu erröten, liebe Frau Lili. Warum sollten Sie auch anders sein als die anderen Frauen hier im Haus.«

– – – –

Zwei Tage darauf füllte Gerda viele Seiten ihres Tagebuchs. An diesem Tag war die große Operation an Lili ausgeführt worden. Und es war schon tiefe Nacht, als Gerda schrieb:

»Schon um 9 Uhr kam ich heute früh in die Klinik. Gestern Abend hatte mir der Professor bereits gesagt, dass heute die Operation vor sich gehen sollte. Vorsichtig steckte ich den Kopf zu Lilis Tür hinein. Lili lag im weißen Nachtkleid in ihrem weißen Bett. Sie schlief still. Man hatte ihr eine Morphiumspritze gegeben. Behutsam ging ich zurück in den langen Korridor, wo Schwestern auf den Professor warteten. Schwester Margarete kam aus dem Direktionszimmer und schob einen Rolltisch vor sich her, mit Ätherflaschen, Watte und Instrumenten unter Gläsern. Frau Oberin zeigte sich und warf einen prüfenden Blick auf alles. Aus dem Operationssaal kamen der Oberarzt und ein paar junge Assistenzärzte zum Vorschein. Alle sprachen leise. Eine seltsame Stille herrschte auf dem weiten, weißen Korridor. Grünliches Licht zitterte durch die hohen Fenster, durch die man die noch leeren Bäume des Parks sehen konnte und, von der Morgensonne beleuchtet, den Flügel, in dem die Wohnung des Professors liegt. Ein überdeckter Gang führt von der ersten Etage zur Hauptabteilung der Klinik hinüber. Dorthin waren alle Blicke gerichtet.

›Jetzt warten wir nur noch auf den Professor‹, sagte eine kleine Schwester flüsternd zu mir. Ich konnte meine Erregung kaum meistern und starrte ohne Unterlass aus dem Fenster zur Wohnung des Professors hinüber.

Plötzlich kam Bewegung in die Schwestern. Unwillkürlich griff ich nach der Hand der kleinen Schwester. Alles an mir bebte. Raschen Schritts sah ich den Professor zur Klinik kommen, und im nächsten Augenblick hörte ich schon, wie er ruhig und korrekt uns ›Guten Morgen‹ wünschte. Sehr zeremoniell und unnahbar. Auch mir gegenüber, obgleich wir doch sonst stets recht freundschaftlich miteinander sprachen. Ich wagte nicht, ihn anzusprechen, auch nicht, ihm zu folgen, als er, zusammen mit dem Oberarzt und der Oberin, in Lilis Zimmer verschwand. Er glich einem Feldherrn vor der Entscheidungsschlacht. Minuten vergingen. Ich stand in der offenen Tür zum Garten. Die Morgensonne strömte herein. Ich war wohl sehr blass. Die Luft war so frühlingswarm. Ein paar Vögel sangen in den Birken. Ein rötlicher Schimmer lag über ihnen, und ganz leise kam Wind, der nach Gras und Erde roch, herein und mischte sich mit diesem seltsamen, alles durchdringenden Hospitalgeruch. Dann wurde die Tür von Lilis Zimmer geöffnet, ganz wenig, eine Hand kam zum Vorschein. Schwester Frieda, die vor der Tür stand, nahm hastig eine Flasche Äther von dem Rolltisch, reichte sie hinein, und die Tür schloss sich wieder lautlos. Bald schlüpfte süßlicher Äthergeruch aus dem Zimmer, schwebte über allem. Ich hatte das Gefühl, ohnmächtig zu werden. Aber ich nahm mich zusammen. Unendliche Zeit verging wieder. Dann öffnete sich die Tür abermals. Der Professor und die Oberin traten heraus. Der Professor nahm meine Hand und blickte in meine Augen. ›Haben Sie keine Angst‹, sagte er leise und verschwand im weiten Gang. Wieder ein paar Minuten. Das Rollbett wurde zur Tür hinausgeschoben. Zwei Schwestern gingen dahinter her. Unter einer weißen Decke lag Lili. Ich konnte nichts von ihrem Gesicht erkennen … es lag unter der Äthermaske. Dann war der weiße Zug in dem langen, weißen Gang verschwunden. In den Operationssaal hinein. Wie lange wird es wohl dauern? Ich sagte immer wieder zu mir: nicht denken, nicht denken. Was tun sie jetzt mit diesem armen Menschen? Wie wird man Lili mir zurückgeben? Mir, ihr selbst, dem Leben? Wie auf ein Fest hat sie sich auf diesen Augenblick gefreut. Ein Wunder sollte an ihr geübt werden. Würde es gelingen? … Ruhelos wanderte ich in den Garten hinaus. Ging alle Wege des großen Parks. Fand keine Ruhe. Ging wieder hinauf in Lilis Zimmer. Alle Fenster waren offen. Der ganze Frühling war in dem Zimmer. Auch dort hielt ich es nicht aus. Schließlich setzte ich mich in den Lehnstuhl im Korridor und wartete. Hier hatte ich Überblick über alles, was vorging. Hier war es so still. Jetzt lag Lili unter dem Messer ihres Meisters. Nein, ich hatte keine Angst. Ich glaubte an ihn, wie Lili an ihn blindlings glaubte, wie an eine höhere Macht. Und ich konzentrierte meine Gedanken auf diesen Mann, den ich in den letzten Tagen zu malen versuchte. Und jetzt wusste ich, wie alles in mir ein Werben war, diesen männlichen Kopf in einem Porträt festzuhalten. Welche Macht ging von diesem seltsamen Menschen aus? Hier in dieser Frauenklinik war ein Gott, den alle fürchteten, den alle verehrten. Worin bestand seine Macht? Und ich stellte mir sein Gesicht vor. War es eigentlich schön? Nein, seltsam. Kein Zug in seinem Gesicht war eigentlich schön. Alles, auch die Augen, waren unregelmäßig. Und doch lag eine starke Harmonie in diesem Gesicht. Eine Kraft, ein Ausstrahlen von Kraft. Tagelang hatte ich dieses Gesicht zu erfassen versucht, es festgehalten in vielen hingeworfenen Skizzen. Jede seiner Stellungen kannte ich schon, alle seine Bewegungen. Hier dieser Lehnstuhl war mein täglicher Beobachtungsposten gewesen. Seinem Direktionszimmer gegenüber. Ich kannte genau die Stunden, wann er kam und wann er ging. Seine Besuchszeiten, seine Gänge durch die Operationssäle.

Ich musste die Augen schließen, um meine Gedanken zu sammeln. Deutlich sah ich den schlanken Rücken des Professors in dem langen, weißen Kittel. Ich sah ihn vor mir, wie er mit hartem Ruck den Kopf in den Nacken warf. Ich sah ihn vor mir, wie er auf mich zukam, die Hände mir hinreichend, und das Gesicht in strengem Lächeln. Jedes Mal, wenn ich dieses Lächeln vor mir gesehen hatte, war mir, als müsste ich weinen. So viele Männer habe ich lächeln sehen. Schöne Männer, bedeutende Männer und andere. Dieses Weinen, diese Angst, all dies Fühlen hatte nichts mit meinem Herzen zu tun. Das wusste ich. Denn ich war nie auch nur einen Augenblick in diesen Mann verliebt gewesen. Und doch, wie oft bin ich nicht mit

Tränen eingeschlafen, dachte ich an diesen Mann. Gestern, mitten in der Stadt, unter fremden Menschen, sah ich dieses Lächeln vor mir. Und wie ein Blitz durchfuhr es mich: mein Leben würde ich mit Freuden für diesen Mann hingeben. Aber weshalb, woher kam dieses Gefühl? Und da sagte ich mir, dass ich nur eine von den vielen bin, die aus der Kraft des Glaubens heraus, des Glaubens an diesen Mann, des Glaubens an einen Helfer, an den Helfer in ihm glauben. Und als ich jetzt hier in dem Lehnstuhl in dem weißen Korridor saß, erkannte ich, dass mein Gefühl für diesen Mann nichts anderes war als das Gefühl, das auch Lili bis in die tiefste Faser ihres Herzens hinein für ihn trug. Bei ihr schlummerte es sicherlich noch. Denn sie ist ja noch ein Mensch im Nebel. Vorfrühling. Dieses Wort klang plötzlich wie Musik in mir. Wird Lili ihn wirklich erleben? So saß ich da, mit geschlossenen Augen, als plötzlich die Tür vom Operationssaal aufsprang und Kurt Warnekros vor mir stand … noch in der großen Gummischürze … Sein Schritt war müde. Er reichte mir beide Hände und hatte ein grenzenlos gütiges Lächeln. Ich hörte nur seine Worte: ›Alles ist gut gegangen.‹ Ich umschloss seine beiden Hände. Und ich konnte nur stammeln: ›Ich danke Ihnen.‹ Erst viele Stunden später erfuhr ich, was da drinnen vor sich gegangen war. Es jetzt in Worte zusammenzufassen, wie unsagbar schwer und wirr. Ein ganzes Menschenleben, das ich mit einem anderen geteilt habe, zuckt in diesen Worten auf. Ein Mensch, der als Knabe geboren, mein Mann gewesen, mein Freund, mein Kamerad … ist Weib, jetzt völlig Weib geworden. Und dieses Menschenkind war wohl nie etwas anderes als ein Weib. Wie ein Opfertier hat dieses Menschenwesen sich jahrelang neben mir hingeschleppt, bis dieser deutsche Arzt ihm Hilfe brachte! Und heute hat dieses Menschenwesen hier in seinem Blut unter dem Messer seines Helfers gelegen. Den Leib hat man ihm geöffnet und die Dinge so gefunden, wie die tollste Fantasie sie kaum für möglich gehalten hätte. Verkümmert und welk trug dieses Menschenkind in seinem Leib Ovarien, die nicht imstande gewesen sind, sich zu entfalten, weil ein rätselhafter Zufall ihm auch das andere, die männlichen Keimdrüsen gegeben hat. Dieses Geheimnis, ein Doppelwesen zu sein, wie es kein Arzt bisher gekannt, ist erst heute gelüftet worden, nachdem Kurt Warnekros es schon in Paris erraten, wie ein Seher enträtselt hatte. Andere Worte weiß ich nicht. Und jetzt hat man diesem armen, vom Schicksal so beladenen Wesen was hindernd im Weg stand, dass es sich als das, was es seinem Blut nach schon seit Jahren war, entfalten konnte, nämlich als Weib, aus dem Leib genommen und ihm von einem anderen, fremden, ganz jungen Wesen unverbrauchte weibliche Keimdrüsen geschenkt. Und dann hat man diesen gemarterten Leib wieder zusammengeflickt, und jetzt ist nichts mehr, auch nicht das letzte mehr von meinem Schicksalskameraden und Weggenossen, von meinem Einar übrig. Er ist der tote Bruder der Lili, die jetzt lebt. Des Weibes, das mit ihm fast ein Menschenleben lang Leib und Blut geteilt hat. Und wie ein Spuk steht es vor mir; wie ausgelöscht Einar jetzt auch ist, und wie auferstanden aus allem Schmerz und aller Not Lili jetzt auch ist, draußen in der Welt lebt immer noch vor dem Gesetz Einar, und ich bin Einars Weib. Wer ist fähig, dieses Grauen, diesen fantastischen Gedanken, dieses Einmalige zu erfassen? Die, die es mit Blut und Schmerzen angeht, Lili, liegt noch eingelullt in den Nebeln barmherzigen Morphiums. Was wird jetzt das Leben ihr bringen? Wird das Wunder des Arztes, das Wunder seiner Kunst, groß und stark genug sein, dass es auch in das Leben, in Lilis Leben, hineingetragen werden kann? Wir alle, auch ich, sind Werkzeuge um dieses Schicksal gewesen. Ich nicht zum wenigsten. Denn ich war es, die aus Einar vor vielen Jahren, wie im Spiel und Übermut, als zufällige Maskerade, Lili herausgelockt hatte! Und ich bin es gewesen, die dieses Spiel immer und immer wieder mit Einar trieb, bis aus dem Spiel Ernst, unheimlicher, rätselhafter Ernst wurde … Nicht jetzt daran denken. Nur noch an den einen, an ihn, der nie recht an Einar, der immer nur an Lili geglaubt hat, Lilis innigsten Freund, Claude Prévost. Wie wird er sie wiederfinden?«

– – – –

Es ist nicht viel, was Lili von diesem Tag, den sie den Tag ihrer eigentlichen Geburt zukünftig nennt, noch weiß. Als sie die Augen zum ersten Mal aufschlug, sah sie ein paar Sonnenstreifen, die durch einen Spalt der herabgelassenen Fenstervorhänge hereingeschlichen waren. Dann fielen ihre Augen wieder zu, und sie schlief lange und schwer. Als sie wieder erwachte, war ihr, als habe sie geträumt. Hier links von ihrem Bett, vor dem Fenster, hatte sie die Silhouette des Professors gesehen und neben ihm den Oberarzt. Der Professor hatte etwas gefragt. Richtig. »Sie haben doch kein Gebiss?« Sie hatte mit einem demütigen: »Nein, Herr Professor«, geantwortet, nur mit Mühe ein Lächeln unterdrückend. Und dann hatte der Professor befohlen: »Zählen Sie. Entweder auf Dänisch oder Französisch, wie Sie wollen.« Sie hatte auf Deutsch gezählt: »Eins, zwei, drei –«, da hatte auch schon eine Äthermaske über ihrem Gesicht gelegen. Das Atmen wurde ihr schwer. Sie zählte weiter: »Vier, fünf, sechs, sieben –.« Es wurde immer schwerer, immer langsamer. Sie kam bis achtzehn, da war ihr, als ersticke sie. Sie hörte die Stimme des Professors: »Zwanzig, einundzwanzig, zwei-undzwanzig – drei- und –.« Wie der Klang einer Glocke tönte seine Stimme um sie. Stärker und stärker, bis alles ein einziges Klingen wurde und ihr Bewusstsein schwand. War es ein Traum? Oder hatte man sie betäubt? Aber weshalb hatte man sie hier liegen lassen, ohne sie zu operieren? Bis sie jetzt wieder erwacht war, mit diesem widerlichen Äthergeschmack im Mund? »Sie haben doch kein Gebiss?« Diese Frage hörte sie wieder. Jetzt musste sie lachen. Aber aus dem Lachen wurde ein furchtbarer Schmerz. Mit einem Aufschrei riss sie die Augen auf. Die Oberin stand neben ihr, lächelte sie an und flüsterte: »Alles gut überstanden. Ging ausgezeichnet. Jetzt ist alles gut.« Und schon hatte sie die Augen wieder geschlossen. Und schlief weiter. Als sie dann aufs Neue erwachte, vor Schmerzen, die grausam und grausamer wurden, stand Gerda neben ihr mit einem Strauß rosa Tulpen. Eine Schwester kam hinzu, gab ihr eine Spritze, und Lili schlummerte wieder ein. Einmal stand der Professor neben ihr, hielt ihre Hand, sagte etwas, was sie nicht verstand. Aber sie sah seine Augen. Und wie im Rausch schlief sie wieder ein.

Dieser Tag, und auch die Nacht, verging im Morphiumnebel. Wenn sie erwachte, waren die Schmerzen da, wenn die Schmerzen da waren, war auch eine Schwester mit einer Morphiumspritze bei ihr. Durst meldete sich. Man legte ihr feuchte Watte auf den trockenen Mund. Doch die Morphiumspritzen ließen auch den Durst vergessen.

So kam der Morgen. Alles war wirklich gut gegangen. Und ruhiger, natürlicher Schlaf umfing sie bald wieder. Leise und nebelhaft verstrichen auch die nächsten Tage. Kamen Schmerzen, so nahm man sie ihr durch betäubende Mittel fort. Schlug sie die Augen auf, so konnte sie, wie verwundert über alles, was mit ihr geschehen war, vor sich hinstarren. Auch an Schmerzen gewöhnte sie sich allmählich, sie sagte sich, dass diese Schmerzen der Preis waren für das, was man ihr hier geschenkt hatte: das Leben, ihr Leben, ihr Frauenleben. Alles war schön und voll Hoffnung und gut. Ihr weißes Zimmer in der Frauenklinik kam ihr wie ein irdisches Paradies vor. Der Professor war der Wächter ihres Paradieses. Morgens und abends trat er für kurze Augenblicke an ihr Bett. Zwischen diesen Besuchen war alles Erwartung.

Gerda war während all dieser Tage in der Nähe. Von der Tür zum Garten hinaus malte sie die weißen Birken und die Parkwege. Sah sie den Professor kommen, so eilte sie zu Lili.

– – – –

Nur vor den Nächten hatte Lili Angst. Dann war Gerda fern, und die Blumen, die sie ihr gebracht hatte, nahm man aus dem Zimmer. Auch aus Paris waren Blumen gekommen. Von Hélène und von Claude. Und Briefe … diese Briefe waren die einzigen Gefährten ihrer langen, langen Nächte. Und die Turmuhr mit ihren Stundenschlägen. Und … die Schmerzen! Nachts stellten sie sich fast regelmäßig ein. Zu einem glühenden Ofen wurde dann ihr Bett. Schweißgebadet lag sie da. Sie sollte schlafen, hatte der Professor befohlen. Aber Morphium durfte sie nicht mehr bekommen. Man gab ihr andere Schlafmittel … die wirkten nur wenige Stunden. Dann lag sie wach und horchte, bis der Tag wieder begann.

– – – –

Und der Tag wurde wieder schön, und es gab wieder das selige Warten. Sie lauschte auf jeden Schritt … sie kannte aus allen Schritten längst den Schritt ihres Helfers heraus, aber nicht immer. Hörte sie ihn, machte er bei ihr halt. Andere Kranke hatten ihn nötig. Aber sie wartete geduldig, bis sie an die Reihe kam. Hier in der Frauenklinik warteten alle auf ihn, den Professor. Sie alle mussten sich ihn teilen, und jede bekam ihr Teil, und war es auch nur ein winziges Teilchen. Auch sie. Lächelte er, so vergaß sie alle Schmerzen. Manchmal war er streng, dann fühlte sie eine mystische Angst vor ihm. Und sie begriff, dass er ganz anders zu ihr war, als einst zu Einar. Nie auch nur mit einem Wort deutete er auf die Vergangenheit hin. War sie für ihn wirklich nur Lili? Hatte er all das andere vergessen? Mitunter fühlte sie ein Verlangen, ihn danach zu fragen. Doch sie wagte es nicht.

Und stundenlang konnte sie daliegen und über diese eine, oft wiederkehrende Frage nachdenken. Sie fühlte, dass er den Willen von ihr genommen hatte. Sie beobachtete, wie er jede weibliche Regung in ihr durch seine abwechselnde Milde und Strenge herauszulocken verstand. War es nicht so, dass er in ihr alle Urinstinkte des Weibes zum Ausbruch gebracht hatte? Sie fühlte die Verwandlung an sich mit jedem neuen Tag. Es war ein neues Leben. Es war eine neue Jugend. Es war ihre Jugend, die in ihr dämmernd sich befreite. Und sie lag da, gläubig.

XIV

Der Frühling, der große Wundertäter, kam auch Lili zu Hilfe. Noch musste sie viele Tage, an das Bett gefesselt, in dem weißen Krankenzimmer verbringen. Aber mit jedem neuen Tag wurde ihr Leben gesünder. Die Schmerzen verflüchtigten sich. Alles nahm einen normalen Verlauf. Der Professor war zufrieden. Noch war sie grenzenlos ermattet. Und daher kam es wohl auch, dass ihr ganzes Denken wie verschleiert lag, und sie meist die Tage, in sich verschlossen, träumend dalag. Die Welt draußen kümmerte sie nicht. Sie empfand sie kaum. Zeitungen und Bücher, die man ihr brachte, ließ sie unberührt liegen. Sie hatte nur einen Wunsch: dass es nie anders werden möge, dass sie immer hierbleiben könnte, hier in dem Frieden der Frauenklinik. Und dachte sie mitunter daran, dass einmal der Tag kommen würde, wo sie hinaus müsste in das Leben draußen, jenseits der Parkmauer dieses großen, stillen Hauses, dann befiel sie Angst, grenzenlose Angst. So entstand in ihr der Wunsch, Krankenschwester zu werden, hierzubleiben, Kräfte zu sammeln, um, einmal wieder gesund, anderen Frauen helfen zu können. Dann und wann sprach sie hierüber mit Gerda oder mit der Oberin, mit den anderen Schwestern … die nickten nur. Einmal fragte sie Gerda, ob sie nicht mit dem Professor darüber sprechen könne. »Doch«, meinte Gerda. Aber sofort entstand in ihr eine neue Furcht. »Wenn er nun nein sagt? Vielleicht werde ich nie kräftig genug werden? Vielleicht wird er sagen, dass er mich nicht deshalb gerettet hätte …« Und Gerda hatte keine Antwort. Viele Nächte lang suchte Lilis Furcht vor dem Leben dort draußen Zuflucht bei einem anderen stillen Gedanken. Ob sie nicht in ein Kloster gehen sollte, Klosterschwester werden? Sie träumte sich hinein in ferne, weltabgeschiedene Klöster irgendwo in Italien, Spanien oder Süddeutschland. Niemand sollte dort erfahren, woher sie gekommen, welch Schicksal sie erlebt hatte. Niemand … Stundenlang konnte sie dann weinen aus Angst vor dem Leben draußen, vor diesem Leben, das sie wie einen Feind empfand. Dort würde man ihr Geheimnis ja doch entschleiern. Als Phänomen würde man sie betrachten. Man würde an ihrem Schicksal herumzerren, sie anstarren, ihr keinen Frieden lassen … Und je gesünder ihr Körper wurde, desto wacher wurde die Furcht vor ihrer Zukunft unter den Menschen. Doch sie wagte nicht mehr, zu anderen davon zu sprechen.

Dann endlich kam der Morgen, an dem sie zum ersten Mal das Krankenzimmer verlassen durfte. Auf einem Liegestuhl schob man sie hinaus in den warmen, sonnigen Aprilmorgen. Mitten in ein weiches, grünes Rasenbeet hinein. Es war ihr erster unbeladener, glücklicher Tag. Eine Neugeborene war sie. All ihre Sinne waren frisch und voller Staunen. Jedes Insekt, das sich in der blauen Sonnenluft rührte, sah sie und jeden Flügelschlag von Baum zu Baum. Der Duft von kleinen gelben, blassroten und weißen Frühlingsblumen der Hecken und Beete war eine neue Kunde für sie. Und mit andächtigen Augen sah sie einen Magnolienbaum, der seine großen, blanken Knospen in die Sonnenluft hielt. Auf einem Zweig saßen zwei Vögelchen dicht aneinander geschmiegt. Lili schloss die Augen. Weicher Wind spielte in den weißen Birken. Die Frühlingserde atmete süß und warm. Die Vögel zwitscherten.

Nicht die Augen öffnen, nur hören, nur atmen. Mehr

wusste sie nicht. So fand sie der Professor. »Sie sehen so glücklich aus«, sagte er und streichelte ihre Hand.

Mein Leben ist Ihr Werk, dachte sie. Und ich möchte Ihnen so gern danken an dem ersten Frühlingstag meines Lebens. Weil Sie barmherzig zu mir waren. Ich glaube, ich bin das glücklichste Wesen der Welt. Aber all dies blieb ungesprochen, sie empfand es nur in ihrem Herzen. »Sie sehen so glücklich aus«, sagte der Professor. Und sie antwortete nur: »Ja, Herr Professor.«

Viele glückliche Frühlingstage kamen, und endlich auch der Tag, an dem sie sich von dem Liegestuhl erheben und die ersten Schritte am Arm von Gerda durch den Garten wandern durfte. Alles war wie früher, und doch war alles so verändert, dachte sie. Und auf allen Wegen sah sie wieder junge, schwangere Frauen – blauer Krokus, dachte sie lächelnd.

– – – –

Eines Morgens, noch ehe sie in den Park hinausgewandert war, kamen Gerda und die Oberin in ihr Zimmer und überreichten ihr einen versiegelten Brief. Aus Berlin war er gekommen. Sie öffnete den Brief. Eine tiefe Ergriffenheit überfiel sie. Vor ein paar Wochen hatte der Professor gesagt, dass er ihr helfen wolle, auch der Welt gegenüber als das zu gelten, was sie war, eine Frau. Er hatte ihr versprochen, an die dänische Gesandtschaft in Berlin zu schreiben. Jetzt entnahm sie dem Briefumschlag einen Pass, ihren Pass mit ihrer eigenen Fotografie, und auf dem Pass stand der Name, den sie aus Dankbarkeit zu der Stadt, in der sie Frieden und ihr Leben fand, gewählt hatte: Lili Elbe.

Sie sank auf den Stuhl nieder und sagte nur ganz leise: »Lasst mich jetzt etwas allein.« Gerda und die Oberin verstanden und gingen hinaus. Lange und still blieb Lili auf dem Stuhl sitzen. Ging dann leise und zögernd hinaus in den Park, setzte sich auf eine Bank, die ganz von Sonne überflossen war. Ihren Pass, dieses kleine Büchlein, hielt sie wie ein kostbares Geschenk in beiden Händen. Es war der vorletzte Apriltag. In zwei Tagen würde es erster Mai sein. Einar hatte sein Versprechen gehalten. Er war tot, und sie lebte – Lili Elbe.

So fand sie der Professor. Er setzte sich zu ihr. Es wurde nichts gesprochen. Am nächsten Vormittag kam er wieder, und seine Stimme war weicher als sonst. Sein etwas strenges Gesicht strahlte vor Güte. Er hielt ihre Hände, sagte ihr viele gute, hoffnungsvolle Worte. In ein paar Stunden würde er abreisen. Lili wusste es. Mehrere Wochen würde er fortbleiben. Sie nahm sich zusammen und versuchte, ihm zu danken für alles, was er ihr gewesen. Aber sie konnte kein Wort herausbringen. Als er gegangen war, fühlte sie sich grenzenlos verlassen. Nur eins gab ihr Trost: dass sie noch hierbleiben durfte in diesem Asyl, das er ihr gegeben hatte. Und dass sie hier seine Rückkehr erwarten durfte.

In den Süden wollte er fahren.

Ein paar Tage später, es war so einsam und leer geworden, Ostern war vorüber, da nahm auch Gerda von ihr Abschied. Sie musste für einige Zeit nach Paris zurück. Es war an einem Montagmorgen. Das Auto, das Gerda zur Bahn bringen sollte, hielt in der Allee vor der Frauenklinik. Lili begleitete sie hinaus. Es waren die ersten Schritte, die Lili draußen im Leben, jenseits der Parkmauer, zu gehen wagte. Als Lili wieder allein in den Park zurückging, wusste sie erst gar nicht, wohin sie gehen sollte.

XV

Briefe wanderten von Lili nach Paris zu Gerda und von Gerda zurück zu Lili. Die ganze Stadt war voll Frühling. Viele Stunden verbrachten sie an den Ufern des breiten Stroms, den Lili zum ersten Mal vor wenigen Wochen gesehen hatte, als sie von Berlin gekommen war. Wie hatte sich seitdem die Welt und ihr Leben verändert! In jedem Brief, den Lili schrieb, erzählte sie davon. Es waren meist heitere Briefe voll Sorglosigkeit und Frühlingsfreude. Und die Briefe, die Lili aus Paris erhielt, brachten nur fröhliche Nachrichten und vielen herzlichen Zuspruch. Hélène und Eric trugen Gerda oft Grüße auf. Von Claude kamen stille, liebe Worte. Es gab fast keinen Tag, der nicht irgendein gutes Wort von Freunden zu Lili brachte. Und es gab fast keinen Tag, an dem nicht Lili ihren Freunden frohe, zuversichtliche Worte schrieb.

Es waren Tage und stille Wochen, in denen Lili nie eine Frage stellte. Alles Schwere schien von ihr gefallen zu sein. Immer hierbleiben. Niemals von hier fortgehen! Das war ihr tägliches Gebet. Und so vergaß sie die Angst. Sie fühlte sich gefeit gegen alles Ungemach. Sie war wie ein Stück Erde, das aufgerodet, zum ersten Mal aufgerodet war. Und betrachtete sie, erst zag und dann immer zuversichtlicher, nachts ihren Leib, so empfand sie eine süße, heimliche Freude. Denn sie sah, wie sich alles an ihr dehnte und straffte. Wie Wunder über Wunder sich an ihr vollzog.

Und in diesen nächtlichen Stunden, ganz mit sich allein und ihrer Freude, konnte sie vor dem Spiegel stehen und das Bild ihres jungen Frauenkörpers beschauen. Makellos glänzte er ihr entgegen aus dem Silberblank des Spiegels. Doch sie wagte nicht, irgendeinem Wesen auf Erden von dem Glück, das sie in diesen stillen Stunden fühlte, zu erzählen. Nicht einmal in ihren Briefen.

*

6. Mai 1930

Liebste Gerda!
Wie verändert alles hier in der Privatabteilung ist! Früher gingen die Tage mit Erlebnissen hin – oder doch in Erwartung von Erlebnissen. Und jetzt geschieht nichts mehr. Am Tage nach Deiner Abreise wurde Frau Oberin wegen einer Familienangelegenheit nach Berlin gerufen. Während ihrer Abwesenheit – sie bleibt wohl eine Woche lang in Berlin – wird sie von Schwester Margarete vertreten.

Jeden Tag reisen geheilte Damen ab. – Und es kommen neue. Wir sind jetzt drei hier in der Privatabteilung. Sonnen uns draußen im Garten. In Liegestühlen auf dem Rasen. Eine kleine blonde, noch sehr junge Dame darunter, die mir gut gefällt. Sie sieht so lieb aus. Wir lächeln einander dann und wann von weitem zu. Das ist bis jetzt aber auch alles. – Ach, der Garten gefällt mir nicht mehr. Du bist fort. Und der Professor ist fort. –

Was soll ich Dir erzählen? Ich weiß nichts. Hier herrscht jetzt eine drückende Stille. Selbst in meinem Zimmer gehe ich so leise herum, als hätte ich Angst, die Stille zu stören. Wie im Dornröschenschlaf liegt alles. Mehr weiß ich heute nicht.

– – – –

8. Mai

Hab Dank für Deinen Brief. Das war eine Zerstreuung! Wie froh bin ich, dass Du mit der Arbeit wieder in Gang gekommen bist!

Nun habe ich die kleine blonde Dame kennengelernt. Als gestern einer von den Ärzten vorüberging – wir lagen in unseren Liegestühlen draußen im Garten –, da blickten wir einander plötzlich an und lächelten. So begann es. Und dann plauderten wir auch schon zusammen. Denk einmal, wie lustig: sie ist eine – halbe Dänin! Ihre Mutter stammt nämlich aus Dänemark. Sie sagte: »Ich habe sogleich erraten, dass Sie Dänin sind. An Ihren langen, schlanken Beinen. Genau wie meine. Das ist eine nordische Spezialität. Ich hab meine Beine von meiner Mama geerbt!« Und dann zeigte sie mir übermütig ihre »nordische Spezialität«. – Wie froh bin ich, jetzt wieder ein Wesen zu haben, mit dem ich mich unterhalten kann. Die Schwestern haben ihr einen Spitznamen gegeben: Frau Teddybär oder Teddybärchen wird sie genannt, wegen ihres zottigen Mantels, mit dem sie sich draußen im Garten immer zudeckt. Dann sagte sie noch: »Ich glaube, wir haben die gleiche Figur. Wir können gewiss die gleichen Kleider und Schuhe tragen.« Das glaube ich übrigens auch. Leider darf sie noch nicht spazieren gehen. Sonst hätten wir zusammen in die Stadt gehen können. Ich möchte nämlich einige Einkäufe besorgen. Sie muss sich hier einer Nachbehandlung unterziehen, was recht lange dauern wird. Die dritte Dame, erzählte mir Frau Teddybär (mir gefällt der Name gut, und sie sagt, ich dürfte sie ruhig so nennen), ist eine Opernsängerin aus Norddeutschland. Sie soll eine sehr schwere Operation durchgemacht haben.

Ich lese Zeitungen – darin sehe ich nach, wie das Wetter bei Euch in Paris ist – und an der Riviera, wo der Professor jetzt ist. Hast Du Claude von mir gegrüßt?

– – – –

9. Mai

Hier herrscht immer noch Dornröschenschlaf! Vom Professor hören wir nichts. Keiner weiß auch, wann Frau Oberin zurückkommt. Heute früh ist eine vierte Dame zu uns in den Garten gekommen. Eine junge Frau, die ein Kind bekommen hat.

Frau Teddybär und ich sind inzwischen intime Freundinnen geworden. Sie hat mir ihr kleines, beladenes Herz ausgeschüttet. Zwischen ihr und ihrem Mann steht es nicht gut. Sie hört fast nichts von ihm. Gestern zeigte sie mir in ihrem Zimmer ein Bild von ihrem Mann. Ich glaube, sie ist sehr traurig. Die Ärmste! Kaum zwanzig Jahre ist sie. – Plötzlich fragte sie mich nach – meinem Mann. Ich musste mich zusammennehmen. Denn ich darf mich ja nicht verraten. Und so deutete ich nur an, dass es um mich noch viel schlimmer stehe … so schlimm, dass ich gar nicht darüber sprechen könne. Dann fragte sie nicht weiter. Sie sah mich nur sehr traurig an. Ihre Augen waren ganz blank geworden. Mir ging es nicht anders. Und dann lächelten wir wieder.

Ich freue mich so sehr, dass sie Vertrauen zu mir gefasst hat. Die erste Frau, die mir in meinem Frauendasein ihr Herz ausgeschüttet hat! –

Wir sind jetzt unzertrennlich. – Mit den Schwestern promeniere ich durch den Garten. Abends gehen wir auch etwas auf die Straße, sehen uns die vorübergehenden

Menschen an. Das zerstreut etwas. Gestern Nachmittag ging ich sogar mit Schwester Frieda bis an die Elbe. Dann waren wir in einem kleinen Café und aßen Kuchen. Mein erster richtiger Spaziergang!

– – – –

10. Mai

Heute kann ich Dir etwas Amüsantes erzählen. Die junge Dame, die ein Baby bekommen hat, hat eine liebe, alte Mutter. Sie kommt täglich und bleibt dann immer recht lange. Gestern, im Garten, nickte sie mir freundlich zu. Und heute Vormittag – ich lag im Liegestuhl – kam sie zu mir, gab mir die Hand und fragte mich teilnahmsvoll: »Wie geht es Ihnen, kleine Frau? Sie haben wohl auch ein – Kindchen bekommen?« Ich war ratlos. Aber das dauerte nur einen Augenblick. Dann sagte ich, ausweichend, ich hätte zwei Operationen hinter mir. – Wahrscheinlich hört die alte Dame nicht gut oder sie missverstand meine Antwort. Ich hatte recht leise gesprochen. Und weißt Du, was sie antwortete? »*Zwei* Kindchen!? Nein, das ist wirklich zu viel für Sie!« Ich musste mich festhalten. Vor Freude! Wenn das der Professor gehört hätte!

Wenn mich nun Frau Teddybär fragt, was soll ich dann sagen? Ach Du, es ist gar nicht leicht, in meiner Haut zu stecken …

– – – –

11. Mai

Der Oberarzt hat ein entzückendes, silbergraues Äffchen. Mit ihm spaziert er oft im Garten. Es ist ein allerliebstes Tierchen. Ich will den Oberarzt fragen, ob er es nicht mitunter mitnehmen kann, wenn er seine Krankenvisite macht. Er ist sehr liebenswürdig. Ich habe mich jetzt schon an ihn gewöhnt. Er sagte heute früh zu mir, ich sähe jetzt so frisch aus. Ich fühle mich auch recht gesund. Wie glücklich mich das macht! Denn ich möchte gern recht hübsch aussehen, wenn der Professor zurückkommt. Nun ist die Hälfte seines Urlaubs vergangen. Du wirst ihn bald in Paris treffen.

Ich will jetzt mit der Opernsängerin einen kleinen Spaziergang machen. Gestern lernten wir uns kennen. Sie ist auch sehr lieb. Sie spricht ganz gut Französisch.

– – – –

12. Mai

Gestern hatte ich mir etwas zu viel zugetraut. Auf dem Spaziergang mit der Sängerin. Wir waren wieder an die Elbe gegangen. Das Wetter war herrlich. Sie erzählte mir von ihrer Operation. Dann sprachen wir von dem Professor. Sie sagte: »Sie wissen gar nicht, wie sehr ich Sie beneide. Sie dürfen noch lange in der Klinik bleiben. Mein Aufenthalt ist bald zu Ende. Es ist so schön und voll Frieden in der Klinik. Leider bin ich sehr feige. Denn ich fürchte mich vor Schmerzen. Lieber sterben, als noch einmal operiert werden. Ich bewundere Ihren Gleichmut. Ihre Operationen sollen doch sehr schwer gewesen sein. Und dabei wartet Ihrer noch ein Eingriff …«

Ich musste herzlich und auch ein wenig stolz lächeln. Ich sagte: »Ach, man gewöhnt sich an alles …« Ihre entsetzten Augen hättest Du sehen sollen!

Und so plauderten wir weiter, ohne zu merken, dass wir gar nicht an den Rückweg gedacht hatten. Ich war sehr müde geworden. Die Sängerin musste mich förmlich schleppen. Endlich waren wir wieder in der Klinik. In Zukunft werde ich vorsichtiger sein.

Dann muss ich Dir noch von einem Gespräch berichten, das ich heute mit einer Freundin des Teddybärchens geführt habe. Eine hübsche, elegante und interessante Frau übrigens, nur etwas – gelehrt. Sie ist Ärztin hier in Dresden. Frau Teddybär hatte ihr wohl einiges über mich erzählt. Wir plauderten recht angeregt über nichtige Dinge. Ich lachte sehr viel. Spielte dabei wohl auch die Oberflächliche, Sorglose. Das tut so gut … Aber dadurch hatte ich das Missfallen der Ärztin erregt. Plötzlich sagte sie: »Sie sind ein hundertprozentiges Weib.« Das klang sehr mitleidig. – »Woraus schließen Sie das?« fragte ich lachend. – »Sie sind sehr kokett und haben nur Albereien im Kopf. Bei Ihnen werden es die Männer leicht haben. Ich glaube, Sie lassen sich gern von den Herren der Schöpfung tyrannisieren. Aber vielleicht erreichen Sie damit mehr bei ihnen als wir *modernen* Frauen. Was wir uns von ihnen erkämpfen müssen, erreichen Sie im Handumdrehen mittels einiger Tränen. Sie kommen mir vor wie ein Frauentyp einer entschwundenen Zeit.« – Ich lachte übermütig. »Und darf ich fragen, wie dieser entschwundene Frauentyp ist? Ich bin außerordentlich gespannt!« Das Fräulein Doktor fixierte mich ein wenig blasiert. Dann antwortete sie sehr von oben herab: »Frauen wie Sie eignen sich am besten für einen – Harem!« Was sagst Du zu dieser psychoanalytischen Diagnose? – Wenn Du Claude siehst, musst Du es ihm erzählen! Auch dem Professor. Mir kamen vor Lachen die hellen Tränen!

Teddybärchen hat mir genau ihre Operation beschrieben. In ihrem Zimmer zeigte sie mir die Narben davon … Sie fragte auch mich aus. Ich musste mich recht dumm stellen, als wüsste ich gar nicht recht, weswegen ich operiert worden sei … Liebste, liebste Gerda, und doch ist es so herrlich, hier eine Frau unter Frauen sein zu dürfen, ein weibliches Wesen genau wie all die anderen …

– – – –

13. Mai

Du Liebste von allen!
Gestern hat mich der Oberarzt mit seinem Äffchen besucht. Es installierte sich sogleich auf meinem Tisch. Vom Mittagessen hatte ich etwas Salat übrig behalten. Davon bekam das Tierchen. Wie manierlich es sich benahm! Sein Herr war sehr stolz. Nach der Mahlzeit wusch sich das Äffchen die Vorder- und Hinterhändchen (fast hätte ich Füßchen geschrieben) in einem Schälchen, das ich ihm hinschob. Ich musste herzlich lachen. Das kann ich jetzt, ohne dabei Schmerzen zu spüren. Ist das nicht herrlich? Daran merke ich, dass alles an mir und in mir verheilt ist. Der Oberarzt sagte dann, ich sei jetzt so gesund, dass ich mich in irgendeinem Luftkurort erholen könnte. Ich wehrte sehr energisch ab. »Der Professor will mich doch noch einmal operieren!« – Er machte im ersten Augenblick ein ernstes Gesicht. »Richtig«, sagte er dann und lächelte, »aber das wird ja nur eine nebensächliche Operation sein.« – Nun, ich sagte nichts, dachte mir aber mein Teil. Ich kenne diese nebensächlichen Operationen …

Ich bin so gespannt auf Deinen Brief! Vielleicht weißt Du, wann der Professor zurückkommt. Hier weiß niemand etwas. Die Schwestern meinen, dass Frau Oberin morgen wieder hier sein wird. Teddybärchen darf jetzt auch spazieren gehen. Sie holt mich in einer Stunde ab. Dann wollen wir einen Rundgang durch die Klinik machen …

– – – –

15. Mai

In einigen Tagen wird der Professor also in Paris sein? Dann wird er auch Hélène besuchen! … Was ist nicht alles seit Januar geschehen? Seit Hélènes letztem Gespräch mit dem Professor … Damals war sie mit – Einar bei ihm … Nicht daran denken … In mir zittert alles … Ist das Leben nicht wunderbar … Es ist herrlich … Ich bin so gläubig geworden … so gläubig … und so dankbar … und so voller Hoffnung …

Ich habe Deinen Brief immer wieder lesen müssen. Mein Herz klopfte zum Zerspringen! Du wirst den Professor bald sehen! Wirst dabei sein, wenn er mit Hélène spricht! Könnte ich doch auch dabei sein! Ich tröste mich damit, dass er nun bald wieder hier sein wird. Dann werde ich mich wieder geborgen fühlen! –Niemand hier darf mir meine Spannung ansehen. Auch nicht erfahren, was in mir vorgeht. Es ist schwer, – aber es ist auch maßlos schön! Jetzt werde ich die Tage, und bald die Stunden zählen … und dann ist der Professor wieder hier! Du verstehst sicher meine Erwartung … Was wäre ich ohne ihn? Von ihm habe ich ja mein ganzes Leben geschenkt bekommen …

– – – –

15. Mai

Heute bekommst Du noch einen Brief. Frau Oberin ist wieder hier! Sie war so lieb, als sie mir Guten Tag sagte.

Wie ich mich freue, ihr gutes, mütterliches Gesicht jetzt jeden Tag wieder sehen zu dürfen! Die ganze Privatabteilung steht jetzt im Zeichen des Großreinemachens! Alles duftet nach Seife, Soda, Bohnerwachs und frischen Gardinen. Die Klinik bereitet sich auf die Rückkehr ihres Herrn und Meisters vor. Die Schwestern sind so geschäftig, dass ihre weißen Röcke wie pralle Segel im Wind aussehen. Ilse – Du kennst das nette Mädchen, das bei mir aufwartet – putzt die Türschlösser in meinem Zimmer. Alles leuchtet und blitzt. Und sie selbst glüht wie eine von den Rosen im Garten, die gerade aufgesprungen sind. Ich werde später mit Frau Teddybär etwas im Garten spazieren gehen. Dort gibt es jetzt so viel Sonne. Alle Vögel zwitschern den ganzen Tag bis in den späten Abend hinein.

Die Opernsängerin hat uns verlassen. Aber schon ist eine neue Dame angekommen. Sie macht ein strenges Gesicht. Sie erwartet hier ihre Niederkunft. Teddybärchen behauptet, es sei ein Mädel. Drum werde es erst zur Welt kommen, sobald der Professor wieder hier sei. Jungens machten sich nichts daraus, aber Mädels wollten nur mit Hilfe des Professors das Licht der Welt erblicken. Ihre Logik ist sehr lustig! …

– – – –

17. Mai

Die weißen Birken haben jetzt ganz lange Schatten bekommen. Die Sonne wird bald hinter dem Turm mit der Uhr neben dem Balkon des Professors verschwinden. Die hellroten Blüten des Magnolienbaums – Du kennst ihn – duften schwer. Ich bin überglücklich! Im Liegestuhl liege ich, mitten im Birkengarten, und schreibe an Dich. Es ist mein Garten Eden … Bald wird der Professor wieder hier sein. Die Rhododendronbüsche unter seinem Balkon blühen! Wie große lila Flammen leuchten sie zwischen den hellen Birkenbäumen. Immer muss ich zum Balkon hinsehen und lächeln … Die Turmuhr schlägt irgendeine Stunde … Nein, ich habe die Stundenschläge gezählt. Es ist sechs Uhr. Plötzlich meine ich, dass Ihr jetzt in Paris miteinander sprecht, Du, Hélène und der Professor … Ja, ganz bestimmt, jetzt sprecht Ihr miteinander. Vielleicht werdet Ihr heute Abend bei Hélène und Eric sein. Meine Gedanken versuchen, durch den Weltenraum zu flattern – hin zu Euch, um bei Euch zu sein … Es ist eine seltsam stille Stunde um mich. Wann war ich so froh wie heute?

Frau Oberin sagte, der Professor würde wohl morgen hier sein. Nein, erklärte ich bestimmt, erst übermorgen. Ich machte dabei ein sehr geheimnisvolles Gesicht. Sie sah mich erstaunt an. Sie weiß ja nicht, dass ich von Dir einen Brief erhalten habe …

Wie der Magnolienbaum duftet … Der ganze Frühling wohnt in seinem Duft. Ein Blütenblatt ist auf meinen Liegestuhl herabgefallen. Der Magnolienbaum will Dir einen Gruß senden. Du sollst das Blatt bekommen. Jetzt mag ich nicht mehr schreiben. Ich will nur noch denken, still und selig denken an Euch und mein Glück. Aber das ist ja dasselbe: Ihr – mein Glück …

– – – –

19. Mai

Heute Morgen ist er gekommen!

Ich hatte mich so hübsch wie nur möglich gemacht.

Zuerst wagte ich nicht, mein Zimmer zu verlassen. –

Bis ich es nicht mehr aushielt. Ich schlich auf den Korridor, sprach mit ein paar Schwestern … Plötzlich öffnete sich hinter mir die große Flügeltür. Und im Nu waren die Schwestern verschwunden … ich stand allein … wie festgenagelt, konnte mich nicht rühren.

»Guten Morgen«, hörte ich dann eine Stimme hinter mir. Meine Knie zitterten. Er kam zu mir hin, umarmte mich und sah mich lächelnd an … Du weißt, wie es einem dann ergeht … »Sie sehen ja großartig aus«, sagte er. Ich musste mich gegen die Wand lehnen, um nicht umzusinken, stammelte ein paar dumme Worte … und schon war er verschwunden. Und was tat ich? Ich ging kleinlaut in mein Zimmer zurück und weinte. Diesmal vor Freude. Etwas später kam der Professor auf seinem Rundgang zu mir. Ich hatte mich wieder beruhigt und war ganz vernünftig, konnte gefasst zuhören, ohne mit der Miene zu zucken. Er erzählte mir von Dir und Hélène. Er sagte auch, dass Du bald wieder nach Dresden kommen würdest!!! Herrlich, herrlich!! Von Hélène brachte er mir ein Paketchen mit. Ein grünes Seidenband war darum. Und was enthielt es? Ein Nachtkleid, ganz entzückend! Der Professor lachte, als ich ihm Hélènes Geschenk zeigte.

Siehst Du, wie richtig ich geraten habe? Vorgestern um sechs Uhr abends seid Ihr zusammen gewesen! Mein Gefühl hat mich nicht betrogen!

Jetzt warte ich sehnsuchtsvoll auf Deinen Brief. Hoffentlich erzählt er mir alles, alles, was Euch der Professor von mir erzählt hat. Ich bin sehr erschöpft – von den Freuden dieses schönen Tages … Auch Freuden verbrauchen Kräfte … So furchtbar viel besitze ich noch nicht …

– – – –

20. Mai

Vor einer Stunde erhielt ich Deinen lieben, lieben Brief. Ich habe ihn viele, viele Male gelesen. Ich bin so froh! Der *letzte* Eingriff steht also unmittelbar bevor …

Die Frauenklinik ist aus ihrem Dornröschenschaf erwacht … Welch ein Leben herrscht hier wieder! Jetzt fehlst nur Du! Dann wäre alles wieder wie früher! Seit gestern sind viele neue Patienten eingezogen. Frau Oberin hat alle Hände voll zu tun!

Meine kleine Freundin, Frau Teddybär, hat mich gestern verlassen! Sie fehlt mir doch ein wenig … Aber sie hat recht behalten! Die »strenge« Dame hat gestern ihr Baby bekommen, – es war ein Mädchen!

Ich habe meinen Brief unterbrechen müssen. Der Professor ging vorbei. Da bekam ich heftiges Herzklopfen …

Ich muss mich erst an den Gedanken gewöhnen, dass ich ihn jetzt täglich wieder sehen werde. Drei lange Wochen haben wir ohne ihn leben müssen. Es macht nichts, dass ich jetzt keine Freundin mehr habe …

Ilse bringt mir das Frühstück. Ich darf jetzt nämlich im Garten unter meinem Magnolienbaum frühstücken. Das Leben ist so wundervoll! Immer hier bleiben dürfen, Du! Immer so leben dürfen! Es wäre wohl zu herrlich!

– – – –

22. Mai

Gestern kam ich nicht zum Schreiben. Teddybärchen hatte mich besucht. Es war entzückend. Wenn ich auch nicht glaube, dass sie *ausschließlich* meinetwegen gekommen ist. Dann bin ich – denke Dir – allein ausgegangen! Zum ersten Mal allein! Das darf ich jetzt. Ich besorgte mir verschiedene Sachen, seidene Strümpfe, Puder, Konfekt und dergleichen. Wie entzückend es ist, dann mit »gnädige Frau« angeredet zu werden! Du darfst nicht lächeln, wenn Du dies liest! Ich kaufte auch einen Lippenstift. »Nehmen Sie diesen, gnädige Frau, garantiert *kussfest*«, beteuerte das Ladenfräulein. Ich erstand ihn – lächelnd. Als ich Frau Oberin davon erzählte, lächelte auch sie. – Heimlich dachte ich dann: ob mein Lächeln nicht etwas wehmütig war? … Ich sah das kleine Ladenfräulein im Geist vor mir. Für sie ist es sicherlich gut, kussfeste Lippenstifte zu benutzen. Aber für mich? Nein, nein, nein, was sag ich da. Am liebsten würd' ich diese Stelle durchstreichen …

Von Hélène habe ich einen entzückenden Brief erhalten. Sie erwähnte auch ein Gespräch mit dem Professor wegen meiner neuen Operation … Ich verstand nicht alles. Ob ich den Professor einmal frage? Es würde mir nicht leicht fallen. Er hat eine seltsame Art, mich unterwürfig zu machen. Frau Oberin und die Schwestern sind ganz entsetzt über »meine Verwandlung« seit der Rückkehr des Professors: ich hätte meine ganze Selbständigkeit wieder eingebüßt … sagen sie. Ich wage nicht einmal, ihn zu fragen, *wann* ich wieder operiert werden soll … Wärst Du doch hier!

– – – –

23. Mai

Welch eine Niederlage! Heute kam der Professor allein zu mir – ohne Frau Oberin. Und ich fasste Mut. Sehr vorsichtig stellte ich ein paar Fragen wegen meiner neuen Operation. Er fertigte mich kurz ab. Damit sollte ich meine Gedanken nicht beschäftigen. Basta! Ich wollte mich entschuldigen, sagte, dass ich nur aus törichter Neugier gefragt hätte … Wie ein Schulmädchen benahm ich mich. Da fühlte ich seinen Blick. »Schon gut, schon gut. Denken Sie nicht an derartige Dinge. Wozu wollen Sie Ihr junges Mädeldasein damit belasten? Leben Sie ruhig und sorglos so weiter in den Tag. Lassen Sie für alles andere mich sorgen.« Dann ging er. – Vernichtet blieb ich in meinem Zimmer sitzen. Natürlich verstehe ich sehr gut, dass ich mich damit nicht beschäftigen soll. Mitunter denke ich auch: er behandelt mich so, um jede Spur von Einar, die noch in mir schlummern könnte, auf diese Weise auszurotten. Ja, deshalb ist er sicher so streng zu mir. Ist das wirklich seine Absicht, so gelingt sie ihm … Du musst mir glauben: ich habe Einar und alles, was mit ihm zusammenhängt, vergessen. Er ist für mich ein Toter. Taucht durch irgendeinen Zufall eine Erinnerung in mir auf, dann sehe ich nur Nebel, fernen Nebel … Aber ich möchte gern wissen, wie lange der Professor mich noch so – auf der Weide gehen lassen will – bis zum letzten Eingriff! Ich sehne mich sehr nach einem Brief von Dir.

Wann kommst Du?

– – – –

24. Mai

Dies wird nur ein ganz kleiner Brief. Ich war mit Frau Teddybär in der Stadt. Den ganzen Nachmittag. Wir waren in verschiedenen großen Modegeschäften und haben uns Kleider, Hüte und andere herrliche Dinge angesehen. Ich habe mir auch ein Paar sehr hübsche Schuhe gekauft mit den höchsten Absätzen, die ich auftreiben konnte! Eine Kombination von Lack und Schlangenhaut! Sie sehen

Lili Elbe in Dresden, Juni 1930.

ganz entzückend aus. Morgen bummeln wir wieder. Es tut mir gut auszugehen, in den Trubel der Stadt. Das Warten auf die Operation würde sonst meine Nerven aufreiben. Den Professor sehe ich in diesen Tagen kaum. Er weiß ja, dass ich gesund bin. Außerdem hat er sehr viel zu tun. Seit der Rückkehr des Professors gibt es jeden Tag viele neue Operationen.

– – – –

25. Mai

Endlich! Morgen geht es los! Als ich kurz nach dem Frühstück Frau Oberin Adieu sagen wollte – Frau Teddybär war bereits da, um mich abzuholen – erklärte sie kurz und bündig: »Daraus kann leider nichts werden. Sie müssen sich sofort wieder ins Bett legen. Denn morgen sollen Sie operiert werden.« Ich hatte zu gehorchen.

Teddybärchen ging mit in mein Zimmer, um mich zu trösten. Bald kam Frau Oberin, setzte sich zu mir, plauderte mit uns beiden und versicherte immer wieder, dass der neue Eingriff eine Bagatelle sei. Dann nahm sie Frau Teddybär mit. Und ich war mit meinen Gedanken allein. –

Ach was, in Operationen habe ich längst Routine bekommen. – Sonderbarerweise hatte ich heute früh in Schrank und Kommode aufgeräumt. Ob es eine Vorahnung war? Alles liegt jetzt an seinem Platz. Ich brauche nur zu den Schwestern zu sagen: »In der Schublade rechts liegen Nachthemden und in der Schublade darunter links Taschentücher, usw.« Mein »Schönheitsmagazin« habe ich im Schränkchen neben dem Bett untergebracht. So habe ich alles, was ich brauche, leicht zur Hand. Deine eitle Lili möchte immer hübsch aussehen – auch wenn sie operiert wird. Ich muss dem Professor Ehre machen! Das begreifst Du! –

Ich habe mit dem Schreiben eine kleine Pause machen müssen. Schwester Frieda war nämlich bei mir. Die unumgänglichen, nicht gerade angenehmen Vorbereitungen sind überstanden. Ich bin etwas erschöpft. Daher war ich wohl einige Augenblicke sehr mutlos. Mir kam der Gedanke, dass es vielleicht doch das Beste wäre, wenn ich die neue Operation nicht überstehen würde. Ich weiß gut, dass es eine ernste Sache ist – und vermutlich hinterher sehr schmerzhaft. –

Vor ein paar Tagen hatte ich Frau Oberin im Scherz gefragt, ob man sich diesmal nicht mit einer Lokalbetäubung begnügen könne. Ich hätte nämlich Lust, einmal dem Professor beim Operieren zuzusehen. Außerdem, um das Nützliche mit dem Angenehmen zu verbinden, hätte ich auf die Weise selber etwas mehr von dem Zusammensein mit dem Professor. Seine täglichen Visiten dauern ja immer nur ein paar Minuten. Ganz entsetzt sah mich Frau Oberin an.

»Unmöglich! Lokalbetäubungen wenden wir hier nicht an, am allerwenigsten bei Unterleibsoperationen.«

Ich ließ den Kopf hängen. Am liebsten hätte ich geweint. Plötzlich fühlte ich einen furchtbaren Schrecken: Einmal werde ich ja doch meine geliebte Frauenklinik – und meinen großen Beschützer verlassen müssen … Wäre es deshalb nicht besser – für mich – still einzuschlafen – hier zwischen den weißen Birken, wo ich so glücklich gewesen bin. Aber im selben Augenblick wurde mir klar, dass ich an dergleichen überhaupt nicht denken, dass ich überhaupt nicht sterben durfte! Das wäre Verrat an dem

Professor, nach all dem, was er für mich getan hat! Nein, danke schön, ich werde nicht sterben. Ich weiß, dass ich durchhalten werde.

– – – –

26. Mai. 8 Uhr morgens

Ich bin jetzt bereit und warte, dass man mich holt. Seit 5 Uhr morgens lag ich wach, machte sorgfältig Toilette und zog zum ersten Mal das hübsche Nachthemd von Hélène an. –

Gestern Abend hatte mir Teddybärchen ein Grammophon geschickt. Ich hatte eine wahnsinnige Sehnsucht nach Musik bekommen. Und so, in »Festtoilette«, ließ ich mir etwas aus der »Zauberflöte« vorspielen. Dabei sah ich in den Spiegel, schwang die Arme wie im Tanz und musste plötzlich feststellen, dass sich dieses seidene Nachthemd doch besser für eine Brautnacht als für eine Operation eignete. Ich zog es schnell aus und nahm ein ganz einfaches Hemd. –

Jetzt höre ich einen Operationswagen kommen. Er hält, glaube ich, vor meiner Tür. Nun werden die Schwestern wohl bald kommen. –

Sollte es schlimm ausgehen, so musst Du den Professor grüßen und ihm für alles danken und ihm sagen, dass ich die glücklichste Zeit meines Lebens in der Frauenklinik verbracht hätte. Grüße auch Hélène und Eric – und Claude. Ich denke so oft an ihn. Gestern erhielt ich einen lieben, lieben Brief von ihm. Sag ihm, dass ich bald schreiben werde. –

Gerda, liebste süße Gerda, alles Gute in meinem Leben kam von Dir und von dem Professor.

– – – –

27. Mai

Jetzt geht es etwas besser. Im Augenblick, wo ich schreibe, habe ich kaum Schmerzen. Ich weiß, der Professor hat Dir telegrafiert, dass alles gut gegangen ist. Das Erwachen gestern war entsetzlich! –

»Sie müssen mit den Beinen still liegen«, sagte der Professor. Da erst merkte ich, dass meine Beine sich unablässig bewegten – wie beim Radfahren. Vor Schmerzen. Und dann rührten sie sich nicht mehr – als seien sie gelähmt. So groß ist seine Macht über Deine arme Lili. –

Hinterher band er meine Beine an einem schweren Sandkissen fest. –

Ich habe keine Ahnung, wie Nachmittag und Nacht vergangen sind! Ich weiß nur, es war furchtbar. Aber beunruhige Dich nicht, jetzt geht es etwas besser.

– – – –

28. Mai

Hab Dank für Brief und Telegramm. Du brauchst Dich nicht zu ängstigen. Wie schrecklich mein jetziger Zustand auch ist – er muss überstanden werden. – Gestern nach dem Erwachen sagte die eine junge Schwester, die bei mir Wache hält: »Versuchen Sie doch einmal etwas zu lächeln, gnädige Frau – der Professor kommt gleich wieder.« Übrigens kann ich mich nicht entsinnen, dass er bei mir gewesen ist. Gott weiß, wie viel Morphium ich seit vorgestern bekommen habe! Wahrscheinlich habe ich gejammert und geschrien, dass man es weit hören konnte. Von den beiden Tagen, die hinter mir liegen, habe ich keine Ahnung gehabt, was Schmerzen sind. Gestern Abend saß die kleine Schwester neben meinem Bett und weinte. Ich glaube, vor Mitgefühl. Aber morgen geht es sicherlich noch besser, dann werde ich mehr schreiben.

– – – –

29. Mai

Wie lieb von Dir, dass Du jeden Tag schreibst! Es tröstet mich in meinem Elend. Das Schlimmste ist, dass ich mich nicht rühren darf. Ich habe eine Kanüle im Unterleib. Deshalb darf ich die Beine nicht rühren. Gott sei Lob, dass ich die Arme bewegen darf, sonst wäre es nicht zum Aushalten!

Ich mag mich vor dem Professor nicht – ohne Puder und Rouge zeigen. Morgens verbringe ich ganze Stunden mit meiner Toilette, – wie schwer es mir auch fällt. Oft sinken die Arme vor Müdigkeit nieder. Du ahnst nicht, welche Kraftanstrengung dazu gehört, und das Resultat ist meist recht gering. Eitelkeit? – Ach Du, vielleicht ist es gerade meine Eitelkeit, die mich in diesen Tagen aufrechthält. Durch sie bekomme ich etwas Beschäftigung. Manchmal glaube ich sogar, dass das Unsterblichste in mir meine Eitelkeit ist! –

Wir haben eine neue Schwester bekommen, sie heißt Ellen und ist immer gut gelaunt. Sie und die kleine Schwester Frieda wechseln sich jetzt bei mir ab. Sie sind furchtbar lieb zu mir. Lachen darf ich noch nicht. Es tut so weh. Wenn Du doch bald kommen könntest!

– – – –

31. Mai

Ich habe wieder zwei entsetzliche Tage hinter mir. Deshalb hast Du nichts von mir gehört. Gerade als ich glaubte, das Schlimmste wäre überstanden, überfielen mich plötzlich fürchterliche Schmerzen. Der Professor, der glücklicherweise in der Nähe war, wurde gerufen. Ich wurde Hals über Kopf in einen Untersuchungsraum geschafft. Zuerst, unterwegs, jammerte ich, – als wir aber an ein paar fremden Damen vorbeikamen, nahm ich mich zusammen. Ich wollte mich nicht vor Fremden schwach zeigen. –

Bei der Untersuchung wurden mir die Knie festgeschnallt. Ich fühlte mich so elend, dass ich kaum merkte, was mit mir vorging, sah nur, dass der Professor vor dem Fenster stand, den Rücken mir zugekehrt. »Zählen Sie«, sagte er, und dann spürte ich den widerlichen Äthergeruch über mir. Es dauerte länger als sonst. Ich kam bis 37. Als ich erwachte, waren die Ärzte dabei, mich ins Bett zu legen. Dann hörte ich jemand lachen. Ich hatte nämlich gerufen: »Wo ist denn der kleine Affe?« Im Traum hatte ich den kleinen Affen des Oberarztes bei mir sitzen sehen, er aß meinen Salat. –

Tags darauf, also gestern, begannen die Schmerzen aufs Neue. Wieder musste der Professor geholt werden, aber diesmal gab es keine Betäubung! Ich hatte furchtbar geschrien. Hinterher machte ich mir darüber heftige Vorwürfe. Ich sah dem Professor an, dass er mit mir litt. Aber ich konnte mich nicht beherrschen. Als es überstanden war, bekam ich eine größere Dosis Morphium. Doch es dauerte lange, ehe es richtig wirkte. Ich merkte, dass mein Denken wirr wurde. Wie aus weiter Ferne hörte ich mich schreien und jammern, und zwar immer dasselbe: »Gebt mir meine Kleider, ich will mich von der Basteiklippe hinunterstürzen, ich will nicht in der Klinik sterben, dem Professor zuliebe.«

Frau Oberin und die stille, blasse Schwester Hanna saßen neben meinem Bett, ich ahnte sie wie durch Nebel und fühlte, dass sie mich trösten und beruhigen wollten. Endlich hatte ich mich in Schlaf geweint. –

Als ich erwachte, ging es etwas besser. Da erfuhr ich, dass sich die Kanüle verstopft hatte. Als abends der Professor bei mir war, entschuldigte ich mich wegen meines unbeherrschten Betragens.

»Nun nicht zu stolz sein. Ich weiß gut, dass Sie wahnsinnige Schmerzen hatten«, sagte er. »Nicht deshalb, Herr Professor, sondern aus Respekt vor Ihnen tut es mir leid, dass ich mich so – angestellt habe«, sagte ich. Dann nahm er meinen Arm, streichelte ihn und lächelte gütig und rührend zu mir nieder. Alles, was ich gelitten hatte, war durch dieses Lächeln ausgewischt und vergessen. Du siehst, es geht mir heute viel besser, sonst hätte ich Dir nicht einen so langen Brief schreiben können.

Komm jetzt bald! Der Professor fragt auch nach Dir.

– – – –

1. Juni

Jetzt geht es rasch vorwärts. Ich glaube, das Lächeln des Professors gestern Abend hat mir neue Lebenskraft gegeben. Ich muss immer daran denken!

Immer sehe ich es vor mir! Es war auch hohe Zeit, denn es ist lange her, dass er mich angelächelt hat.

Seit der letzten Operation sah er immer sehr streng aus. Ich glaube, es gefiel ihm nicht, dass es mir so schlecht ging. Ich war sehr unglücklich! Seine Strenge hatte gewiss gute Gründe. Es war vielleicht eine Maske – er kämpfte für mein Leben. Für äußere Zeichen der Teilnahme war keine Zeit. Vielleicht wären derartige Gemütsbewegungen für mich auch zu stark gewesen.

Jetzt fühle ich, dass ich ins Leben zurückkehre – obgleich ich immer noch mit der Kanüle und mit festgebundenen Beinen liege.

Ich werde nie vergessen, was Schwester Ellen und Schwester Frieda in diesen bösen Tagen für mich gewesen sind. Sie waren meine guten Feen. Ich habe sie in mein Herz geschlossen!

Die kleine Ilse bringt mir täglich frische Blumen aus dem Garten. Abends sitzen sie oder Schwester Frieda bei mir. Dann spielt das Grammophon. Wie Musik meine Nerven beruhigt!

Mehrmals hieß es, dass die Kanüle entfernt werden sollte. Aber immer wurde es wieder verschoben. Ich sehne mich so sehr danach, wieder die Beine etwas rühren zu dürfen! Außerdem, weiß ich, komme ich ja erst in den Garten, wenn alles überstanden ist. Wenn das Fenster offen steht, und der Blütenduft hereinströmt, sehne ich mich so furchtbar nach meinem Platz auf dem Rasen unter meinem schönen Magnolienbaum.

Ich danke Dir tausendmal für Deinen Brief und freue mich, Dich bald wiederzusehen.

– – – –

3. Juni

Gestern war Teddybärchen wieder bei mir. Sie war der reinste Kobold. Lachte und erzählte Dummheiten. Ich hatte gerade mein Frühstück bekommen. Da ich noch keinen Riesenappetit hatte, aß sie im Handumdrehen alles auf. Dann setzte sie sich auf die Fensterbank, ließ ihre langen, hübschen Beine zum Fenster hinaushängen und rauchte eine Zigarette nach der anderen. Plötzlich hörten wir, dass draußen die Flügeltür geöffnet wurde. Wie ein Blitz war sie zum Fenster hinaus. Im nächsten Augenblick trat der Professor mit Frau Oberin ein.

Sicher hatte er den Zigarettenrauch gemerkt – er blickte mich etwas merkwürdig an. Ich konnte natürlich keinen Ton hervorbringen.

»Sehen Sie doch nur, wie es Frau Lili schon wieder schmeckt!« sagte strahlend Frau Oberin und wies auf die leeren Schüsseln. – Kaum waren sie wieder draußen, als ich ein schallendes Lachen hörte. Übrigens ist Rauchen in den Zimmern streng verboten. Aber ich nehme an, dass Frau Oberin aus Mitleid mit mir dem Professor erklärt hatte, dass ich nicht der Sünder gewesen sei.

Heute früh war Teddybärchen wieder da. Und da konnte ich Rache nehmen. Sie hatte ihre Freundin, die Ärztin, mitgebracht. Nun erzählte Frau Teddybär, dass sie einmal mehrere Stunden auf den Professor habe warten müssen – wegen einer Konsultation. »Hier lernt man warten«, habe sie dann zum Professor gesagt. – »Ja, das ist das erste, was ich jungen Damen beibringe«, habe der Professor schlagfertig und sehr kurz geantwortet. Und dann erklärten beide wie aus einem Mund, dass es geradezu lächerlich sei, sich vor dem Professor zu fürchten, mein Respekt vor ihm sei direkt komisch. – Er sei der 1iebenswürdigste Mensch, überhaupt sei eine moderne Frau, die sich vor einem Mann fürchte, das lächerlichste

Lili Elbe mit der Frau Oberin im Park der Frauenklinik, Juni 1930.

Geschöpf ... Kaum hatten sie beide dies zum Besten gegeben – da öffnete sich die Tür und der Professor stand im Zimmer. Und meine beiden »modernen« Geschlechtsgenossinnen zogen sich errötend fluchtartig zurück ...

Erst nachdem der Professor längst das Feld geräumt hatte, wagten sie zum Vorschein zu kommen. – Teddybärchen war jetzt sehr kleinlaut. Doch das gelehrte Fräulein von der medizinischen Fakultät saß wieder auf sehr hohem Ross. »Darin liegt Methode, Herrschaften, euch Sklavinnennaturen derart zu unterjochen. Könnte mir nie passieren.« – »Und weshalb sind Sie nicht geblieben?« fragte ich neugierig. »Ich konnte meine arme kleine Freundin doch nicht im Stich lassen!« – Da habe ich zum ersten Mal wieder herzlich gelacht. Es tat zwar noch recht weh! Und Teddybärchen machte ein sehr schuldbewusstes Gesicht.

Morgen höre ich von Dir doch, wann Du kommst?
– – – –

4. Juni

Jetzt ist alles überstanden! Die böse Kanüle hat man herausgeholt! Heute früh! Plötzlich trat der Professor ein – mit Schwester Margarete, die eine Schüssel mit Instrumenten trug. Sehe ich Instrumente, bekomme ich Herzklopfen. Doch diesmal ging alles so schnell, dass ich kaum Zeit zum Nachdenken hatte. In ein paar Minuten war alles erledigt. – Vor Freude begann ich zu heulen – wie ein dummes Mädel. »Es tat doch nicht weh?« fragte der Professor. »Nein, nein – im Gegenteil.« Da musste er lachen. »Funktioniert alles normal, bekommen Sie eine Spritze«, sagte er dann kurz und ging.

Als er zwei Stunden später wiederkam, strahlte ich vor Glück. Alles war völlig normal verlaufen …

»Nun bin ich beruhigt«, sagte er. – Ich sah ihm an, dass er mit mir zufrieden war.

Hinterher erfuhr ich, dass alle Schwestern den ganzen Tag sehr besorgte Gesichter gemacht hatten. Wäre nach der Entfernung der Kanüle nicht alles in Ordnung gewesen, so hätte ich sofort wieder operiert werden müssen … Ob dann aber meine Kräfte ausgereicht hätten …?

Welch ein wunderbares Gefühl, die Beine wieder bewegen zu dürfen! Mein ganzer Körper ist nach dem langen Stillliegen immer noch wie gelähmt. – Aber ich bin grenzenlos glücklich jetzt! – Auch, weil ich weiß, dass ich Dich in ein paar Tagen wieder bei mir haben werde! Vielleicht werde ich dann schon wieder draußen im Garten sein! Gerda, Gerda, wie schön ist doch das Leben! Und welch unsagbares Glück, dass ich diesen herrlichen Sommer hier auskosten darf! Und sollte diesem einen Sommer kein zweiter Sommer folgen, Glücks genug, Glücks genug! So habe ich doch *einmal* erfahren dürfen, was Sommerglück ist!

– – – –

5. Juni

Ich beeile mich, Dir noch ein paar Worte zu schreiben. Es wird ja der letzte Brief, der Dich vor Deiner Abreise in Paris erreichen kann.

Heute sollte ich versuchen, aufzustehen. Aber die Beine wollten und wollten mich nicht tragen. Schwester Frieda und Ellen mussten mich schließlich aus dem Bett heben und in den Lehnstuhl setzen. Und doch war es herrlich. Der Lehnstuhl steht dicht am Fenster. Ich kann hinaussehen – in den Garten. Morgen, so hat man mir versprochen, werde ich wieder in den Garten hinauskommen. –

Ach, ich sehe noch recht matt aus. Das schreibe ich Dir nur, damit Du Dich nicht erschrickst, wenn Du mich in ein paar Tagen wiedersiehst.

Du, wieder unter meinem Magnolienbaum sitzen zu dürfen! Dort wirst Du mich finden, wenn Du in drei Tagen bei mir bist – in meinem Garten Eden …

– – – –

XVI

Und wieder lag Lili in ihrem Liegestuhl draußen im Park. Es war Sommer geworden. Bienen summten von Blume zu Blume, und die Vögel jubilierten in den vollen Bäumen. Die Silberbirken hatten jetzt ihr reichstes Laub, und wenn der Wind daran rührte, glaubte Lili ein ganz feines, glashelles Klingen zu hören.

Da rief jemand ihren Namen: »Lili!« Und im nächsten Augenblick lag sie in Gerdas Armen.

Und jetzt kamen Tage voll Glück und Geborgenheit. Gerda kam Tag für Tag am frühen Morgen und überwachte jeden Schritt, den Lili leise jetzt wieder auf den sommerlichen Wegen des Parks zu gehen begann. Und Lili blühte auf mit jedem neuen Tag. Bald konnte sie wieder mühelos und froh, von allen Schmerzen und aller Müdigkeit befreit, durch den Park wandern. Dann zogen die beiden, wie zwei gute Schwestern Arm in Arm, auf Entdeckungsfahrten in die Stadt hinein.

Eines Abends, als sie mit Gerda den Park betrat, kam der Professor ihr entgegen.

»Herr Professor, jetzt bin ich ganz gesund. Aber …« Sie stockte.

»Nun?«

»Könnte ich nicht noch ein paar Monate hierbleiben bei Ihnen? Auch wenn Sie mich noch einmal operieren müssten.«

Er sah sie lächelnd an und schüttelte den Kopf. »Nein, jetzt ist es bald Zeit, dass Sie hinauskommen in die Welt und die Flügel etwas rühren.«

Am selben Abend fand Lili ein Vogelnest. Es hing oben

unter dem Dach des überdeckten Ganges, der von der Privatwohnung des Professors zur Klinik führt. Eine kleine Spatzenfamilie. Der Spatzenvater und die Spatzenmutter zwitscherten, und die Spatzenjungen piepsten. Vielleicht ein kleiner Familienzwist, dachte Lili. Plötzlich fiel ein Junges aus dem Nest und blieb hilflos auf dem Rasen liegen. Schlug mit den kleinen Flügelchen, wollte wieder auffliegen, aber vergebens. Die Flügel konnten noch nicht tragen. Und die Eltern kamen aus dem Nest herausgeeilt, hinunter auf den Rasen, umflatterten das Junge. Todesangst schrie aus ihrem Gezwitscher. Sie konnten das Kleine nicht wieder ins Nest bringen. Da ging Lili ganz nah zu dem Vögelchen hin, nahm es in die Hand, streichelte es vorsichtig und konnte in der Hand fühlen, wie das kleine Herz pochte. Plötzlich stand die Oberin neben ihr. »Aber weshalb weinen Sie denn, Frau Lili?« Lili reichte ihr stumm das Vögelchen hin. »Es ist aus dem Nest gefallen. Kann noch nicht fliegen. Und die Eltern können ihm nicht helfen. Da musste ich an mich denken. Auch ich kann es ja noch nicht …« Sie gab der Oberin das Vögelchen, und die Oberin holte eine Leiter und legte das Vögelchen wieder zu den Eltern und Geschwistern ins Nest.

– – – –

Viel stiller, als Gerda erwartet hatte, verlief der Abschiedstag von Dresden. Als der Professor kam, um Lili Lebewohl zu sagen, sagte sie schlicht und ruhig zu ihm: »Ich verdanke Ihnen, Herr Professor, nicht nur mein Leben, sondern auch die Hoffnung für die Zukunft und all die Zuversicht, die ich jetzt empfinde. Ich will jetzt versuchen, in das Leben dort draußen hineinzugleiten. Aber wenn ich in Not bin, dann darf ich doch wiederkommen?«

Der Professor drückte ihr nur die Hand: »Schreiben Sie mir, wo Sie sind, wie es Ihnen geht, was Sie beschäftigt. Und regelmäßig. Erzählen Sie mir alles. Und bedürfen Sie meiner, hier werden Sie immer Zuflucht und Freunde finden.«

Lili sagte der Oberin, den anderen Schwestern Lebewohl. Als sie dann hinausging aus dem Portal und sah, wie ihre Koffer in das Auto gehoben wurden, dachte sie befreit, wie so einfach und selbstverständlich sich jetzt alles fügte, wie das Leben bei Licht besehen doch so undramatisch und unpathetisch sei. Tags zuvor und auch die ganze Nacht war bei ihr alles Spannung und Furcht vor diesem Abschiednehmen gewesen – Angst vor dem Leben da draußen. Jetzt … ehe sie sich's versah, saß sie mit Gerda im Zug auf der Fahrt nach Berlin. Und viel später, viele Monate später, begriff sie erst, ein wie harter Übergang aus dem Frieden der Frauenklinik in das Leben hinein die Tage, die jetzt wieder in Berlin verlebt werden sollten, gewesen waren. Sie verstand nachträglich, weshalb man sie aus ihrem Paradies an der Elbe in die lauteste aller Städte, die sie je gesehen, geschickt hatte. Denn diese Berliner Tage sollten ihr Anlass geben, sich zu beweisen, sich, ihre Lebenskraft und Lebensfähigkeit. Sie wohnte in einem Hotel ganz in der Nähe der Klinik, in der vor wenigen Monaten ein Mann gelegen hatte … Keine Neugier war in ihr, diese Stätte des Übergangs, wie sie sie hinterher genannt hatte, wieder aufzusuchen. Auch hatte sie kein Verlangen, die Freunde von damals zu besuchen.

Unbekannt, anonym, zwischen den Millionen der Riesenstadt sich zu bewegen, zu leben, zu schauen und herumzuwandern, sich zu gewöhnen an den Werktag der anderen, um einmal selber mit teilzunehmen an diesem Werktag, das war der tiefste Sinn dieses Berliner Aufenthalts. Nicht immer war Gerda bei ihr auf ihren Wanderungen durch den Tiergarten, durch die Museen und durch die lautesten, belebtesten Straßen. Sie verlangte oft danach, allein, ganz auf sich selbst angewiesen, in dem Wirbel Berlins sich zurechtzufinden. Denn das war es: zurechtfinden musste sie sich, um dadurch sich selbst gegenüber zu beweisen, dass sie, ganz auf sich selbst gestellt, ihren Weg allein würde gehen können. Gerda ließ sie gewähren. Heimlich freute sie sich über Lilis Teilnehmen an den großen und kleinen Dingen des Tages, wenn sie auch sicherlich ahnte, dass Lili in ihrem Innern, gerade während dieser Berliner Tage, mit sich selbst harte Kämpfe ausfocht.

So war es. Es gab Tage, durch die Lili ein sehr gequältes, zerrissenes Herz trug, Tage, in denen sie von vielen Ängsten bedrückt wurde. Es ist so leicht, dachte sie dann, hier unter den wildfremden Menschen sein anonymes Schicksal zu tragen. Aber wie würde sich wohl alles gestalten, sobald diese Anonymität aufhörte, sobald sie im Kreis derer würde auftreten müssen, aus denen Einar hervorgegangen war, zu denen Einar gehört hatte? Sie dachte an ihre Familie in Dänemark. Sollte sie nie dorthin zurückkehren? Wäre das nicht das einfachste? Sollte sie, der neue Mensch ohne Vergangenheit und somit eigentlich auch ohne Familie, nicht lieber auf alles, was mit Einar zusammenhing, verzichten? Auf die Freunde und Geschwister in Dänemark. Auch auf die Freunde in Paris, um ganz von vorn anzufangen, ein neues Leben zu beginnen? Mit Fanatismus gab sie sich solchen Gedanken hin, mit einer Hartnäckigkeit, dass schließlich die Frage sich in ihr regte, ob sie nicht auch von Gerda für immer gehen sollte, heimlich, ohne viel Worte zu machen? Oder sollte sie mit Gerda sprechen, es ihr mit einfachen, stillen Worten sagen, dass ihre Wege sich jetzt trennen müssten? Aber kaum hatte sie diese Frage an sich selbst gerichtet, als sie auch schon zurückschrak. Das Leben, die Welt um sie herum, alles würde leer und kalt werden, wollte sie auf alles, was einst Einar umgab, verzichten! Würde es nicht sogar Feigheit sein, Eingeständnis eines Schuldgefühls, wenn sie alle Bande mit der Vergangenheit – mit Einars Vergangenheit zerreißen würde? Würde nicht auch Gerda einsam werden, wenn sie für immer von ihr gehen würde? Diesen Tagen hilflosen Suchens folgten Nächte, in denen Lili schlaflos dalag und zurückdenken wollte an alles, was gewesen, – mit ihr – mit Gerda – mit Einar. Und je inniger, je sehnsüchtiger, je heißer sie ihre Gedanken zurückpilgern ließ, desto erschreckter wurde sie. Denn sie sah, dass ihr ganzes Denken jetzt eigentlich ausgelöscht war von dem Tag an, wo man sie, unten in der Stadt an der Elbe, neu geschaffen hatte. Ein Grauen befiel sie, wenn sie ihre Fragen ohne Antwort wie vor einem Nebel stehen sah, vor einem Nebel, der alles, was früher gewesen war, dichter und dichter verhängte und schließlich völlig auslöschte. Gesichter, die Einar gekannt hatte, verwischten sich. Öde umgab sie, leere Wüste, in der nicht einmal Schemen aus der Vergangenheit auftauchten. Dem Wahnsinn nahe fühlte sie sich in solchen Nächten, sie wagte nicht, all dies, was sie jetzt an sich erfuhr, einem anderen Wesen, nicht einmal Gerda, anzuvertrauen. Nur zwei Namen wuchsen heller und klarer in ihre Angst hinein. Und mit den Namen zwei Gesichter, das eine gehörte dem Freund Claude, und das andere gehörte Porta, diesem jungen italienischen Offizier, der vor ewig langen Jahren, so dachte sie jetzt, und es war doch erst ein Jahr gewesen, mit ihnen in Rom zusammen gewesen war. Porta, dem Gerda, ohne dass sie in den letzten Wochen auch nur seinen Namen genannt hatte, sich, wie hilfesuchend nach dem Schutz eines Mannes, heimlich und sich selbst kaum klar, verbunden fühlte. Und je heißer Lili das Bild des italienischen Freundes in ihrem Herzen beschwor, desto wacher empfand sie, dass die Gesichtszüge von Porta sich deutlicher und immer deutlicher mit dem Bild von Einar verwoben. Und mit einem Mal stand es ganz klar vor ihr, welch tiefes, seltsames Geheimnis verstrickt war mit dem Gelübde, das an einem fernen Abend in Rom, als Einar, Gerda und Porta zusammensaßen, Einar sich selbst abgelegt hatte: Gerda und Porta sollten vereint werden, weil sie beide zueinander gehörten, und Einar sollte verschwinden.

Es war schon tiefe Nacht, als Lili plötzlich aufstand, sich ganz leise zu Gerda hinsetzte und ihre Hand nahm. Gerda schlief. Sie wachte erschreckt auf, sah Lili neben sich.

»Habe ich dich geweckt?« fragte Lili.

»Oh, ich habe so schön geträumt«, sagte Gerda.

»Wo warst du im Traum?« fragte Lili.

Gerda antwortete: »Ich glaube, wir waren in Rom.«

»Und Porta war bei dir, nicht?« sagte Lili. Da legte Gerda ihren Arm um Lili und Lili ihren Arm um Gerda. Dann sprachen sie kein Wort mehr.

Am nächsten Morgen schrieb Lili einen ganz einfachen, ruhigen Brief an Porta:

»Lieber Freund! Ich will Dir nur erzählen, dass Einar Wort gehalten hat. Er ist tot. Ich weiß, dass Gerda Dir noch nichts davon erzählt hat. Schreibe ihr einmal, und verlasse sie nie.«

Darunter setzte sie ihren Namen.

Etwa nach einer Woche fuhren sie zurück nach Dresden – in Lilis Heimat. Und sie gingen wieder wie zwei Schwestern durch den Park der Frauenklinik, und der Professor freute sich über sie beide. Wieder nahmen sie Abschied und fuhren auf sein Geheiß in einen stillen Waldort im Erzgebirge, wohnten in einem kleinen Kurhotel, lebten zusammen mit anderen Menschen, Unbekannten, die, genau wie sie, Erholungswochen suchten und fanden. Eines Tages kam ein Brief aus Italien an Gerda. Sie gab den Brief Lili zu lesen. Da schrieb ein Mensch, dass er auf die beiden Frauen warte, wo sie auch wären und wo er auch wäre, und dass sie nur zu rufen brauchten. Und dass sein Herz ihnen beiden gehöre. An diesem Tag fühlte Lili zum ersten Mal in ihrem Frauenleben, dass sie etwas Schuld abgetragen habe an Gerda, und dass sie etwas Glück zwei anderen Menschen geschenkt habe. Und jetzt erfuhr Gerda, was Einar damals in Rom sich selber und ihr und Porta gelobt hatte.

An diesem Tag sagte Lili: »Nun bin ich so weit, dass wir beide nach Hause fahren können.«

»Nach Hause?« fragte Gerda.

»Ich meine … Dänemark, damit du frei wirst von einem Menschen, der lange, lange schon tot ist, von Einar, und damit wir beide, du und ich, ein neues Leben beginnen können.«

Eine Woche später fuhren sie dann nordwärts.

XVII

Im Schlafwagen nach Kopenhagen – Gerda lag im tiefsten, ruhigen Schlummer – erwachte Lili plötzlich aus einem fürchterlichen Alpdruck. Was sie geträumt hatte, wusste sie nicht. Aber ihr war, als sei sie dem Ersticken nah gewesen. Behutsam öffnete sie das Fenster. Mitten auf dem Meer war die Fähre. Es war eine sternlose, graue Augustnacht. Und als sie hinausstarrte, sah sie ein Bild vor sich. Der Kopenhagener Hauptbahnhof voll von Menschen, und alle riefen: »Lili Elbe«, und alle zeigten mit dem Finger auf sie. Und namenloses Entsetzen packte sie. Sie hielt es in dem Schlafabteil nicht mehr aus. Sie kleidete sich an, fand im Halbdunkel ihren Pelzmantel, den man ihr vor ewig langer Zeit, und es war doch erst im Frühling gewesen, in Berlin geschenkt hatte. Sie schlich hinaus aus dem Wagen, den langen, mattbeleuchteten Schiffsgang entlang, die feuchten Stufen der Fähre hinauf und aufs Deck. Kein Wesen war zu sehen, alles schlief. Nur das Stampfen der Schiffsschrauben und das Aufschlagen des Kielwassers waren zu hören. Die Mastlaternen schimmerten matt. Den Schornsteinen des Dampfers entquoll schwarzer Rauch. Aus den Restaurationsräumen des Schiffs drang der Widerschein von elektrischem Licht. Einige Passagiere saßen dort. Sie duckte sich für kurze Zeit aus Angst, bekannten Gesichtern zu begegnen, von irgendjemand hier erkannt zu werden. Wie eine Gehetzte schlich sie sich aus dem Schein der Lichter in eine dunkle Ecke hinein. Ein Frösteln überfiel sie. »Nein, nein«, schrie es aus ihr heraus, »ich kann nicht nach Kopenhagen fahren.« Und die Vision, die sie unten im Schlafwagenabteil gehabt hatte, ließ sie nicht los. Ihre

Fantasie malte sich das Bild lebhafter und lebhafter aus, und schließlich hörte sie aus dem Rhythmus der pochenden Schiffsmaschine wieder und immer wieder den Ruf: da ist sie, da ist sie, da ist sie …

Plötzlich hört sie Schritte. Sie wagt nicht aufzublicken. Sie duckt sich in ihren Schlupfwinkel noch tiefer hinein. Wie einen schwarzen Schatten sieht sie einen Mann vorüberstapfen. Doch seine Schritte hallen über das Deck hin, werden ferner und werden wieder näher, sind wieder ganz nah, und der Mann stapft wieder heran. Übergangslos bleibt er stehen, gerade vor ihrem Schlupfwinkel, streicht ein Zündholz an, um sich eine Zigarette anzuzünden. Der Schein des Streichholzflämmchens leuchtet grell über das Gesicht des Mannes. Ohne dass sie es will, hat Lili in die Flamme hineingeblickt. Sie hat beide Hände vor den Mund gepresst, um nicht aufzuschreien. Wie im Fieber durchzuckt sie der Gedanke: dieser Mensch hat dich erkannt, und du kennst den Menschen. Sie presst die Augen zu, ihr ist, als bete sie, flehe sie zu dem grauen Himmel empor: lass mich sterben. Und jetzt ist es dieser Angstschrei, der wie ein ewiger Ruf den Rhythmus der Schiffsmaschine begleitet: lass mich sterben, lass mich sterben.

Als endlich der Mann vom Deck wieder verschwunden ist und sie wieder ganz allein in dem aufdämmernden Morgen unter dem grauen Himmel steht – ein metallischer Widerschein der emporsteigenden Sonne sickert durch die trostlose, bleischwere Wolkendecke –, da formen immer noch ihre Lippen diesen Angstschrei: lass mich sterben! Und müde schleppt sie sich an die Reling, so grenzenlos müde, dass sie sich kaum noch aufrechthalten kann. Sie starrt auf das dunkle, da und dort aufflackernde Meereswasser hinab, ohne Trost, mit stumpfen Augen, zu kraftlos, um die Flucht zu ergreifen. Die Flucht vor der Heimat, vor sich selbst – vor dem Grauen …

Still schleicht sie zurück in den Schlafwagen, Gerda schläft tief, sie hat nichts gemerkt. Und sie soll es auch nicht erfahren, gelobt sich Lili. Sie entkleidet sich lautlos und schlüpft wieder in ihr Bett und weint hilflose Tränen. Als Gerda erwacht, hat Lili sich ausgeweint … ihr Gesicht ist starr wie eine Maske. Gerda muss ihr beim Ankleiden helfen. Die Lichter von Kopenhagen flackern schon auf. Gerda streichelt die Gefährtin – Gerda sagt viele gute Worte. Lili hört stumm zu und nickt und hat nur ihr Fieberbild vor Augen: die Bahnhofshalle mit den tausend Zeigefingern, mit dem tausendfältigen Ruf: da ist sie, da ist sie. Doch es war niemand in der großen Bahnhofshalle, der ihren Namen rief. Und es gab niemand dort, der sie suchte. Den Mantelkragen hochgeschlagen, einen dichten Schleier um den Hut, so hielt Lili ihren Einzug in Kopenhagen. Hilflos wie ein Kind klammerte sie sich an Gerda auf dem kurzen Weg durch die Halle und die Treppe hinauf in den Wartesaal. Sie wagte nicht aufzublicken, sie zuckte bei jeder Menschengruppe, an der sie vorüberschritten, zusammen, wie ein Mensch, der ein Verbrechen begangen hat und sich von allen Seiten verfolgt geglaubt. Der Wartesaal hatte nur wenige Gäste. In der äußersten Ecke des Wartesaals setzten sie sich. Gerda hatte durch den Gepäckträger die Koffer in der Bahnhofsgarderobe abgeben lassen. Plötzlich stand ein Vetter von Gerda vor ihnen. Er war der einzige, dem Gerda die Ankunft mitgeteilt hatte. Auf Bitten Lilis war verabredet worden, sich im Wartesaal zu treffen.

Einar hatte diesen Vetter kaum gekannt – Lili fürchtete sich vor den neugierigen Augen dieses Halbfremden … doch mit ganz einfachen Worten begrüßte der Vetter sie beide. In der Meinung, dass Gerda und Lili sofort zu Lilis verheirateter Schwester, die in einem Vorort von Kopenhagen wohnt, fahren würden, hatte er kein Hotelzimmer bestellt. Nun aber weigerte sich Lili plötzlich, zur Schwester hinauszufahren. Vor zwei Jahren hatte Einar sie zuletzt gesehen, und Lili hatte jetzt nicht die Kraft, nicht den Mut, der Schwester, die nur ein Jahr älter war als Einar, unter die Augen zu treten. »Gut«, erklärte Gerda, »dann will ich sehen, dass wir ein Hotel finden«, und ging ans Telefon. Auf jede Frage kam die gleiche Antwort: Wir sind besetzt – es ist kein Zimmer frei! Es war August und Kopenhagen überfüllt mit Sommerreisenden. Lili geriet in hellste Verzweiflung. Endlich, nachdem man ein ganzes Dutzend Absagen bekommen hatte, fand sich ein Hotel, das noch ein kleines Zimmer im höchsten Stock anbot. Eine Viertelstunde später saß Lili in diesem Zimmer. Sie wagte sich den ganzen Tag nicht hinaus. Abends aber unterrichtete Gerda, ohne Lili zu fragen, Lilis Schwager von ihrer Ankunft.

Er kam sogleich in das Hotel und wollte Lili mit sich nehmen.

»Gebt mir nur ein paar Tage Zeit! Ich muss mich erst an den Gedanken gewöhnen, meine Schwester wiederzusehen. Ich habe noch nicht die Kraft. Ich kann noch keinen Menschen sehen. Am allerwenigsten – Einars Familie«, flehte Lili, und aller Zuspruch war umsonst.

»Ich fürchte mich«, stammelte Lili wieder und immer wieder. »Ich fürchte mich so sehr vor dem Wiedersehen mit den Menschen, zu denen Einar gehört hat, die Einar geliebt haben, und die er geliebt hat. Ich komme mir vor, als hätte ich ihn ermordet … Ich weiß, es ist irrsinnig, was ich sage. Aber was ist es denn, dass ich mich fühle wie … geächtet, wie … gehetzt? … Ich möchte sterben.«

Gerda wich nicht von Lilis Bett in der ersten Nacht in Kopenhagen. Es war eine Nacht ohne Ende … voll von Ratlosigkeit. Nichts von dem Wesen, das so zuversichtlich die Frauenklinik verlassen hatte, war übriggeblieben. Aller Gleichmut und alle Hoffnung waren von ihr gewichen. »Ich muss zurück zur Frauenklinik. Dorthin gehöre ich. Und sonst habe ich niemand, der mich liebt, der mich so nimmt, wie ich bin. Der nicht fragt und der nichts anderes weiß als: ›Lili‹. – Zu den weißen Schwestern muss ich zurück und zu den anderen Frauen in dem Park, für die ich nichts anderes bin, als was sie selber sind: Frauen, die Hilfe nötig haben und denen geholfen wird.«

Aber man ließ sie noch nicht nach Dresden zurück. Man ließ sie nicht in dem kleinen Hotelzimmer. Man holte sie am nächsten Morgen zu – Einars Schwester.

XVIII

Viele Wochen später hat Lili ihr erstes Zusammentreffen mit Einars Schwester draußen in der stillen Villa am Gentofter See sich selber wiedererzählt. Sie begann ein Tagebuch zu führen, um sich Rechenschaft abzulegen über ihr Tun und Treiben und ihren neuen Lebensbeginn. Die ersten Erschütterungen ihrer Kopenhagener Wochen lagen hinter ihr. Sie hatte wieder Ruhe und auch etwas

Fröhlichkeit gefunden. Sie hatte sogar schon Kraft gehabt, jene Aufzeichnungen durchzulesen, die Einars Freund in Berlin vor kaum einem halben Jahr gemacht hatte, damals, als Einar eine ganze, lange Nacht dem Freund sein Leben erzählte. Der Sohn ihrer Schwester, ein junger werdender Mediziner, hatte sie ermuntert, nun mit ihren eigenen Aufzeichnungen zu beginnen. »Du kannst viel Gutes damit tun«, hatte er gesagt, »dir und vielen anderen Menschen, wenn du jetzt dein Denken und Fühlen festhältst, gerade in dieser Zeit, wo du dich zu ernster, schaffender Arbeit vorbereiten willst.« Auch der Professor, ihr ferner Helfer, hatte ihr den Rat gegeben, zu versuchen, einen Bericht ihres Lebens und Erlebens niederzuschreiben …

Gerda wohnte nicht mit ihr zusammen. Sie hatte bei Bekannten in der Stadt Wohnung genommen, denn niemand in Kopenhagen sollte vorläufig von der Anwesenheit Lilis erfahren, niemand vorläufig von ihrer Existenz Kunde erhalten. Deshalb erzählte Gerda allen, die nach Einar fragten, er läge in einer deutschen Klinik schwer erkrankt danieder … und sie besuchte nur heimlich dann und wann die Freundin. Lili wollte es auch nicht anders. Kaum dass sie selber abends, dicht verschleiert, mit dem Sohn von Einars Schwester den Garten zu verlassen wagte, um unter seinem Schutz in der Umgebung Spaziergänge zu unternehmen. Bisher hatte ihre einzige Beschäftigung in Kopenhagen darin bestanden, Gerda zur Wiedererlangung ihrer Freiheit zu verhelfen. Es galt, in aller Stille, ohne dass auch nur das Geringste darüber in die Öffentlichkeit drang, Gerdas Ehe mit Einar aufzulösen. Es war ein schwieriges Unternehmen, dessen Erfolg nicht sicher war; es gab noch kein Gesetz, das für einen so fantastischen Fall hätte herangezogen werden können. Denn einer der Ehepartner, Einar, existierte nicht mehr, wie also sollte man eine Ehe zwischen einem nicht mehr existierenden Ehegatten und dessen Frau scheiden? Und doch war es gerade dieses »normale Ehescheidungsgesetz«, auf das sowohl die beauftragten Rechtsanwälte wie auch das Richterkollegium, denen die Angelegenheit zur Erledigung übergeben worden war, als einzige Handhabe sich glaubten berufen zu dürfen. Dieses Gesetz verlangt, dass vor der Ehescheidung, für die Zeit eines Jahres, eine »Separation«, das heißt eine Trennung von Tisch und Bett, durchgeführt wird, und erst nach Ablauf dieses Jahres ein weiteres Jahr verstreichen muss, bevor die Ehe rechtsgültig geschieden werden kann. Auf diese Weise würde Gerda zwei weitere Jahre verlieren. Lili ertrug diesen Gedanken nicht. Sie wollte Gerda nicht um zwei neue Jahre ihres Lebens betrügen. Und da es aussah, als könne von den Juristen kein anderer Ausweg gefunden werden, trug sich Lili mit dem harten Entschluss, durch ihren Freitod Gerda von der Last eines nur noch vor dem Gesetz bestehenden Ehepaktes mit einem – Verstorbenen zu befreien.

Da kam ihnen beiden der Ratschlag eines ergebenen Juristen zu Hilfe, nämlich eine Bittschrift an den König zu richten, damit er durch einen Gnadenakt die einst zwischen Gerda und Einar geschlossene Ehe für ungültig erkläre. Das Bittgesuch wurde Ende August eingereicht, und schon Ende September wurden Gerda und Lili zu einem Gerichtstermin geladen, an dem sie beide persönlich zu erscheinen hatten.

Als Gerda fragte, ob Lili auch die Kraft habe, mit ihr dorthin zu gehen, erklärte sie freudestrahlend: »Kann ich mit so geringem Opfer dir deine Freiheit schenken, glaubst du, dass ich auch nur einen Augenblick an mich denken dürfte?«

Und diese Fahrt vor Gericht war die erste gemeinsame Ausfahrt von Lili und Gerda. Zwei Damen erschienen vor den Richtern. Nur noch die beiden Anwälte waren zugegen. Der Termin wurde vor der Öffentlichkeit streng geheim gehalten. Der ganze Gerichtsakt dauerte kaum eine halbe Stunde. Ihn zu beschreiben, ihn auch nur wiederzuerzählen, scheute sich Lili. Auch Gerda hat nie darüber gesprochen. Und wenige Tage später, am 6. Oktober, wurde ihnen beiden der Erlass des Königs bekanntgegeben, wonach die zwischen Einar und Gerda Wegener geschlossene Ehe für ungültig erklärt wurde.

Lili war kurz vorher aus der Villa der Schwester ausgezogen und hatte in dem Haus einer Bekannten ein paar Giebelstübchen für sich als Unterkunft gefunden.

Es waren ein paar bescheidene Stübchen, in denen sie, solange sie in Kopenhagen, solange sie in Dänemark weilte, ihr stilles Leben führte, wo sie dann endlich auch innere Sammlung fand, das in die Tat umzusetzen, was der Sohn von Einars Schwester in ihr angeregt hatte: ihr Kopenhagener Tagebuch zu beginnen.

– – – –

Am 10. Oktober begann sie. Das erste, was sie niederschrieb, war ihre Begegnung mit Einars Schwester.

»Als ich am zweiten Tag meines Kopenhagener Aufenthaltes zu Einars Schwester hinausfuhr – heute weiß ich und fühle ich, dass ich sie auch meine Schwester nennen darf – trat ich in ein Zimmer ein, das ich nicht kannte, in dem Einar aber oft vorher gewesen war. Als ich die Tür geöffnet hatte, war niemand in dem Zimmer, und als ich die ersten Schritte gemacht hatte, sah ich mein Bild in einem Wandspiegel: eine große, elegante Dame mit lächelnden Augen, mit rot aufgelegten Lippen, mit frischen Wangen sah mich an. Ich war mit meinem Bild zufrieden. Ich weiß, ich hatte alles getan, um mich so schön wie möglich zu machen. Zu meiner eigenen Rechtfertigung. Wer könnte mir einen Vorwurf machen, dass ich alle Schönheitsmittel, auf die jede Frau Anrecht hat, zu Hilfe genommen hatte? Wenn ich selber jemals malen sollte, diesen Augenblick würde ich im Bild festhalten. Kaum hatte ich meine eigene Person betrachtet, als ich hinter mir ein anderes Bild, umschlossen von demselben Spiegel, sah. Eine große, von einer Sommersonne übergossene Fjordlandschaft mit bunten, trächtigen Waldufern zu beiden Seiten. Mein Herz stockte. Ich wandte mich um, ich starrte auf die Landschaft in dem schweren Goldrahmen an der Wand. Es war ein Bild, das der junge Einar von seiner Heimat gemalt hatte. Ich sah mich im Zimmer um, ob niemand mich beobachtete. Ich sah an allen Wänden des Zimmers Bilder von Landschaften, Städten, Flussläufen. Ich erkannte in allen Bildern Einars Bilder. Seine ganze Wanderung sah ich vor mir. Da war die Stadt in Südfrankreich an der Loire, wo Einar und Gerda viele frohe Sommermonate gelebt hatten. Und nicht nur Einar! Nein, dort unten hatte *ich*, Lili, ich selber ja gelebt, wie eine Entschlüpfte aus dem Gefängnis von Einars Körper. Da war die Brücke über die Seine in Paris, unter gewittertrübem Himmel. Auf dieser Brücke hatte Einar gestanden … hinuntergesehen in den Strom und mit Todesgedanken gerungen. Und Bilder von Gerda hingen daneben. Und eins davon zeigte mich, Lili, herausgelockt aus Einar in Frauenkleidern. Ich trat an das Bild heran und musste es streicheln und Tränen liefen mir über die Wangen. Und ich setzte mich auf einen Stuhl nieder, vor den Tisch. Ein großes Album lag dort. Willenlos öffnete ich es und sah hinein. Ich fand Bilder von einem blonden Knaben mit großen braunen Augen … Bilder von Einar, als er noch ein Kind war und ahnungslos fröhlich mit seinen Geschwistern, mit seinen beiden Brüdern und mit seiner Schwester in sein schweres Leben hineinspielte.

– – – –

Dann öffnete sich die Tür, und eine Frau mit dunklem Haar und blauen Augen und zögernden Armen trat in das Zimmer ein: Einars Schwester. Ich stand auf, ich stand vor Einars Schwester. Und die Schwester musste zu mir emporsehen, denn ich war größer als sie. Da zuckte es durch mich wie ein heißer Blitz, denn eine wahnsinnige Erinnerung war in mir aufgeschreckt: Einar und seine Schwester waren von gleicher Größe gewesen. Ich sah es den Augen der Schwester an, dass auch sie denselben Gedanken hatte, dass auch sie den wirren Spuk nicht fassen konnte. Ich sagte zu ihr: ›Guten Tag … sei gut zu deiner Schwester Lili.‹

Vielleicht habe ich auch etwas ganz anderes gesagt. Vielleicht habe ich gesagt: ›Nimm mich gut auf, und habe mich lieb, wie du Einar geliebt hast.‹ Vielleicht habe ich überhaupt nichts gesagt. Oder vielleicht habe ich nur gelächelt und zu ihr gesagt: ›Wundere dich nicht, dass ich größer bin als unser toter Bruder Einar, denn ich trage ja so hohe Absätze. Und sei mir deshalb nicht böse, denn ich möchte doch gern so hübsch und so damenhaft sein wie alle anderen gutgepflegten Damen.‹

Dann saßen wir nebeneinander auf dem Sofa, und vor uns lag auf dem Tisch das Album mit Einars Kinderbildern. Wir hielten uns lange bei den Händen. Und die Schwester war gut, sie suchte nach Worten. Ihre Augen sahen mich an, ihre Lippen sagten etwas … Und ich weiß nicht, ob es nun ihre Lippen waren oder ihre Augen, die zu mir sprachen: ›Nicht böse sein, du, dass ich noch gar nicht richtig dich mit deinem Namen Lili nennen kann …, dass ich dich noch nicht richtig in meinen Gedanken finden kann. Dass ich dich nur ansehe und darin Einar suche. In deinen Augen, um deinen Mund, in deinen Händen und auf deiner Stirn. Denn ich habe Einars Augen so geliebt und seine Hände. Und seine Stirn. Ich habe seine Stirn so oft geküsst. Das weißt du. Oder du weißt es nicht. Aber Einar wüsste es. Denn ich bin ja nur ein Jahr älter als Einar. Und als Einar und ich ganz klein waren, er fünf und ich sechs Jahre alt, da war ich sein kleines Mütterchen. Es gab keinen schöneren, keinen süßeren Bruder als ihn. Er spielte mit meinen Puppen, er schob mir meinen Puppenwagen. Und ich nannte ihn »Lilleman«, kleiner Mann. Als ich dann den Namen einmal für Mutter aufschrieb, und Mutter mir sagte, dass ich ja Lilleman nur mit einem N geschrieben hätte statt mit zwei N, sagte ich, dass mein Brüderchen Einar nur ein Lilleman mit einem N sei, denn er sei ja gar kein richtiger Mann. Mutter lächelte, und du lächeltest auch, als du es hörtest, nein … nicht du … Einar lächelte. Er wusste vielleicht nicht, weshalb er lächelte. Und ich wusste nicht, warum ich das gesagt hatte, mein Einar sei gar kein richtiger Mann. Und weißt du auch noch, wie wir mit unserem Puppenwagen in den Wald fuhren? Einar schob so gern den kleinen Wagen. Aber er hatte Furcht, dass ihn andere sähen und ihn deshalb necken könnten. Und weißt du auch noch, dass ich dann immer neben Einars kleine weiße Händchen meine Hand gelegt hatte? Und weißt du noch, weshalb ich das getan habe? Siehst du, das hat Einar ja auch nie gewusst, aber heute kann ich es sagen. Das tat ich nur, damit, wenn uns jemand überraschen würde, ich allein den Wagen weiterschieben konnte, und Einar schnell seine beiden Händchen von dem Wagengriff zurücknehmen konnte, so als wäre gar nichts geschehen …‹ Und hat die Schwester dies nicht mit ihren Lippen gesagt, so hat sie es mit ihren Augen erzählt. Aber es waren wohl ihre Lippen. Ich nickte nur, nickte immer wieder. Ich weinte nicht … Ich ließ es mir ruhig gefallen, dass sie mit ihren großen, zitternden Frauenaugen in mir viele, viele Tage lang immer nur das Bild von Einar, ihrem Brüderchen, suchte und suchte und – ich glaube es heute – auch wieder fand. Mitunter hat sie in den ersten Tagen, wo wir viele Stunden oft recht schmerzvoll miteinander sprachen, mich mit Einars Namen genannt. Mir war dann, als wenn ich sterben müsste. Das habe ich ihr auch nicht verschwiegen. Und dann habe ich sie angefleht, mir zu glauben, dass ich nicht Einars Mörder sei, dass, wenn Einar nicht gestorben wäre, ich ja mit ihm hätte zugrunde gehen müssen, und dass, wenn ich jetzt lebte, ich ihm jeden Tag meines Lebens zu verdanken hätte. Einmal sagte ich, dass ich wohl eigentlich weder Eltern noch Geschwister hätte, denn ich sei ja gar nicht hier oben, sondern in Deutschland geboren. Und vielleicht hätte Mutter, wenn sie mich als Mädchen zur Welt gebracht hätte, mich gar nicht so geliebt wie Einar. Es war wohl an diesem Tag, dass die Schwester zu mir sagte, alles, was dort unten in Dresden geschehen sei, sei ein Frevel an der Natur gewesen. Sei ein Spiel mit dem Schicksal gewesen. Ob Einar denn wirklich nicht hätte weiterleben können? Oder ob es nicht besser, nicht größer gewesen wäre, wenn Einar sein schweres Schicksal und seinen gepeinigten Leib weitergetragen hätte bis zum armen Ende? Dann zeigte sie auf all die Werke, die sie von Einar gesammelt hatte, und ich erkannte, dass ihr ganzes Heim eigentlich ein Museum für Einar war. Denn alle Wände ihrer Zimmer waren angefüllt mit Einars Bildern. ›Siehst du denn nicht‹, sagte die Schwester, ›welch ein Künstler mit ihm zugrunde gegangen ist? Wie ganz anders er war als du?‹ ›Ja‹, sagte ich, ›das ist es ja, was beweist, wie recht Einar tat, dass er mich freigab, denn wir waren *zwei* Wesen, Einar und ich. Ich weiß, dass ich als Mensch viel geringer bin als er … nie das werde erreichen können, was er erreicht hat. Dass ich nie werde malen können, ja … dass ich nicht einmal malen möchte. Denn täte ich es, ich würde nie an sein Können heranreichen. Aber gerade hieraus siehst du doch, dass es wirklich zwei Wesen gewesen sind, die in dem Leib, den Mutter geboren hat, gewohnt haben. Habe ich nun so viel eingetauscht mit diesem Leben, das ich endlich allein führen darf, wo du doch selbst sagst, Einar sei so viel stärker und tüchtiger gewesen als ich? Er hat ja schon ein langes Leben gelebt und gearbeitet, und ich durfte mich ja kaum zeigen. Und zeigte ich mich, so nanntet ihr alle es ja ein Spiel, einen Betrug, einen Mummenschanz. Lass uns, ich bitte dich, jetzt Freunde sein und gute Schwestern um unseren toten Bruder Einar.‹

Dann war der Tag, an dem sie sprach: ›Lili, vielleicht ist es doch kein Unrecht gewesen. Es war ja doch sicherlich Einars Wille, dass alles so kam, wie es kommen musste …

Er war immer ritterlich. Und deshalb hat er auch dich freigegeben, trat zurück mit seinem Leben für deines.< Es war ein furchtbares, hartes Ringen zwischen uns beiden, zwischen der Schwester und mir, um meine Anerkennung als Mensch, als Schwester. Und ich weiß, wie unsagbar schwer es auch ihr gefallen ist, endlich, und sei es auch nur aus Barmherzigkeit, an mich als an ihre Schwester Lili zu glauben und mich aufzunehmen bei sich. Ich habe es ihr nicht leicht gemacht, denn so wie ich mich zeigte und gab, verdeckte ich durch mein Wesen und durch die Art, wie ich sprach, wie ich mich bewegte, wie ich dachte, ganz das Wesen von Einar. Er war geistreich, klug, interessierte sich für alles, war ein innerlicher Mensch. Und ich war ganz äußerlich. Und ich war es mit Willen. Denn ich musste ja jeden Tag beweisen, dass ich ein anderes Wesen als er, dass ich Frau war. Eine gedankenlose, leicht hinlebende, sehr auf Äußerliches bedachte Frau, putzsüchtig, vergnügungssüchtig, ja, ich glaube auch kindisch. Und jetzt kann ich es ruhig sagen: all dies war bestimmt nicht nur ein Possenspiel. Es war wirklich meine Wesensart, unbekümmert, sorglos, unlogisch, launenhaft.

Während der Wochen, die ich in dem Haus der Schwester verbracht habe, konnte ich meine Scheu vor Menschen und die Melancholie, die mich hier in Kopenhagen so bedrückt, nicht überwinden. Denn ich merkte, wenn ich mich abends allein in meinem Kämmerchen betrachtete, dass ich müde und vertan und unmöglich aussah. Und ich fühlte, dass mich alle hier in Kopenhagen, auch meine Familie, als Phänomen betrachteten. Gewiss gewöhnte man sich allmählich an mich, war gut zu mir, ließ sich meine Launen gefallen. Man versuchte mir einzureden, dass ich keine Angst um mein Äußeres zu haben brauchte, da ich aussähe wie jede andere Frau. Trotzdem stand ich Todesangst aus, wenn ich mit dem Sohn der Schwester den Garten verließ und kurze Spaziergänge machte. Die kleinste Unsauberkeit auf dem Gesicht verschüchterte mich damals so sehr, dass ich nur tief verschleiert mit ihm ausgehen mochte. Ich kam mir vor wie ein Paria. Andere Frauen durften hässlich, durften unschön sein, durften alle möglichen Gebrechen haben. Nur ich, ich musste schön, musste makellos sein, denn sonst hatte ich ja jedes Recht verloren, Frau zu sein. Denn sonst machte ich ja ihm, der mich geschaffen hatte, Kurt Warnekros, Unehre. Tage gab es, an denen ich nicht einmal mein Zimmer verlassen mochte, wo ich mich verfolgt glaubte von jedem Wesen hier in Kopenhagen. All das Gefühl der Geborgenheit und Freiheit, das ich in der Frauenklinik in Dresden und auch in Berlin besessen hatte, war mir hier völlig verlorengegangen. Und es war so schwer, an den Professor zu schreiben! So, wie ich schreiben wollte, konnte ich ihm nicht schreiben, denn er würde ja einen verzagten, hilflosen, hoffnungslosen Menschen in mir sehen müssen …«

– – – –

Seit dem Tag, an dem Lili ihre kleine Giebelwohnung in der Stadt bezogen hatte, begann sich ihr Mut wieder zu heben. Gerda war frei … konnte ein neues Leben beginnen. Lili war die erste, die an den Freund in Italien, an Porta, diese frohe Kunde telegraphierte. Und Lili war es auch, die Gerda bat, so schnell, wie sie nur konnte, südwärts zu dem Freund zu fahren. Gerda lächelte. Sie kannte Lili besser, sie wusste, dass Lili ihrer noch hier oben bedurfte. Denn Lili musste unter Menschen kommen, sie musste endlich ihre Scheu vor der Welt überwinden. So ganz allmählich weihte Gerda ihre intimsten Freundinnen in das Geheimnis von Lilis Existenz ein, brachte Lili mit ihnen zusammen, bis Lili sich ruhig genug fühlte, um durch Kopenhagens Straßen ihre ersten Spaziergänge zu machen. Niemand erkannte sie. Sie wagte sich sogar mit ein paar Freundinnen, die sie sofort als das, was sie war, als Frau, aufnahmen, in Cafés und Restaurants. Sie wagte sich in Geschäfte hinein, um Einkäufe zu machen, besuchte schließlich sogar Frisiersalons. Und als gar eines Tages die Freundin aus Berlin eintraf, da schien Lili die schwere Krise, die sie seelisch in Kopenhagen hatte durchmachen müssen, ganz überstanden zu haben. Johanne, die Lili seit der ersten Operation in Berlin nicht gesehen hatte, war entzückt über das Aussehen der Freundin. Ein paar sorglose, frohe, unbeschwerte Tage verlebten sie miteinander. Einkäufe wurden gemeinsam besorgt, Schneiderinnen besucht, Spaziergänge und Ausflüge unternommen, und schließlich getraute sich Lili mit der Freundin sogar über den Strøget, Kopenhagens Tauentzienstraße. Nein, sie brauchte keine Furcht mehr zu haben, niemand sah in ihr etwas Außergewöhnliches, ihre Anonymität in Kopenhagen schien gegen alle Gefahren gesichert zu sein. Als sie dann gar noch eines Tages auf dem Rathausplatz am Arm von Johanne ein paar Studienkumpane von Einar daherkommen sah, ohne von ihnen erkannt zu werden, und als sie dann gar noch hörte, wie der eine dem anderen zuflüsterte: »Donnerwetter, was für elegante Damenbeine« – es waren Lilis! Beine gemeint – da kassierte sie dies fast aufjubelnd nicht nur als ein Kompliment, sondern als hundertprozentige Anerkennung ihrer Identität als Frau ein.

Eines betrübte sie nur sehr. Im Gegensatz zu Gerdas und Einars Freundinnen, die Lili längst in ihren Bund aufgenommen hatten, mieden mit wenigen Ausnahmen alle Freunde von Einar Lili. Gerda, die gerade von ihnen menschliche Hilfe und Teilnahme für Lili erwartet und in diesem Glauben ihnen Lilis Dasein verraten hatte, war über dieses Versagen von Einars Freunden sehr unglücklich. Umso mehr, als gerade zu jener Zeit durch die Indiskretion einer Pariser Freundin das ganze Geheimnis um Einar und Lili in Kopenhagen verraten und schließlich von einem üblen Schmutzblatt auf die hässlichste Weise ausgenutzt worden war. Durch einen Zufall erfuhr Lili hiervon. Ihr ganzer Frohsinn war wieder dahin. Sie verließ viele Tage lang ihre kleinen Giebelzimmer nicht mehr. Sie verschloss sich allen, konnte nicht fassen, weshalb keiner von Einars Freunden den Weg zu ihr fand. Eine kleine Eintragung in ihr Tagebuch erzählt hiervon:

»Wie ist es möglich, dass alle Freunde Einars mich hier verraten? Dass sie mich alle meiden, als wäre ich eine Aussätzige? Was habe ich ihnen getan? Einar war immer hilfsbereit zu ihnen. Er war immer ein zuverlässiger Freund. Und jetzt sagt einer von ihnen, gerade weil er Einar so sehr geschätzt habe, könne er nie und nimmer Lili anerkennen. Lili würde immer zwischen ihm und Einar stehen. Er würde einen Ekel bekommen, ihr die Hand zu reichen. Dies Empfinden sei nichts als der Ausschlag gesunder Männlichkeit. Und ein anderer entschuldigt sich mit anderen Ausflüchten. Man könne nicht mit Lili über die Straße gehen, ohne sich zu kompromittieren. Kopenhagen sei zu klein, um unbehelligt und unverdächtigt mit einem derartig beladenen Wesen sich öffentlich zu zeigen.«

– – – –

Lili hat selber niemals den Schmutzartikel, den ein Pamphletist niedrigster Sorte über Einars und ihr Schicksal veröffentlicht hatte, gelesen. Aber das Erscheinen dieses Artikels genügte, um in ihr den Entschluss zur Reife zu bringen, so schnell wie möglich Kopenhagen zu verlassen. Jetzt wusste sie, dass sie hier ihres Lebens nicht mehr würde froh werden können. Jetzt wusste sie, dass sie in Kopenhagen vogelfrei und geächtet war. Und fluchtartig verließ sie die Stadt. Am liebsten wäre sie sogleich zurück nach Deutschland gefahren, doch einer von Einars Brüdern in Vejle, der Heimatstadt in Jütland, bat sie, zu ihm zu kommen, wenn auch nur für wenige Tage. Er wollte sie als Schwester aufnehmen und hegen, und wenn sie wollte, könnte sie bei ihm immer Obdach und Heimat, Ruhe und Frieden finden. Lili fuhr zu ihm hin. Wie eine Schlafwandlerin führte sie diesen Entschluss aus. »Tu es«, hatte die Schwester und alle, die es hier gut mit Lili meinten, gesagt, »fahre einmal zurück nach unserem kleinen Heimatstädtchen. Vielleicht kannst du dort wirklich deinen Gleichklang wiederfinden. Und willst du dann später zurück zu deinem Helfer nach Deutschland, so tu auch dies. Aber finde vorher Frohsinn und dich selber wieder.«

Ein paar Tage vorher war Gerda südwärts – nach Italien gereist.

XIX

Lilis Bruder und Schwägerin wohnten in einer Villa vor der kleinen Fjordstadt in Jütland. Unbehelligt von neugierigen Blicken konnte sie hier leben. –

Auf das Herzlichste wurde sie hier aufgenommen, vor allem von ihrer Schwägerin, einem lieben guten Menschenkind, das als Frau Lili vom ersten Augenblick nicht nur Mitgefühl, sondern auch tiefes Verständnis zeigte.

Dem Bruder fiel es in den ersten Tagen nicht leicht, sich auf die neue Schwester einzustellen. Aber es dauerte nicht lange, bis er sich zurechtgefunden hatte und in Lili nichts als seine Schwester sah.

Bruder und Schwägerin wetteiferten miteinander, Lili die Tage in Einars Heimat friedvoll und geborgen zu gestalten.

Lili ließ es sich gern gefallen, dass man sie hier wie ein Kind behandelte, das krank gewesen war, und jetzt gehegt und gepflegt werden musste. Die Frau des Bruders saß jeden Abend neben Lilis Bett und hielt ihre Hand, bis sie eingeschlummert war … Tagsüber ließ man sie nie allein. Ging sie aus, so geschah es in Begleitung. Wollte Lili abwehren, so ließ man sie kaum zu Wort kommen: es gäbe auch in kleinen Städten böse Menschen und schlimme Hunde oder andere Gefahren …

In dieser stillen, sicheren Umgebung erholten sich ihre Nerven. Sie unternahm weite Spaziergänge in die Umgebung der Stadt, am Fjord entlang und in die großen Waldungen hinein, die jetzt in bunter Herbstpracht strahlten.

Hier, am Fjord und in den Wäldern ringsum hatte Einar die glücklichsten Tage seiner Kindheit verlebt. Aber fast alle Erinnerungen hieran waren in Lili ausgelöscht. Ihr kam alles neu vor, als sähe sie es zum ersten Mal. Nur dann und wann, bei einer bestimmten Beleuchtung, durch einen Laut, einen Duft, konnte ein fernes Erinnern, wie durch einen Nebelschleier, in ihr aufdämmern. Aber nie war es etwas Genaues, das sich in ihr regte.

Eines Tages ging der Bruder mit ihr in die Stadt, um ihr das alte Elternhaus zu zeigen, in dem Einar geboren und aufgewachsen war, und die Eltern bis zu ihrem Tod gewohnt hatten.

Lili stand vor dem alten Patrizierhaus, sie erkannte es wieder, fern und nebelhaft, wie etwas, von dem man einmal geträumt hat. Oft fragte der Bruder sie, ob sie sich nicht dieses oder jenes Vorfalls aus ihrer gemeinsamen Kindheit erinnern könne. Der Bruder war nur wenige Jahre älter als Einar. Und Einar war doch derjenige gewesen, der sich aller Ereignisse aus der Vergangenheit am besten und genauesten erinnerte. Aber stets musste Lili mit einem Nein antworten, wie heiß sie auch ihr Denken anstrengte, um ein Bild aus der Vergangenheit Einars wiederzufinden. Ihr wurde immer so seltsam zumute, als klänge irgendetwas in der Tiefe ihres Innern auf. Aber sie war wohl noch zu müde, um sich klar darüber zu werden, was es war. Oft schmerzten diese Fragen bitter und der Bruder fühlte es und fragte nicht mehr. Nicht durch die Vergangenheit fühlte sie sich mit dem Bruder und der Schwägerin verknüpft … doch beide waren so gut und lieb zu ihr, und so kam es, dass sie sich hier gar nicht fremd fühlte.

»Lili«, sagte der Bruder eines Tages, »jetzt bist du bald einen ganzen Monat hier, und hast noch nicht Vaters und Mutters Grab auf dem alten Kirchhof besucht.«

»Ich möchte ja so gern dorthin gehen«, antwortete sie, »aber du musst mir zeigen, wo sie liegen.« Dann musste sie bitterlich weinen.

Der Bruder sah sie verwundert an. Er nahm sie in seine Arme und drückte sie beschützend an sich.

Lili fühlte, was er dachte.

»Ja«, sagte sie, von einer heimlichen Furcht geplagt, »ich weiß, ich habe weder Vater noch Mutter gehabt. Ich stehe eigentlich ganz allein in der Welt, oft denke ich, dass das Leben zu voll von Gefahren ist, um es allein bezwingen zu können. Gerade für mich. Das musst du verstehen. Mein Leben begann unter furchtbaren Schmerzen, und zuweilen fürchte ich, dass alles miteinander vergebens gewesen sei. Aber dann wieder ist es, als wenn da etwas Großes und Starkes mich aufrecht hielte. Dann fühle ich in mir sich etwas Köstliches regen. Das ist wohl das Glück. In meinen Träumen ist dieses Glück ganz vollkommen.«

Mit fragenden Augen sah der Bruder sie an. Lili streichelte ihn. »Lieber Bruder, vielleicht kannst du mich gar nicht verstehen, wenn ich so spreche. Aber das schadet auch nichts. Wenn ihr nur gut zu mir seid. Ich selber verstehe mich ja oft nicht, verstehe mein Leben nicht, komme aus dem Staunen nicht heraus.«

– – – –

Einar Wegener war tot.

– – – –

Lili wohnte wieder in ihren Giebelstübchen in Kopenhagen.

Hier traf sie bei ihren Wirtsleuten einen jungen norwegischen Tierarzt, der, ohne zu wissen, was mit ihr geschehen war, erzählte, dass er seit längerer Zeit mit

Transplantationen und Implantationen von Ovarien an Tieren experimentiere und setzte ihr auseinander, dass die Wirkungen dieser neuen Ovarien so groß seien, dass sie den Charakter und die Wesensart des Tiers völlig veränderten und bestimmend für sein Alter seien. Und da ja Tiere weniger wertvolles Material seien als Menschen, habe er als Tierarzt mehr Gelegenheit, dieses Phänomen durch Versuche zu studieren als andere Ärzte. Bei Menschen würde man selbstverständlich ähnliche Vorgänge beobachten können.

Lili begriff jetzt, dass die Krise, die sie, namentlich in der ersten Zeit in Dänemark, durchgemacht hatte, unter der sie wohl auch jetzt noch litt, eine natürliche Folge der an ihr vorgenommenen Implantation sei. Ihre ganze Gehirnfunktion, meinte sie, hätte einen neuen Kurs bekommen.

Sie gestand sich das alles in ihrem Tagebuch ein:

»In den ersten Monaten nach meiner Operation hat es sich wohl vor allen Dingen darum gehandelt, zu neuen Kräften zu kommen. Als dieses einigermaßen geschehen war, begann die physische Veränderung an mir. Meine Brust formte sich, meine Hüften veränderten sich, wurden weicher und runder. Und gleichzeitig begannen andere Kräfte sich in meinem Gehirn zu rühren und alles zu überwuchern, was von Einar noch darin übrig war. Ein ganz neues Gefühlsleben entstand in mir.«

– – – –

Damals schrieb sie einen Brief an Kurt Warnekros:

»Ich fühle mich so verändert, als hätten Sie nicht meinen Leib, sondern mein Gehirn operiert. Und obgleich meinem Gesicht noch all das anzusehen ist, was ich durchgemacht habe, so meine ich doch, dass ich mit jedem Tag jünger und jünger werde.

Auch Einar Wegeners Name hat keinen bitteren Klang mehr für mich. Er hat zuerst seine Jugend gehabt, aber jetzt glaube ich, dass ich auch meine bekomme. Und mitunter finde ich, dass es ungerecht ist, dass ich sein Alter und seinen Geburtstag erhalten soll. Denn mein biologisches Alter ist doch ein anderes als seins. Und es ist auch schmerzlich für mich, dass bei den Behörden mein Name anstatt seines Namens geführt wird. Einar und ich, wir haben doch eigentlich nichts miteinander zu tun.

Ich war jetzt ein paar Wochen in seinem Geburtsort, aber ich habe mich immer wie eine Fremde dort gefühlt. Nichts von dem, was sich jetzt in mir rührt, ist in seinem Elternhaus zur Welt gekommen. Ich bin neugeschaffen. Ich bin dort unten bei Ihnen zur Welt gekommen, und mein Geburtstag ist jener Apriltag, an dem Sie mich operiert haben. Auch mein Gemüt ist wie Aprilwetter. Ich weine und lache zur gleichen Zeit. Mein Herz ist voll von Erwartung wie ein Frühlingstag. Und jedes Mal, wenn ich fühle, wie sich in meinem Innern dieses neue Leben und diese neue Jugend rühren, als wäre ich zugleich Mutter und Kind, dann wandern alle meine Gedanken zurück zu Ihnen in grenzenloser Dankbarkeit.«

– – – –

Wenige Tage später füllte Lili wieder viele Seiten in ihrem Tagebuch:

»Ich weiß, dass mich nur Ärzte verstehen können, wenn ich von der Frage meines Alters spreche. Und ein paar Ärzte haben mir auch versprochen, mir zu helfen, wenn ich später versuchen möchte, mich auch in diesem

Punkt von Einar freizumachen, damit ich *das* Alter erhalte, das meiner Körperentwicklung als Frau entspricht. Viele andere mögen diese Frage belächeln und sie für gleichgültig ansehen. Sie meinen, es käme vor allen Dingen darauf an, dass man sich jung *fühle* und dass man jung *wirke*. Ich dagegen meine gerade das Gegenteil. Dass man nämlich tatsächlich das Alter hat, das auf den amtlichen Papieren steht, ob man sich nun jung oder alt fühlt. Gestern habe ich mich mit einem Freund, der Jurist ist, über diese Frage unterhalten, und sagte zu ihm:

›Vergiss nicht: jedes Mal, wenn man irgendwo in ein Hotel zieht, bei der Volkszählung, wenn man eine Stellung sucht und gar, wenn man heiratet, immer muss man die Frage nach seinem Alter beantworten. Auf jedem Pass, auf jedem Legitimationspapier ist das Alter angegeben.‹

Und was antwortete er?

Ich dürfe eben nicht so unbescheiden sein. Ich müsste Einars Alter genauso als Erbschaft übernehmen, wie ich ihn im Übrigen mit allen seinen Rechten beerben wolle. Was ich energisch in Abrede stellte. ›Nimm zum Beispiel einmal an‹, sagte ich, ›dass ich auch Talent zum Malen haben würde und jetzt zu malen begänne wie er. Einar hatte seine Verbindungen als Maler. Er hatte in einer Reihe von Salons in Paris usw. ausgestellt und war Mitglied mehrerer von ihnen. Kannst du dir nun vorstellen, dass ich zu den verschiedenen Ausstellungskomitees, die ihn gekannt haben, laufe und dort meine fantastische Geschichte zum Besten gebe, um dadurch Einars Rechte für mich in Anspruch zu nehmen? Die französischen wie auch die dänischen Kollegen von Einar würden mich für verrückt ansehen, wollte ich behaupten, ich sei ein und dieselbe Person wie Einar. Zumindest würde man mich wie ein unwahrscheinliches Phänomen betrachten und mich auslachen.

Nein, würde ich wirklich einmal malen, ich würde ganz einfach von vorn an meine Laufbahn aufbauen müssen. Denn sonst würde ich mich zum Gespött der Menschen machen.

Und hast du zum Beispiel gesehen, dass ich, Lili Elbe, die Auszeichnung, die Einar Wegener vom französischen Staat als Maler bekommen hat, für mich in Anspruch nehme? Könntest du dir vorstellen, dass ich mich damit schmücken würde? Nein, dazu ist mir die Erinnerung an Einar zu heilig.

Ich weiß sehr gut, ich bin nur eine dumme Frauenperson und noch ein großes Nichts.

Und außerdem weißt du ja, wenn man erbt, heißt es immer, dass man mit allen Aktiven und Passiven die Erbschaft antritt, und aus diesem Grund kann man sich auch weigern, eine Erbschaft anzutreten. Ich mache keinen Anspruch auf Einars Erbschaft. Am allerwenigsten aber auf seinen Geburtstag, denn sein Geburtstag bedeutet für mich nichts als Schulden. Man kann mich doch nun nicht gewaltsam zwingen, diese Erbschaft zu übernehmen. Ich will das Alter von Einar nicht wie eine Last mit mir herumschleppen. Denn ich fürchte, dass gerade dieser Umstand für meine Zukunft unheilvoll sein könnte. Sieh mich doch nur an. Mir fehlt ja all die Sicherheit, die Einar besessen hat. Meine Nächsten, das heißt Einars Verwandte, sagen es mir ja jeden Tag, wie ganz anders Einar in seinem Wesen war als ich. Er stand so sicher auf der Erde. Er konnte Stürme aushalten. Ich komme mir vor, wie ein ganz jung eingepflanzter Baum, der bei dem ersten Windstoß entwurzelt werden kann. Ich muss jetzt versuchen, mir eine Existenz zu schaffen, irgendetwas zu unternehmen, Geld zu verdienen für meinen Unterhalt und gerade hierbei spielt das Alter eine Rolle. Hat man einmal eine Stellung, hat man sich einen Platz erobert, dann kommt es nur darauf an, wie man sich fühlt und wie man wirkt, wie man seinen Platz im Dasein ausfüllt. Aber soll man ganz von vorn beginnen, dann fragt alles, besonders wenn es sich um eine Frau handelt: wie alt ist sie? Und fast überall werden die Jungen vorgezogen, weil man meint, dass sie Zukunft haben, dass sie Entwicklungsmöglichkeiten besitzen. Nicht nur bei Künstlern gilt dies. Auch bei allen anderen Berufen.

Ich gebe zu, dass mein Fall etwas Außergewöhnliches ist, etwas Neues. Aber kannst du denn nicht auch verstehen, dass es unrichtig ist, dass man meinen Namen an Stelle von Einars auf den Taufschein gesetzt hat? Meinen Namen, Lili Elbe, den weder Einars Vater noch Mutter gekannt haben. Und jetzt ist es wirklich so, als habe, juridisch gesehen, Einar nie existiert.

Aber das ist natürlich Unsinn, heller Wahnsinn. Denn eine große Zahl von Gemälden trägt den Namen von Einar. In vielen Museen und Kunstsammlungen hier in Dänemark und in Frankreich kannst du seine Gemälde finden. Bücher hat Einar herausgegeben, die seinen Namen tragen. Deshalb meine ich, dass es unrichtig war, seinen Namen im Kirchenbuch einfach auszustreichen und dafür meinen Namen hinzusetzen.‹

Und was gab mir der Jurist zur Antwort?

Dann müsste ich den Namen von Einar gewissermaßen als mein Pseudonym betrachten.

›Nein‹, entgegnete ich, ›das würde ein Unrecht sein, denn mit Einars Bildern habe ich ja nichts zu tun. Sie sind von Einar geschaffen. Und gerade seine Bilder sind sein völliges, unumschränktes Eigentum. Als Maler war er kein Doppelwesen. Wenn er malte, war er ganz und gar Mann. Und seltsamerweise – bis zu seinem letzten Atemzug.‹

Da fragte der Freund mich, ob ich denn niemals das Verlangen gehabt habe zu malen, wie Einar, da gerade seine Kunst das Eigentliche und Bestimmende in ihm gewesen sei.

›Nein‹, antwortete ich, ›ich habe nicht die geringste Lust zu malen. Und zwar nicht deshalb, weil ich mich noch zu schwach und müde fühle. Nein, aber ich sehe ja mit jedem Tag, wie ich immer weniger, im Gegensatz zu ihm, mit Maleraugen sehe. Es gibt keinen Wunsch in mir, sein Werk fortzusetzen. Mein Leben muss seinen eigenen Weg gehen. Damit will ich nicht sagen, dass ich kein Künstler bin. Vielleicht bin ich sogar Künstler. Aber ich glaube ganz bestimmt, dass ich einen anderen Ausdruck für mein Kunstverlangen, das heißt für das Verlangen, etwas zu gestalten, suchen, finden werde. Aber darüber kann ich noch gar nichts sagen. Denn ich weiß über all dies in mir noch gar nichts.‹

Wir gingen durch den Schlosspark von Bernstorff. Es war trüber Dezemberhimmel. Und der Freund fragte mich, ob ich denn alles Naturgefühl von Einar verloren hatte. ›Nein‹, sagte ich, ›nur alles, was ich sehe, bedeutet für mich nicht mehr ein Motiv zu einem Bild. Ich bin nicht ›besessen‹ von einer Landschaft, von einer Naturstimmung. Sehe ich etwas wirklich Schönes, so habe ich das Gefühl, als ob mein Unterbewusstsein es in sich einsauge. Mehr weiß ich heute nicht. Vielleicht, dass ich all diesem eines Tages einen sichtbaren – hörbaren Ausdruck geben kann, in irgendeiner Kunstform, ob es nun Malerei oder Musik oder Dichtung ist oder irgendetwas anderes. Augenblicklich löst nichts so viel in mir aus wie Musik. Aber denke ich über mich nach, so komme ich mir vor wie ein Boot, das mit vollen Segeln dahintreibt und sich vom Wind führen lässt, wohin der Wind will … Herrgott, ich bin ja noch so *neu*. Ich muss ja erst Zeit bekommen, mich selber zu finden. – Wie alt ich in Wirklichkeit bin? Vielleicht können das Ärzte feststellen. Doch mit Einars Alter hat mein Alter nichts zu tun. Denn ich habe ja nicht von Anfang an mit Einar zusammen Leib und Blut geteilt. Einar war es ja, der fast ein ganzes Menschenleben lang die Alleinherrschaft über diesen Körper besessen hat. Und erst später war ich es, die sich in unserem gemeinsamen Körper entwickelte, so dass dieser Körper sich umbildete. Bis darin keine Kraft … kein Raum mehr für Einar war.

Wie wirr sich das auch für andere anhören mag, so und nicht anders ist es gewesen. Und deshalb meine ich, dass der Name von Einar in dem Kirchenbuch seines Heimatorts, dort, wo er geboren ist, stehen bleiben muss – und dass man mir, der Heimatlosen, einen Pass für Staatenlose, einen »Nansenpass«, mit meinem biologischen Alter ausstellen müsste …‹

Kopfschüttelnd verließ mich der Freund. Und diesem Kopfschütteln werde ich wohl bei den meisten Menschen begegnen.«

XX

Die vielen Wochen, die Lili jetzt, fern von Gerda, in ihrem Giebelstübchen lebte, waren Wochen der Sammlung.

Ihr kurzes Leben war es, das sie, Rückschau und Umschau haltend, in ihr Tagebuch hineinbeichtete. Seit der Fahrt von Berlin nach Dresden erstand alles wieder in ihr auf, von einem merkwürdigen Licht, das keinen Schatten warf, überscharf beleuchtet.

Ein Bekennen war es, das sie rückhaltlos, und auch gnadenlos, vor sich selber ablegte.

»Wie ein Brückenbauer komme ich mir vor. Doch es ist eine seltsame Brücke, die ich baue. Auf dem einen Ufer stehe ich, das ist der heutige Tag. Dort habe ich die ersten Pfeiler errichtet. Und ich muss die Brücke freischwebend nach dem anderen Ufer hinüber bauen, nach dem anderen Ufer, das ich oft gar nicht und mitunter nur nebelhaft und dann und wann in einem Traum wohl ganz klar sehen kann. Und dann weiß ich oft nicht, ob das andere Ufer das Vergangene oder das Zukünftige ist. Oft wird dann die Frage in mir wach: habe ich nur Vergangenheit gehabt oder habe ich überhaupt keine Vergangenheit gehabt? Oder habe ich nur Zukunft ohne Vergangenheit …?«

– – – –

»Ich habe einen neuen Freund gefunden, der mir helfen will, die losen Blätter meiner Beichte zu sammeln, zusammenzufügen. Er hat vor vielen Jahren flüchtig Einar gekannt. Er entsinnt sich seiner kaum noch. Nur seine Augen hat er noch in Erinnerung, und in meinen Augen hat er diese Erinnerung gefunden. Er ist Deutscher. Und ich freue mich, dass ich mit ihm hier deutsch sprechen kann.

Er sagte mir, als ich zum ersten Mal zu ihm kam, dass er sich, vor meinem Treffen mit ihm, etwas vor mir gefürchtet habe, als könne er vielleicht einen Widerwillen vor mir empfinden, zumal er kurz vorher einige Fotografien von Einar sich wieder angesehen hatte. Als ich dann aber bei ihm war, so sagte er mir, sei jeder Zweifel von ihm abgefallen, Zweifel an meiner Eigenexistenz. Nur die Frau habe er in mir gesehen, und wenn er an Einar dachte oder von Einar mit mir sprach, so habe er einen Menschen neben mir oder hinter mir gesehen, gefühlt …

Er gab mir eine neue deutsche Bibelübersetzung. Den ersten Band. ›Das Buch im Anfang‹ heißt der Titel, und darin las ich viele Male die Worte:

›Und die Erde war Wirrnis und Wüste.
Finsternis allüber Abgrund.
Braus Gottes brütend allüber den Wassern.‹

Ist es vermessen von mir, dass ich, denke ich an meinen Anfang, immer diese Worte, die Musik dieser Verse, in mir klingen höre?«

– – – –

»Dem deutschen Freund gebe ich oft meine losen Blätter zum Lesen. Oft frage ich ihn, wenn Dunkelheit in mir ist. Und dann ist es ein Wort von ihm, das mich weiterführt. Er versteht das seltsame Fragen in mir, dieses Brückenbauen in den Nebel hinein …«

»Gerda ist aus Italien zurückgekommen. Sie ist so glücklich, und ich bin froh über ihr Glück.

Sie wohnt jetzt bei mir. Denn wir brauchen uns ja nicht mehr zu fürchten, zusammen auszugehen. Ich habe keine Angst mehr. Niemand auf der Straße beachtet mich.

Gerda Wegener und Fernando Porta in Marokko, nach 1932.

Wir sprechen viele Nächte lang. Wir sprechen fast immer nur von dem Leben, das jetzt kommt, für sie, für mich. Sie hilft mir auch, wenn ich mitunter nicht weiter kann im Niederschreiben meiner Beichte. Dann kann ich sie fragen, und sie weiß immer Antwort.

Sie erzählt vieles von Porta. Sie wollen bald heiraten, und Gerda sagt, dass ihr Heim dann auch immer mein Heim sein soll. Porta weiß alles und sagt, er werde immer mein Freund und mein Beschützer sein. Und Gerda: ›Wir beide sind so eng miteinander verbunden, dass ich mir nie vorstellen kann, dich lange fern von mir zu wissen.‹

Immer wieder spricht sie so zu mir. Dann sagt sie noch, dass ich nicht nur ihre Schwester sei, dass ich auch ihre große Tochter sei, und lächelt. Ich musste ihr versprechen, bald nach ihrer Hochzeit zu ihr und Porta zu kommen, auch Porta wird mich wie seine große Tochter bei sich aufnehmen. Wie glücklich mich diese Worte machen!«

– – – –

Ein alter Freund von Gerda und Einar, einer der wenigen, die auch Lili bei sich aufgenommen hatten, ein bekannter Kopenhagener Kunsthändler, riet, bei ihm eine Ausstellung von Einars hinterlassenen Gemälden zu veranstalten.

Zusammen mit Gerda hatte er aus Paris den ganzen Nachlass, es waren an die vierzig Gemälde, und auch viele von Gerda, nach Kopenhagen kommen lassen.

Doch man riet Lili, die mit Gerda zusammen die Ausstellung vorbereitete, sich auf keinen Fall bei der Eröffnung der Ausstellung zu zeigen. Dass es sich um einen Nachlass handele, wurde den Zeitungen gegenüber auch streng verschwiegen. Um jedes Gerede zu vermeiden, wurde gesagt, dass diese Ausstellung vor allem den Zweck habe, durch den Verkauf von Einars jüngsten Gemälden Mittel für ihn, der immer noch in einer deutschen Klinik krank darniederläge, zusammenzubringen.

Einladungen wurden zur Eröffnung der Ausstellung versandt.

Eigentlich konnte diese Ausstellung auch nicht auffallen, da Einar und Gerda fast alljährlich in Kopenhagen, und zwar immer in den Räumen dieses befreundeten Kunsthändlers, ausgestellt hatten.

Eine seltsam gedrückte Stimmung herrschte diesmal bei der Eröffnung der Bilderschau. Der intimste Freundeskreis war selbstverständlich eingeweiht. Die vielen anderen aber, die sich auch diesmal wieder eingefunden hatten, wussten von all den Gerüchten, die seit langem in Kopenhagen im Umlauf waren. Und all diese Gerüchte, wie oft sie auch entkräftet worden waren, lebten wie ein Spuk wieder auf. Niemand wagte, auch nur ein einziges Bild zu kaufen.

Lilis Mittel gingen zur Neige. Es bedrückte sie, vielleicht bald gezwungen zu sein, von ihren Angehörigen Unterstützungen anzunehmen, wie gern man sie ihr auch angeboten hätte. Einen Vorschlag, den man ihr machte, ihre Aufzeichnungen, ihre »Lebensbeichte«, die ja noch nicht abgeschlossen war, jetzt schon zu veräußern, wies sie erschreckt zurück.

Ein Bekannter verfiel dann auf die absurde Idee, Lili solle sich als Einar verkleiden und so auf der Ausstellung erscheinen und allen Gerüchten auf diese Weise den Garaus machen.

Gerda war über diesen Einfall nicht minder erschreckt als Lili. Da kam eine Freundin, die Redakteurin an einer führenden Kopenhagener Zeitung ist, Lili zu Hilfe.

Sie hatte schon seit langem einen sachlichen Aufsatz über Lilis Werdegang schreiben wollen. Lili hatte es bisher verhindert. Jetzt, erklärte die Freundin, sei aber der Zeitpunkt gekommen, wo die Öffentlichkeit die reine Wahrheit erfahren müsse. Ein bekannter Künstler, wie Einar gewesen sei, könne natürlich nicht einfach verschwinden. Es sei daher auch ganz natürlich, dass die fantastischsten Gerüchte jetzt in Kopenhagen umliefen, noch dazu, wo Einar bereits fast ein Jahr auf mystische Weise aus dem Dasein verschwunden sei. Und jetzt sei sie entschlossen, in ihrer Zeitung zu erzählen, auf welche Weise ein genialer deutscher Chirurg den todkran-

Die Altstadt von Kopenhagen mit Gammeltorv, dem ältesten Markt. Die Straße rechts führt auf die Haupteinkaufsstraße Strøget.

ken Einar Wegener in ein junges, lebensfrisches Weib, in Lili Elbe umgeschaffen habe. Die Tat des deutschen Chirurgen müsse der Welt mitgeteilt werden. Sie dürfe einfach kein Geheimnis bleiben. Eines Tages müsse es ja sowieso gelüftet werden, und jetzt sei der Zeitpunkt dazu gekommen.

Schweren Herzens, von Gerda und allen Freunden überredet, willigte Lili endlich ein.

Am nächsten Tag, Anfang März 1931, erschien der Aufsatz und reinigte die Kopenhagener Luft. Wie ein Blitz ging die Nachricht in die Weltpresse hinaus. Überall, in Europa und in Amerika, wurde dieses ungewöhnliche Menschenschicksal besprochen. Aber, trotzdem Lili jetzt eine Weltberühmtheit geworden war und die Zeitungen aller Sprachen ihr Bild überall verbreiteten, ging sie friedlicher denn je in Kopenhagen herum. Was sie immer befürchtet hatte, dass man ihren Namen ihr auf der Straße nachrufen würde, traf nicht ein.

Niemand, mit Ausnahme jener wenigen, die sie kannten, dachte auch nur einen Augenblick daran, dass die junge Dame, die fast täglich über den Strøget ging, und sich durch nichts von anderen Damen unterschied, die mit Legenden umsponnene Lili Elbe sei. Wenige Tage nach Veröffentlichung des ersten Aufsatzes über sie stand sie zufälligerweise in einer Gruppe von Menschen vor dem Eingang eines Verlagshauses, wo gerade in einer Wochenschrift ein illustrierter Artikel über sie erschienen war, um sich ein Exemplar dieser Wochenschrift zu kaufen. Dann setzte sie sich in die Straßenbahn und las ihre eigene Geschichte genauso, wie viele von den anderen, die im Wagen saßen. Niemand kümmerte sich um sie, obgleich sie genau denselben Mantel und denselben Hut trug, wie auf den Fotografien in dem Aufsatz.

Nach diesem »Erfolg« war sie ganz beruhigt, und fortab hatte sie verschiedene lustige Erlebnisse.

Sie ging jetzt täglich in Einars Ausstellung, die nun in der Hoffnung, Lili Elbe zu sehen, viel besucht wurde. Und fast alle Bilder wurden verkauft, ohne dass jedoch auch nur ein einziger der Besucher sie erkannt hätte.

Einmal kam sogar eine ältere Dame zu ihr hin und flüsterte ihr zu: »Sagen Sie mir, Fräulein, glauben Sie nicht, die schlanke Dame dort hinten, mit den großen Füßen und dem Schlips, die wie ein Mann aussieht, ist Lili Elbe?«

»Ja«, antwortete Lili, »ganz bestimmt, das *ist* sie.«

An einem anderen Tag, an dem sie in einem Maniküresalon saß, trat eine schwedische Dame ein und rief laut:

»Haben Sie die Geschichte von Lili Elbe gehört? Glauben Sie wirklich, dass etwas Wahres daran ist?«

Alle, die in dem Salon saßen, erklärten, wie fantastisch sich dies alles auch anhöre, so entspräche es doch wohl der Wahrheit. Nur Lili – sie gehörte schon seit Wochen zu den regelmäßigen Besuchern dieses Salons – ohne dass man ihren Namen kannte, spielte die Ungläubige.

»Selbstverständlich übertreibt dieser Aufsatz«, bemerkte sie trocken. Worauf alle Damen sich darauf einigten, dass alle Zeitungen unerhört übertrieben …

– – – –

Lilis Gesundheitszustand besserte sich zusehends. Ihre Nerven waren ruhig geworden. Sie brauchte sich jetzt nicht mehr vor den Menschen zu verbergen.

Auch ihre Legitimationspapiere waren in Ordnung. Sie durfte durch königliche Bewilligung ihren Namen unangefochten tragen. Die Ausstellung war ein Erfolg geworden. Und sie selber erhielt viele Beweise von Sympathie, besonders von Frauen. Damen, die sie überhaupt nicht kannten, sandten ihr Briefe voll von Verständnis und Begeisterung. Von Unbekannten bekam sie Blumen zugesandt. Verschiedene Ärzte boten sich an, ihr kostenlos, solange sie in Kopenhagen sei, beizustehen und ihren Gesundheitszustand zu überwachen.

»Man macht mich jetzt zu einer Heldin«, sagte sie zu ihren Freunden. Sie atmete auf und wurde ihres Lebens wieder froh.

– – – –

Und ein paar Wochen später konnte Gerda mit gutem Gewissen wieder südwärts fahren, nach Italien, um mit Porta Hochzeit zu halten.

XXI

Während dieser kurzen Wochen des Zusammenseins mit Gerda in Kopenhagen hatte Lili zum ersten Mal eine glückliche und verliebte Frau erlebt.

Und jetzt, wo Gerda sie allein gelassen hatte, fühlte Lili noch einen heimlichen Schmerz, eine verhaltene Trauer, ein tastendes Neidgefühl, nein, es war kein Neid, das wusste sie, denn niemand gönnte Gerda ihr Glück mehr als sie.

Endlich fand sie, was sich schmerzlich in ihr regte: eine Leere in ihrem Leben, etwas Unausgefülltes, das sie wohl nie würde ausfüllen können …

Unklar empfand sie dies, und sie fürchtete sich noch, diesem Neuen, das sich in ihr regte, einen Namen zu geben.

Es begann Frühling zu werden. Der Garten um das Haus, in dem ihre Giebelzimmerchen lagen, schimmerte im ersten Grün; Lili fühlte, wie ihr Körper gedieh. Doch sie fühlte auch, wie sich in ihr dieses rätselhafte Verlangen nach etwas, dem sie keinen Namen geben konnte, wacher und heißer regte.

Sie begann eifriger und eifriger zu arbeiten, als habe sie keine Zeit zu verlieren. Nächtelang schrieb sie an ihrer Lebensbeichte. Sie gönnte sich nur wenige Stunden Schlaf. Tagsüber konnte sie oft stundenlang am Flügel sitzen und spielen. Ganz frauliche Arbeiten verrichtete sie, nähte sich neue Kleider, half mit bei der Hausarbeit. Abends war sie mit Verwandten und Freundinnen zusammen. Zu ihrem deutschen Freund ging sie oft, brachte ihm neue, beschriebene Blätter. Doch immer weniger wagte sie mit ihm über das, was sie geschrieben hatte, zu sprechen.

»Sammeln Sie alles«, sagte sie dann oft, »und lesen Sie es erst, wenn ich nicht mehr in Kopenhagen bin.«

Das hatte sie mit Gerda verabredet: zum Sommer sollte sie bei ihr und Porta unten im Süden sein …

– – – –

»Heute hat mein Arzt, den ich regelmäßig besuche, zu mir gesagt: ›Als ich Sie zuerst sah, glaubte ich, Sie seien ein bedauernswertes, degeneriertes, unglückliches Menschenkind. Aber jetzt habe ich Sie ruhig beobachten können und weiß, dass Sie ein gesundes, lebensstarkes Weib sind.‹

Ich kann gar nicht sagen, wie glücklich mich diese Worte gemacht haben.

Abends hatte ich es meinem deutschen Freund erzählt, und da sagte er zu mir:

›Jetzt ist es bald Zeit, dass Sie wieder malen.‹

Ich sah ihn entsetzt an.

›Wieder?‹ sagte ich, ›begreifen Sie doch endlich, dass *ich* noch nie gemalt habe, und dass ich immer noch nicht weiß, ob ich je werde anfangen können zu malen.‹

Er sah mich streng an. Zum ersten Mal sah ich einen Zweifel in seinen Augen. Er sagte:

›Je gesünder Sie werden, desto sicherer wird in Ihnen all das Positive, das in Einar gewesen ist, wieder auferstehen. Das Unsterbliche in ihm, der göttliche Funke, sein Künstlergenie. Und wenn Sie jetzt auch noch nicht imstande sind, sich die Wahrheit dieses in Ihnen schlummernden Schaffensdrangs einzugestehen, der sich einmal auslösen muss im Selbstschaffen, dann sind Sie jetzt sicherlich schon so weit, dass Sie aus diesem Unterbewusstsein heraus lehren, andere belehren, ich meine damit, gewissermaßen reproduzierend, junge Menschenkinder, die Maltalent haben, anlernen können.‹

Er war aufgestanden und ging erregt im Zimmer auf und ab:

›Ich habe Seite für Seite Ihrer Beichte gelesen, das wissen Sie. Und ich begreife auch, dass etwas wie Scheu aus diesem Bekennen herauszittert. Sie sind Frau. Mitunter fürchten Sie sich, das Letzte auszusprechen. Denn das Letzte ist das völlig Nackte, das Brutale. Aber alle Wahrheit ist ja brutal. Auch ein gut Teil schamlos, und es sind ja nur wenige Menschen, die die innigste, vollkommenste Scham begreifen, ertragen können, nämlich die Scham der Schamlosigkeit.‹

Jetzt nahm ich sein Wort auf: ›Wollen Sie damit sagen, dass ich nicht aufrichtig genug bin?‹

Er blieb vor mir stehen, nahm meine Hand, hakte mich ein und ging mit mir langsam durch sein Zimmer auf und ab. ›Lili, Sie selber haben sich als einen Brückenbauer bezeichnet, der von dem festen, sichern Ufer des Heute eine Brücke baut. Und Sie sagten selber, Sie wüssten nicht, ob das andere Ufer das Vergangene oder das Zukünftige sei.‹

Dann schwieg er.

Wir standen beide vor dem Fenster seines Zimmers.

Man sieht von dort in den Hafen, aufs Wasser, und über viele Speicherdächer hinweg auf den Öresund.

Wir waren beide still geworden. Dann begann er wieder:

›Diese Brücke, Lili, die führt viel tiefer in die Vergangenheit hinein, als Sie heute noch ahnen können. Nämlich über jenen Abgrund hinweg, der sonst Mann und Weib voneinander trennt. Das ist das Auserwählte Ihres Schicksals, das Einmalige, das in Ihnen schlummert, nämlich die Gefühlsverbindung zwischen den beiden Geschlechtern. Dieses Ahnen in Ihrem Blut, das jetzt ein Frauenherz, Ihr Herz, durchströmt, wie es früher das Herz eines Mannes durchströmt hat, dann und wann durch bunte, wehe Nebel, zu erschauerndem Wissen anschwellend. Und dieses ahnende Wissen haben Sie ja hineingetragen in Ihre Schicksalsbeichte, sehr zag noch und vielleicht in unzulängliche, tastende, dürftige Worte gekleidet. Und manchmal deuten Ihre Worte nur an, manchmal verschweigen sie auch wohl etwas, aus verhaltener Scham. Dieses Neuland, Lili, dieses Neuland der Seele schlummert in Ihnen, und es wird sich Ihnen immer mehr auftun. Ob Sie es sich selber eingestehen wollen oder nicht, es hat sich ja längst in Ihnen aufgetan.‹

Dann schwieg er.

Ich setzte mich in die dunkelste Ecke seines Zimmers und schloss die Augen. Er hat nicht gesehen, dass ich weinte. Ich ging ganz allein nach Hause. Am anderen Tag habe ich ihn gebeten, er möchte mir seine kleine Tochter, ein sechzehnjähriges Mädel, das seit ein paar Monaten die Kopenhagener Kunstschule besucht, als Schülerin schicken.«

XXII

Am nächsten Morgen traf ein Brief bei Lili ein, von Claude Prévost.

»Meine liebe, kleine Lili!
Ich will Dir nur kurz melden, dass ich beruflich in den nächsten Tagen in Kopenhagen zu tun habe. In der nächsten Woche werde ich dort sein. Ich küsse Deine Hand. In Eile

Dein Claude.«

– – – –

Eine ganze Woche lang waren Lili und Claude dann vom Morgen bis zum Abend zusammen. Sie zeigte ihm die ganze Stadt und die weite Umgebung, und alles war voll Frühling.

Sie war glücklich. Ihr bester Jugendfreund war endlich wieder zu ihr gekommen.

Er erzählte ihr von Paris. Und alle Erinnerungen an die vielen, vielen glücklichen Stunden, die sie beide dort und im Süden Frankreichs verlebt hatten, zündete er in ihr wieder an, dass ihr ganzes Erinnern, wie aus Dunkelheit erwacht, ihr jetzt wie ein schillerndes Firmament vorkam.

»Weißt du noch dies – weißt du noch jenes?« fragte Claude und konnte kaum eine Antwort abwarten und erzählte weiter. Und Lili sagte zu allem: »Ja, ja.« Und ihre Augen schienen so froh.

Aber ganz, ganz heimlich fühlte sie dann und wann, dass etwas Neues und anderes sich in ihr regte, und sie wusste nicht, was es war.

– – – –

»Claude und ich saßen heute Abend in einem Restaurant, als er plötzlich sagte:

›Hör, Lili, ich muss dich jetzt nach Hause bringen. Es ist schon spät, und ich fürchte, dass ich dich sonst kompromittiere.‹

Ich musste laut auflachen. Solche Worte hatte ich nie vorher aus Claudes Mund gehört.

Aber als ich ihn ansah, fühlte ich, dass ihm seine Worte ernst waren, und war gehorsam und stand auf.

Als wir dann im Wagen saßen, sagte ich zu ihm:

›Claude, du siehst so feierlich aus. Bist du nicht mehr so froh wie früher in Paris und an der Loire, als du mit mir zusammen warst?‹

Claude griff nach meiner Hand und antwortete:

›Vielleicht hast du recht. Ich habe nämlich während dieser Tage auch etwas Neues an dir gemerkt, etwas, was ich nicht an dir gekannt habe, damals, als du, wenn ich so sagen darf, noch nicht zur Welt gekommen warst. Jetzt bist du gesund und guter Dinge. Aber auch so wehrlos. Du bist eine erwachsene Frau, aber trotzdem kommst du mir oft vor wie ein Kind. Du solltest einen Menschen haben, der sowohl Mutter wie Mann für dich ist. In ein paar Tagen muss ich wieder fort, weit fort, und da quält mich der Gedanke, dich hier allein zurückzulassen. Allen Gefahren ausgesetzt. Denn die Menschen betrachten dich, ob du es dir eingestehen willst oder nicht, in Kopenhagen, wo alle Einar gekannt haben, als ein Phänomen. Auch wenn die Leute gut zu dir sind. Du kannst ja nicht vor deiner Vergangenheit weglaufen.‹

Claude sah mich lange an. Ich fragte ihn:

›Was soll ich denn tun?‹

›Du musst weg von hier.‹

Ich nickte.

›Das ist ja auch meine Absicht. Gerda erwartet mich im Juni in Italien. Aber vorher möchte ich noch einmal nach Dresden fahren, zur Frauenklinik. Dort ein paar Sommertage oder Sommerwochen verleben, wie im vorigen Jahr.‹

Claude schüttelte den Kopf.

›Was für Pläne, was für Pläne, Lili! All die langen Reisen. Und ganz allein. Es ist ja so hübsch von Gerda und von ihrem Mann, dass sie dich bei sich haben wollen, aber vergiss doch nicht: es sind Neuvermählte. Haben denn glückliche Menschen, die solange ihr Glück versäumt haben, schon Raum für ein anderes Wesen?‹

Und dann schwieg Claude wieder, bis er plötzlich sagte:

›Ich muss dir ja noch erzählen, dass ich bereits in den nächsten Tagen von Paris in die Türkei versetzt werde. Und ich muss die Reise dorthin in spätestens einer Woche antreten.‹ Claude war seit einigen Jahren Konsulatsbeamter. –

Er blickte mich mit seinen großen, offenen, guten Augen an und fragte:

›Willst du mit mir fahren, Lili?‹

Diese Frage kam so plötzlich, dass ich ihn ungläubig ansah. ›Willst du mich denn wirklich mithaben?‹

Claude sagte ernst: ›Meine kleine Lili, kannst du daran zweifeln? Willst du dich mit mir verheiraten? Willst du meine Frau werden?‹

Ganz willenlos, so als wenn ich nicht selber gesprochen hätte, sagte ich: ›Ja, aber ja, Claude.‹ Und ich höre noch meine Worte im Ohr klingen, ganz ohne Erregung waren sie, so artig, wie ein Schulmädchen spricht.

Und ich begriff deshalb wohl auch gar nicht Claudes Erregung, als er plötzlich meine beiden Hände nahm und sie küsste. Erst als Claude mich an sich presste und mir einen Kuss auf den Mund gab, begriff ich, was er und was ich gesagt hatten, und ein unerklärliches Gefühl erfüllte mich. Etwas, was ich nie vorher gekannt hatte, etwas Beseligendes und doch Entsetzliches.

Und ich hörte plötzlich, wie von ganz fern kommend, die Worte, die Kurt Warnekros, als ich ihn zum letzten Mal gesehen, zu mir gesagt hatte: ›Gehen Sie nun hinaus und rühren Sie Ihre Flügel, und gleiten Sie in das Leben hinein. Leben Sie jetzt Ihr Jungmädchenleben.‹

Ich riss mich erschreckt von Claude los. Er sah mich mit bestürzten Augen an und fragte mich: ›Was ist mit dir, Lili, hast du mich nicht mehr gern?‹

Ich antwortete: ›Du weißt gut, wie viel ich von dir halte.‹ Ich hörte meine eigenen Worte, ich erkannte kaum meine Stimme. ›Aber ich kann mich nicht mit dir verheiraten, bevor ich nicht Professor Warnekros gefragt habe. Ohne seine Erlaubnis kann ich nichts tun. Er allein hat das Bestimmungsrecht über mich.‹

›Was meinst du?‹ fragte Claude, und seine Augen sahen mich bekümmert an.

Ich suchte nach Worten. Übergangslos musste ich an das Gespräch, das ich mit meinem deutschen Freund geführt hatte, denken. Ich hörte seine Worte, als er zu mir sprach: ›Die Scham der Schamlosigkeit …‹

›So sprich doch endlich‹, hörte ich dann wieder Claude.

Ich stammelte:

›Claude, ich weiß nicht, ob ich mich verheiraten darf, jetzt schon – vielleicht bin ich noch nicht stark genug, trotzdem ich wohl gesund aussehe. Lass mich erst zu meinem Helfer nach Deutschland fahren. Mit ihm muss ich mich beraten, was aus mir werden soll, wohin mein Weg geht.‹«

– – – –

»Am nächsten Tag saß die Tochter meines deutschen Freunds, die sechzehnjährige Ruth, bei mir. Sie malte an ihrem ersten Bild, einem Selbstporträt. Ich stand hinter ihr, und ich brauchte ihr gar nicht zu sagen, wie sie malen sollte. Ich erzählte ihr von mir und von der Frauenklinik und vieles andere, was mich bewegte und was meine kleine Schülerin vielleicht gar nicht recht verstand. Wir waren so froh miteinander. Ich sah, dass ich ihr viele gute Ratschläge geben konnte. Als sie gegangen war, ihr begonnenes Bild stand noch auf der Staffelei, die ich von – Einar geerbt hatte, suchte ich mir ganz heimlich unter den vielen Bildern, die von Gerdas und Einars letzter Ausstellung noch bei mir standen, die meisten davon waren verkauft, ein leeres Stück Leinwand. Ich spannte es auf den Blendrahmen, nahm das Bild meiner kleinen Schülerin von der Staffelei und stellte das leere Stück Leinwand auf die Staffelei. Und plötzlich nahm ich selbst einen Pinsel und begann zu malen. Was ich malen wollte, wusste ich nicht. Und ich malte und malte.

Plötzlich klopfte es an der Tür. Einmal … und noch einmal. Ich konnte die Staffelei nicht verlassen. Irgendetwas hielt mich fest – da stand Claude hinter mir.

›Du malst, Lili?‹ fragte er erstaunt, ›und was soll dein Bild darstellen?‹

›Ja, siehst du, Claude‹, antwortete ich etwas unsicher, und wieder musste ich an das Gespräch, das ich neulich nachts mit meinem deutschen Freund geführt habe, denken, ›ich will versuchen, ob ich beginnen kann –. Wenn du in ein paar Tagen wegfährst, dann will auch ich wenige Tage später meine große Reise antreten. Und dann möchte ich gern meinem Professor ein Bild mitbringen. Mein allerserstes Bild. Er besitzt Bilder von Einar, und ich möchte gern sehen, ob ich wirklich neben ihm als Maler bestehen kann. Gestern Abend, als du mich nach Hause gebracht hattest, bekam ich eine Idee.‹

›Ja, aber was soll dein Bild darstellen, kleine Lili?‹

Wir standen beide vor meinem Bild, er sagte: ›Hast du nicht ein Herz gemalt?‹

Ich schämte mich fast, es einzugestehen. ›Ja‹, sagte ich, ›es ist mein Herz, das unten in der Frauenklinik geblieben ist.‹

Claude sah mich traurig und fragend an, und ich nahm seine Hand. ›Nicht böse sein, Claude, das verstehst du noch nicht. Siehst du, die Frauenklinik, das war meine stille, weiße, glänzende Kinderheimat. Deshalb soll Professor Warnekros dieses Bild haben. Er wird mir nicht zürnen. Er wird das Bild auch nicht belächeln. Er versteht mich. Und mehr will ich ja gar nicht, als sein Lächeln sehen, wenn ich ihm das Bild gebe …

Ich habe dich so lieb, Claude, und ich träume schon davon, mit dir dort unten im Süden zusammen zu sein, zusammen zu leben. Dort gibt es so viel heiße, bunte Blumen und Palmen und heiße, schwere Südlandsonne. Und du wirst auch einen Garten haben. Und ich sehe diesen Garten schon vor mir.

Aber ich träume auch von einem anderen Garten. In diesem Garten gibt es weiße Blumen und weiße Birken. Und dort wandle ich, weiß und rein, unter einem bleichen und milden Himmel. Vielleicht ist es der Garten des Paradies … Du lieber Mensch, für mich ist das Leben noch so neu und gewaltig. Ich fühle mich so schwach all den starken Regungen gegenüber, die ich in meinem Herzen jetzt mitunter aufzucken fühle. Ich habe längst begriffen, dass das Leben einer Frau vor allem aus Sehnen und Schmerz besteht. Und doch ist es so wunderbar zu leben!‹

Claude sagte: ›Arme kleine Lili‹, und schloss mich ganz leise in seine Arme, als sei ich ein Kind, ›oft meine ich, dass die Natur in einer wunderlichen, rätselhaften Laune in dein zages, so empfindsames Seelchen alles Weiblichste, was es nur auf Erden gibt, gelegt hat, und jeder kann dein kleines Seelchen verwunden, weil es so schutzlos ist. Deshalb möchte ich dich so gern mit mir nehmen. Willst du nicht?‹

Da habe ich Claude ganz ruhig angesehen und ihm meine Hände gegeben: ›Fahre du ruhig, Claude, und warte auf mich. Aber frag mich nicht mehr. Ich verstehe nur so wenig von allem, was sich in meinem Innern rührt, und entdecke jeden Tag etwas Neues und Unbekanntes in mir.‹

Dann habe ich geweint. Wir standen ganz dicht vor dem Bild mit meinem Herzen.

Am nächsten Tag brachte ich Claude zur Bahn.«

– – – –

Es regnete aus dem blaugrauen Himmel. Weiße Birken glänzten wie Silber vor dunklen, feuchten Föhrenwäldern. Blauviolette Höhenzüge wellten am Horizont auf.

Lili sah auf ihre Armbanduhr. In kaum einer Stunde würde sie in ihrer schönen Stadt an der Elbe sein.

Sie ließ sich von dem weichen, wiegenden Rhythmus des Zugs einlullen. Mit halboffenen Augen saß sie in ihrer Ecke am Fenster und sah die liebe, vertraute Landschaft vorbeigleiten.

Oft pochte ihr Herz hart, dass sie sich an die Brust greifen musste, und eine heiße Welle rührte sich in ihrem Blut.

Dann sank sie zurück in einen halbbewussten Traumzustand, in dem sie sich, seit sie in Berlin am Anhalter Bahnhof den Zug nach Dresden bestieg, befunden hatte.

Absichtlich hatte sie den gleichen Zug genommen wie damals, als sie vor länger als einem Jahr von Berlin südwärts gefahren war, um in der Frauenklinik Obdach zu finden.

Es war nicht Vorfrühling wie damals. Es war Sommer. Aber über dem regenfeuchten Tag lag etwas von dem jungen frischen Frühjahr und dem Zauber der nahenden Reife.

Sie schloss die Augen und versuchte, ihre Gedanken zu sammeln. In hastigem, endlosem Pilgerzug wanderte das verflossene Jahr durch ihr Erinnern. Dieses erste, gefahrvolle Jahr ihres Lebens, durch das sie wie eine Schlafwandlerin an einem Abgrund gewandelt und dennoch auf mystische Weise immer von Schutzengeln begleitet worden war. Und sie dachte an ihren Helfer. –

Ob er zufrieden mit ihr sein würde? War sie würdig all dessen, was er für sie getan hatte? Erst in diesem Augenblick begriff sie, dass er sie auf einen Posten gestellt hatte, den sie nicht verlassen durfte. Und sie gelobte sich, dass nichts, was er in ihr Sein gesenkt hatte, brachliegen sollte. Alles sollte in ihr aufkeimen und sprießen und Frucht werden. In ihrem Leben und in ihrer Arbeit, in ihrer Kunst, die, das wusste sie jetzt, nur darauf wartete, zu jungem Leben erweckt zu werden.

Was mit ihr bis jetzt gewesen war, hatte sie gebeichtet. Ihre Beichte war fast abgeschlossen. Sie lag, noch ein Bündel weißer, vollgeschriebener Seiten, in Kopenhagen. Einmal würde ihre Beichte, und sie lächelte vor sich hin, als sie dies dachte, wie ein kleines Predigtbuch ihre Wanderung unter die Menschen antreten. Als die Beichte des ersten Menschen, der nicht unbewusst durch einer Mutter Schmerzen geboren wurde, sondern vollbewusst durch eigene Schmerzen.

Ein Brückenbauer hatte sie sein wollen.

Sie dachte an das Wort ihres deutschen Freundes in Kopenhagen und glaubte, dass sie vielleicht eine kleine Brücke gebaut hatte, über jenen Abgrund, der sonst Mann und Weib voneinander trennt …

Wie einen fernen Traum sah sie vor sich den Kopenhagener Bahnhof, all die Gefährten und Freunde durch jene schweren und auch frohen verklungenen Tage und Wochen und Monate dort oben.

Auch ihre kleine Schülerin Ruth sah sie unter ihnen, der sie Lehrerin gewesen war. Lehrerin, um selber zu lernen und zu erfahren, dass sie, auch sie, fortab wieder würde malen können, malen müssen. Und dass sie jetzt stark genug war, sich zu jenem unsterblichen Erbe zu bekennen, das Einar ihr vermacht hatte.

Und wieder lächelte sie, als sie daran dachte, dass der dunkle Mädchenkopf ihrer Schülerin Ruth vor dem hellen Hintergrund stand, aus dem Palmen des Südens sich zu einem blauen Frühlingshimmel emporreckten: und diese

Palmen, dieser Himmel waren nichts als ein Eckchen eines Bilds, das sie noch von Einar, ihrem toten Bruder, besaß. Das er während seines letzten italienischen Sommers, zusammen mit Gerda und Porta, gefunden hatte …

»Ruth«, hatte sie damals zu ihrer Schülerin gesagt, »dass ich dir jetzt die ersten Schritte in deine Kunst zeigen kann, verdanke ich ja Einar. Deshalb sollst du für dein erstes Bild etwas von Einars vielleicht letztem Bild leihen.«

Lili schloss die Augen und lächelte noch immer.

Dann verlangsamte sich die Fahrt des Zugs. Sie schlug die Augen auf, blickte aus dem Fenster: Neustadt. War es möglich!

In fieberhafter Eile kleidete sie sich an. Langsam fuhr der Zug weiter, fuhr jetzt über die große Elbbrücke, und dort lag plötzlich Dresden, ihre schöne, geliebte Stadt an der Elbe. Kuppeln und Türme spiegelten sich in dem breiten Fluss, ihrem Fluss.

Sie musste sich, bis ins zitternde Herz erschüttert, am Wagenfenster festklammern. Sie biss die Zähne zusammen: nein, jetzt nicht weinen, jetzt nicht weinen.

Wenige Minuten später saß sie in einem Wagen, der sie zur Frauenklinik fuhr. Demütig und froh schritt sie durch das Portal der Heimat ihres Herzens. – Plötzlich zögerte sie, blickte um sich, und in ihr zitterte eine Frage empor: weshalb bin ich eigentlich hierhergekommen? Um was wollte ich ihn bitten? Da stand sie schon im Park der Frauenklinik.

Es regnete nicht mehr. Die weißen Birken reckten ihre leichten, hellen Kronen zu dem feuchten, blassen Himmel empor. Ein paar weißgekleidete Schwestern grüßten. Junge Ärzte in Berufsmänteln schritten durch den Park.

Schwangere Frauen wandelten dort: »blauer Krokus« lächelte es in ihr.

Sie blieb stehen und sah die jungen Frauen an. Jetzt wusste sie, warum sie gekommen war.

Eine weißgekleidete Gestalt stand in der Tür, die zur Privatabteilung führt, mit einem Freudenschrei warf sich Lili in die mütterlichen Arme der Oberin. Eine Schwester nach der anderen kam, und alle freuten sich über das Wiedersehen.

Alles war unverändert.

Lili nahm die Hand der Oberin. »Gehen Sie mit mir noch einmal durch das ganze Haus. Alle Gänge muss ich wiedersehen.«

Und die Oberin führte sie durch alle Gänge.

Dann setzte sie sich, etwas müde, in einen der großen Lehnstühle in dem langen Korridor, durch dessen große Flügeltüren ein grünlicher Lichtschimmer fiel. Vielleicht würde sie lange warten müssen.

Sie sprach es wie einen Kinderwunsch vor sich hin: »Lange warten, lange warten.«

Sie sog den Duft von Äther und Formol wie eine Dürstende in sich ein. Und all die vertrauten Laute aus Gängen und Korridoren und Sälen und Zimmern rieselten zu ihr hin.

Sie wartete. Eine glückliche Stille umfing ihr ganzes Denken.

Dann öffneten sich die Flügeltüren. Die schlanke Gestalt in dem weißen Kittel mit dem dunklen Haar über der hohen Stirn ging auf sie zu.

Wie eine Schlafwandlerin ließ sie sich in das Zimmer des Professors geleiten.

Und sie lauschte auf die seltsame verschleierte Stimme. Sie hatte ganz vergessen, weshalb sie gekommen war. Sie hatte alles vergessen, worum sie bitten wollte. Sie konnte nur sagen: »Ja, Herr Professor.«

Plötzlich richtete Kurt Warnekros seinen Blick auf sie.

»Worum wollten Sie mich bitten? Ich kann Ihnen anmerken, dass Sie etwas wünschen. Sagen Sie es mir …« Lili erwachte aus ihrer Betäubung. Heimliche Angst, die in ihr aufstieg, bezwang sie, und indem sie ruhig in seine Augen blickte, sprach sie:

»Sagen Sie mir, Herr Professor, glauben Sie, dass ich jetzt stark genug bin zu einer letzten Operation? Denn ich möchte so gern einmal Mutter werden.«

Ausklang

Bruchstücke aus Lili Elbes Briefen an ihren deutschen Freund in der Zeit vom 14. Juni bis zum 22. August 1931 aus Dresden.

14. Juni

… Nach einer kurzen Untersuchung beschloss Professor Warnekros, mich wieder zu operieren … Es wird das letzte Mal sein … Wahrscheinlich findet die Operation am Dienstag statt, aber versprechen Sie mir, dass Gerda nichts davon erfährt … Es würde einen Schatten über ihr Glück werfen … sie würde sich meinetwegen ängstigen, wofür gar kein Grund vorliegt … Ich bin so froh, wieder daheim hier in meiner Frauenklinik zu sein … Der Professor hat mir versprochen, meine »Bekenntnisse« zu lesen und mir zu helfen, falls es nötig sein sollte, einiges darin zu berichtigen … Auch er ist der Meinung, dass sie als Buch erscheinen sollen.

Im Übrigen finde ich, dass es prachtvoll von ihm ist, anstatt auf seinen Lorbeeren auszuruhen, die Gefahr auf sich zu nehmen, mich noch einmal zu operieren, damit ich ganz gesund werden kann und imstande bin, einen Mann zu bekommen und vielleicht auch Kinder und dadurch sehr glücklich zu werden. Mein Helfer hat mich dazu gebracht, Deutschland zu lieben, denn er hat mich gelehrt, zu sehen, welche Größe in diesem Land wohnt …

Sollte es schlimm auslaufen – aber ich weiß, dass es das nicht tut –, so sollen Sie wissen, dass ich glücklich sterbe, weil ich bis zum letzten Atemzug bei ihm bleiben durfte, dem ich mein Leben schulde.

Mehr denn je bin ich mir klar darüber, dass es meine moralische Pflicht ist, meine Beichte unter die Menschen kommen zu lassen, um sie zu lehren, nicht zu richten …

– – – –

15. Juni

Jetzt, wo ich wieder in Dresden, in meiner Heimat bin, und Sie das Schlusswort meiner Beichte gehört haben: »Ich möchte so gern einmal Mutter werden!« drängt es mich, Ihnen, dem Freund und – Beichtvater, noch einmal recht ausführlich zu schreiben. Ich werde vielleicht etwas weitschweifig werden. Haben Sie auch heute wieder Geduld. Ich habe keine Zeit zu verlieren. In zwei Tagen soll ich wieder operiert werden.

Sie sollen meinen Wunsch nach der Mutterschaft, nach dem Kind, nachfühlen: denn nichts wünsche ich so innig, als zu dokumentieren, dass Einar völlig in mir überwunden ist, tot ist. Durch ein Kind würde ich mir selbst gegenüber den eindeutigsten Wahrheitsbeweis geben können, Weib von Anbeginn gewesen zu sein.

Verstehen Sie mich bitte: in mir musste sich die Abkehr von Einar steigern zu dem Entschluss, einen Menschen zu vergessen, der als Einar das tragische Hindernis für mich gewesen ist, nicht von Anfang an mein Mädchen-, Jungfrauen- und Frauenschicksal mit all den Mysterien und Wundern erleben zu dürfen wie alle anderen Geschlechtsschwestern von mir. Dadurch, dass ich ein erstes Leben, umschlossen von einem Panzer, aus dem ich nicht herauskonnte, gelebt habe, ist mir meine Mädchen- und Jungfrauenjugend gestohlen worden, unterschlagen worden. Hieraus erklärt sich auch, dass ich, aus Deutschland zum ersten

Mal nach Dänemark zurückgekehrt, das Kopenhagener, das dänische Milieu als etwas Hassenswertes empfinden musste: Dänemark war die Auftrittsbühne von Einar, war seine Heimat gewesen – für mich dagegen nichts anderes als eine abgestreifte Schlangenhaut. – Kopenhagen war auch deshalb so schwer als – Rückkehr für mich, weil ich nicht nur einen Kampf für meine Zukunft, sondern auch gegen meine Vergangenheit aufnehmen musste, die eigentlich gar nicht meine Vergangenheit war, sondern die Vergangenheit eines für mich fremden, feindlichen Wesens, das mir auch meine Heimat gestohlen hatte. Einar erscheint mir daher heute als ein Usurpator. – Aus dem gleichen Grund ist der Süden und Westen Europas für mich schwer zu ertragen, weil auch dort alles mit Einars Vergangenheit behaftet, verhaftet ist. So ist andererseits meine Liebe für Deutschland, für Berlin und vor allem für Dresden, leicht zu verstehen: Einar hat diese Städte, diese Landschaften und die Atmosphäre Deutschlands nicht gekannt oder sie doch nur sterbend flüchtig gefühlt. Ich bin hier geboren! Welch eine Wohltat für mich, dass es hier sein durfte, wo es nur für mich Gegenwart und Zukunft gibt, und einmal auch für mich Vergangenheit geben wird, zu der aber Einar keine Beziehung hat … Hier habe ich nur aus der Gegenwart um die Zukunft zu kämpfen, unbelastet von einer schmerzlichen Vergangenheit eines – anderen.

Aber wieder in Dänemark *musste* ich meine Lebensbeichte zusammentragen, in jenem für mich schmerzlichsten Milieu, weil ich den Schmerz des Erlebten dort am stärksten empfand und ihn dort am ehesten und wahrhaftigsten habe beichten können. – Im Übrigen: die Zeit drängte …

Sie, lieber Freund, auf Ihre zarte Weise und die Dänen auf ihre plumpere, brutalere Art (weil ihnen nur das Landläufige, Alltägliche, Unkomplizierte – sie nennen es »das Gesunde«, »das Normale« – liegt, weil es das Bequemste ist, und meine Landsleute sind geistig, und nicht nur geistig – unerhört bequem!) haben mich manchmal gefragt, ob ich mich an Einars erotisches Gefühlsleben noch erinnern könnte. Mit dieser Frage hatte man damals, ohne dass Sie alle es wissen konnten, gerade den wehsten Punkt meines Empfindens getroffen. – Wäre die Natur zusammen mit der Kunst meines Professors mir nicht zu Hilfe gekommen, so dass ich von diesem Gefühlsleben Einars, von seinen erotischen Sensationen, die er durch Frauen erlebt hat, in meinem Blut und in meinem Herzen nichts mehr *fühle,* so würde ich als Frau durch dieses Fühlen fremder Geschlechtserotik mir wie geschändet, mir beschmutzt vorkommen.

Ich kämpfe gegen die Voreingenommenheit des Spießbürgers, der in mir ein Phänomen, eine Abnormität sucht. Wie ich jetzt bin, so bin ich eine ganz gewöhnliche Frau unter Frauen. Der Zweifel des Spießers oder besser ausgedrückt, der allzu bequemen Mitmenschen, die nur das Alltägliche als das Allein-Lebensberechtigte anerkennen, die mich und mein Schicksal mit Sensation umkleiden, bedrückt mich aber oft so stark, dass ich manchmal wünsche, sterben zu dürfen, tot zu sein, den Freitod zu suchen.

Aber der Lebenswille in mir ist stärker als jede Demütigung, die ich von meinen Mitmenschen erfahren habe, vielleicht noch weiter erfahren werde. Ich habe Pflichten gegen Gerda, die meinetwegen ihre Existenz aufs Spiel gesetzt hatte, um mich aus der »Einar-Hülle« zu erlösen –

gegen meinen Professor, der sich mit seiner medizinischen Kunst mit mir verband und mich, so wie ich bin, geschaffen hat, das heißt, mir als Lebewesen Lebensberechtigung gegeben hat, der mich zu einer normalen Frau gemacht hat.

Aus all diesen Pflichten heraus muss ich den Lebenswillen in mir bewahren, stärken.

Würde ich psychisch unterliegen, den Freitod suchen, so hätten ja alle die Leute das Recht auf ihrer Seite, indem sie behaupten: das, was mit mir geschehen, sei wider die Natur geschehen, sei ein Vermessen des Unnatürlichen, des Künstlichen gegen das Natürliche, die Natur; ein Wesen, das als Zwitter geboren, habe Zwitter zu bleiben, zumal es ein Menschenleben lang als Zwitter gelebt habe. Dass ich ohne die durch den Professor vorgenommene Operation schon vor Jahr und Tag mit Einar gestorben wäre, ficht sie nicht an. Dass aber ich, Lili, lebensfähig, lebensberechtigt bin, habe ich durch mein Leben seit 14 Monaten bewiesen. Diese 14 Monate seien nicht viel? Mir erscheinen sie als ein ganzes und glückvolles Menschenleben. Der Preis, den ich gezahlt habe, erscheint mir gering. –

Sollte ich physisch über kurz oder lang unterliegen – füg ich mich drein. – So habe ich doch wenigstens gewusst, was – Leben ist.

Mein Wille zum Leben … Deswegen habe ich in den letzten Monaten meine Kräfte gestählt und oft manches tun müssen, was auch Einar einst getan hat oder vielleicht getan hätte; – trotzdem es mir oft zuwider gewesen ist, hat es sich herausgestellt, dass ich das Geleistete nicht nur ebenso gut wie Einar, sondern sogar besser vollführt hatte. Aber gerade diese Feststellung – anderer wie von mir selbst – hat mich manchmal sehr gekränkt. Denn es erinnerte mich an das Virile, an etwas für mich Betrübliches, an Einar …

Neulich, ein paar Tage vor meiner Abreise nach Dresden, sah ich mir alle Fotografien an, die man vor einem Jahr hier in der Frauenklinik von mir aufgenommen hatte. Welch kindlich naiven, weichen Ausdruck zeigten alle Bilder von damals! Suchend und hilflos der Blick … Dann sah ich mich im Spiegel, wie ich jetzt bin. Mein Gesicht ist glatter und gesunder, frischer geworden. Der ganze Körper straffer, frauenhafter. Aber es ist ein selbstbewusster Ausdruck in meinen Augen. – Nicht immer bin ich froh darüber. Das Leben seit damals hat mich härter gemacht …

Jetzt bin ich wieder zurückgekehrt. Ich darf die zur Schau getragene Härte meines Wesens – ach, es ist ja nicht Härte, es ist ein sehr zerbrechliches Gehäuse um ein völlig schutzloses Wesen – wieder ablegen … hier, wo wieder der starke Wille eines anderen zwischen mir und der Welt draußen steht – als mein Schützer und Verteidiger. Also »der Mann an sich« als mein Verteidiger – mein Beschützer.

Lieber Freund, hier haben Sie die Erklärung meines ganzen Wesens, meines Trachtens und tiefsten Verlangens: alles, was ich mir wünsche, ist nichts anderes als die letzte Erfüllung der wirklichen Frau: vor dem Leben geschützt zu werden durch das härtere Wesen, den Mann. Ich meine, der Tod würde mir willkommener sein als z. B. – ein Leben als Künstlerin, meinetwegen einer gefeierten, großen Künstlerin … Denn ich will nicht Künstlerin, sondern ich will nur Weib sein. *Deshalb* muss ich, ja *muss* ich alles Werken, alles Kunstschaffen aus meinem Leben ausschalten –

das schreibe ich wegen unserer letzten Nachtgespräche gerade Ihnen –, weil ich nicht die Arbeit des Virilen, des Mannes, nämlich Einars Arbeit fortsetzen kann. Und im Gegensatz zu Einar, der Kunstwerke schaffen *musste* aus innerem Zwang, fühle ich mein eignes Leben abgewandt allem, was Kunst ist. Drücke ich mich klar, verständlich aus? Nicht mit meinem Gehirn, nicht mit meinen Augen, nicht mit meinen Händen will ich schöpferisch sein. Mit meinem Herzen, mit meinem Blut will ich es sein. Dies ist das inbrünstige Verlangen meines Frauenlebens: Mutter eines Kindes zu werden! Ob mir der Wunsch erfüllt wird oder nicht – dass ich diesen Wunsch aus reinem Frauenherzen, aus meinem Frauenblut aussprechen, offen bekennen darf, ist schon unendliches Glück für mich. Dass ich dies Glück empfinden darf, rechtfertigt alles, was mit mir hier in Dresden geschehen ist. Und weil es so ist, lieber Freund, musste meine Beichte, die ich in Ihre Hände gelegt habe, ausklingen in mein tiefstes Wunschbekenntnis und Verlangen: »Ich möchte so gern einmal Mutter werden.« –

Jetzt werden Sie mich verstehen und jetzt können Sie auch andere lehren, mich zu verstehen.

In zwei Tagen werde ich wahrscheinlich operiert werden. Es soll das letzte Mal sein. Drum ist es gut, dass ich Ihnen heute noch einmal mein Frauenherz ausgeschüttet habe. –

– – – –

16. Juni

… Jetzt bin ich wieder gerade so klein wie im letzten Jahr …

Ich glaube, ich soll morgen operiert werden. Ich fürchte mich nicht vor den Schmerzen … Ich wünsche, ich könnte immer hier bleiben. Ich sitze draußen im Garten … Dann und wann werde ich von einer unbestimmten Angst ergriffen … Dann wandere ich im Park zwischen den Birken herum … Wofür denn Angst haben? … Ich weiß doch, dass alles gut gehen wird … Selbstverständlich werde ich nicht sterben … das würde ja ein Verrat dem Leben gegenüber sein … Schreiben Sie mir … das tröstet mich. Vielleicht erscheint das Buch, während ich hier liege…

– – – –

17. Juli

… Ich bin so schwach … wie geht es mit dem Buch? …

– – – –

18. Juli

Heute ist es einen Monat her, seit ich operiert worden bin … es geht vorwärts … und meine Gedanken beschäftigen sich nicht mehr mit dem Tod … Ich träumte heut Nacht, dass ein Freund mich in seine Arme nahm und mich weit forttrug … und ich war glücklich … Ich habe so viel durchgemacht, aber dennoch ist mir so wunderbar zumute … Jetzt weiß ich, dass ich wie alle anderen Frauen bin.

– – – –

19. Juli

Mein Freund Johannes Poulsen vom Königlichen Theater in Kopenhagen (der einzige von Einars Freunden, der auch mir Treue gehalten hat) und seine so entzückend schöne Ulla waren gestern bei mir zu Besuch. Es war herrlich.

Ich weinte vor Freude. Sie waren so gut zu mir. Johannes sagte, wenn er wieder in Kopenhagen ist, will er für mich einen Vortragsabend veranstalten; die ersten Künstler sollen daran teilnehmen. Der Ertrag soll mir dann zufallen. Johannes sagte immer wieder: »Mach' dir keine Sorgen, Lili. Alles wird sich schon ordnen. Werd nur schnell wieder gesund.« Johannes ist so stark und er hat ein so gutes Herz für andere. Und beide sagten, ich sei jetzt hübscher geworden … Wie mich das froh gemacht hat …

Ob ich für das Buch ein Vorwort schreiben sollte? Damit die Menschen verstehen können, weshalb ich, wenn ich von Einar erzähle, immer in der dritten Person spreche, wie in Romanform? Ach, lieber Freund, wie könnte ich denn eine andere Erzählform gewählt haben? *Ich* konnte doch, erzählte ich von Einars Leben, nicht in der Ich-Form erzählen. Auch, wenn ich, von mir selber sprach, von meinem eignen Leben und Erleben nach – Einars Fortgang, konnte ich nicht immer in der Ich-Form schreiben. Alles war mir noch allzu nahe … Deshalb musste ich auch oft mich selber auf Abstand bekommen, von mir wie von einer Dritten sprechen … Welch ein Glück, dass ich Einars langen Lebensbericht in Berlin bei Poul vor der ersten Operation dort bekommen konnte. –

Ja, hätte ich mit dem ganzen Buch noch warten können … was Sie mir immer wieder vorgeschlagen hatten, dann hätte ich vieles vielleicht besser, stärker, brutaler niederschreiben können. Sie sagen, die Leute, die mein Buch lesen, wollen auch etwas von der Art und dem Gang der Operationen erfahren. Soll ich sagen, Einar hätte also in Paris als er in Johannes' Ballett getanzt, plötzlich, ohne dass er es wusste, Menstruationsblutungen einer Frau bekommen, Blutungen, die dann regelmäßig wiedergekehrt sind, deren Charakter erst Kurt Warnekros erkannt hat? Soll ich sagen, dass die erste Operation in Berlin Einars Kastrierung gewesen ist, dass unmittelbar danach Einars Stimme sich in meine, Einars Handschrift sich in meine Handschrift verwandelt hat, dass Einars Blut aber schon vor der ersten Operation *mein* Blut gewesen ist, voll von Absonderungen meiner Ovarien? Soll ich erzählen, dass eigentlich noch nicht ich, sondern ein kastrierter Mann, nein, ein Wesen, das weder Mann noch Frau war, in die Frauenklinik im vorigen Frühjahr gekommen ist? Soll ich sagen, dass man dann erst das männliche Glied entfernt hat, den Leib öffnete und – meine Ovarien fand, die aber durch die falschen Behandlungen in Paris verkümmert waren, – soll ich sagen, dass dann ich, Lili, neue Ovarien einer Sechsundzwanzigjährigen erhielt, die meinen ganzen Körper und dessen Funktionen »normalisierten«, dass ich fortab eine Frau wie andere Frauen war und bin, und dass ich jetzt nach Dresden zurückgekommen bin, um durch einen letzten Eingriff einen natürlichen Auslauf von der Gebärmutter zu … Oh, lieber Freund, mehr kann ich nicht schreiben. Sprechen konnte ich mit Ihnen über alles, das habe ich Ihnen in Kopenhagen bewiesen. Sie wissen es auch, wie ich gekämpft und gerungen habe, um die einfachste, schlichteste Form für meinen Lebensbericht zu finden. Ich bin ja kein Schriftsteller. Und dies Buch, aus Tagebuchaufzeichnungen und erzählenden Abschnitten und Briefen entstanden, musste ich ja in so kurzer Zeit, zwischen Spätherbst und Frühjahr, zwischen schwersten Operationen wie zwischen »zwei Schlachten« schreiben … Gewiss hoffe ich durch dieses Buch auch meine äußere Existenz aufbauen zu können. Kann man mir daraus einen Vorwurf machen? Nein! Und dann schrieb ich ja auch alles, um mir und meinem großen Helfer Rechenschaft abzulegen! Dass er, der nun Ihren deutschen Text davon gelesen und gutgeheißen hat, mit meinem Rechenschaftsbericht zufrieden ist, ist meine größte Freude und die tiefste Genugtuung für mich. Mehr als ein Seelengemälde konnte ich nicht geben, ein »Document humain«, eine »Confessio«, wie Sie meinen Bericht nennen. Und liest sich manches Kapitel wie ein Roman, – ach, Sie und vor allem mein Helfer und Gerda, Gerda und Claude, Ihr alle wisst, dass es kein Roman, sondern nichts als ein harter, wahrhaftiger Lebensbericht eines Wesens ist, das Klarheit und Ruhe und Frieden sucht … und bei seinem Freund als Gefährtin bleiben will.

Ich wollte Ihnen gern eine Freude bereiten. Deshalb habe ich Ihnen Einars Buch »Le Livre des Vikings«, das er 1924 zusammen mit Ch. Guyot bei L'Edition d'Art H. Piazza, Paris, erscheinen ließ, geschickt. Sie sollen es als Andenken behalten. Sehen Sie sich die erste Seite an. Darauf hat Einar geschrieben: »Für meinen lieben Vater – von Einar, Paris 21.2.1924.« – Und darunter habe ich geschrieben: »An meinen Freund … – Lili Elbe, Kopenhagen, 5. Juni 1931.« – Am 5. Juni war ich das letzte Mal bei Ihnen. Tags darauf fuhr ich nach Dresden. Wann werde ich wieder bei Ihnen sein? …

– – – –

7. August

… Heute sprach ich mit dem Professor über mein Buch … und ich freute mich darüber, was er zu dem Buch sagte.

In der nächsten Woche geht er auf Urlaub. Denken Sie nur, man hat mir noch nicht erlaubt aufzustehen! … Aber jetzt kann es nicht mehr lange dauern, bis ich wieder auf den Beinen bin. Ich glaube, es sollte vorne im Buch stehen: »Dieses Buch handelt von meinem Leben und meiner Verwandlung, es ist von einem Menschen geschrieben, der noch schwach und kraftlos ist …«

– – – –

13. August

… Der Professor ist fortgereist … Mein Zustand bringt mich zur Verzweiflung. Ich finde gar nicht, dass es vorwärts geht … und es gibt Augenblicke, wo ich so müde bin, dass ich fast wünsche, sterben zu dürfen … aber dazu bekomme ich keine Erlaubnis, denn ich weiß, dass der Professor es nicht haben will.

– – – –

15. August

… Ich kann über meine letzte Operation nichts schreiben – sie war ein Abgrund von Leiden … Gut, dass Gerda nicht wusste … ich bin noch so schwach … aber im September komme ich nach Kopenhagen zurück … Ich muss meine Papiere in Ordnung bringen – Claudes wegen …

– – – –

17. August

… Ich will Sie nicht mit meinen Leiden unterhalten … Aber jetzt sind es zwei Monate, seitdem der strenge Professor mich im Bett gehalten hat … Es war eine furchtbare Zeit, und ich bin so unendlich matt geworden …

ich komme vor Ende September doch wohl nicht nach Kopenhagen …

– – – –

22. August

… Ich bin so müde, ich bin ständig müde, und ich liege noch im Bett … Fast jeden Tag bekomme ich von Gerda Blumen … sie ist glücklich. Wenn ich Kräfte dazu habe, schreibe ich an sie und erzähle ihr, dass es vorwärts geht … Sie wäre gekommen, aber das will ich nicht … Ich bin so allein … und ich bin so schwach … so schwach … Aber wenn ich am tiefsten betrübt bin, so kommt ein Brief von Claude … er wartet auf mich … lieber, lieber Claude.

*

Dann wurde es still um Lili Elbe. Sie schrieb noch einen Brief. Anfang September war es. An ihre Schwester war der Brief gerichtet:

… Jetzt weiß ich, dass der Tod kommt … ich habe heut Nacht von Mutter geträumt … sie nahm mich in ihre Arme … sie sagte Lili zu mir … und Vater war auch dabei …

– – – –

Am 12. September war Lili Elbes Bruder telegraphisch nach Dresden gerufen worden. Sie war nicht mehr imstande zu sprechen. Sie konnte nur noch flüstern. Aber ihre Augen strahlten, als der Bruder bei ihr war. Ihre letzten Worte schrieb sie auf einen Zettel. Ihrer treuen Pflegerin in der Frauenklinik gab sie den Zettel: »Auf Wiedersehen, Schwesterchen.« Dann schlief sie ein und wachte

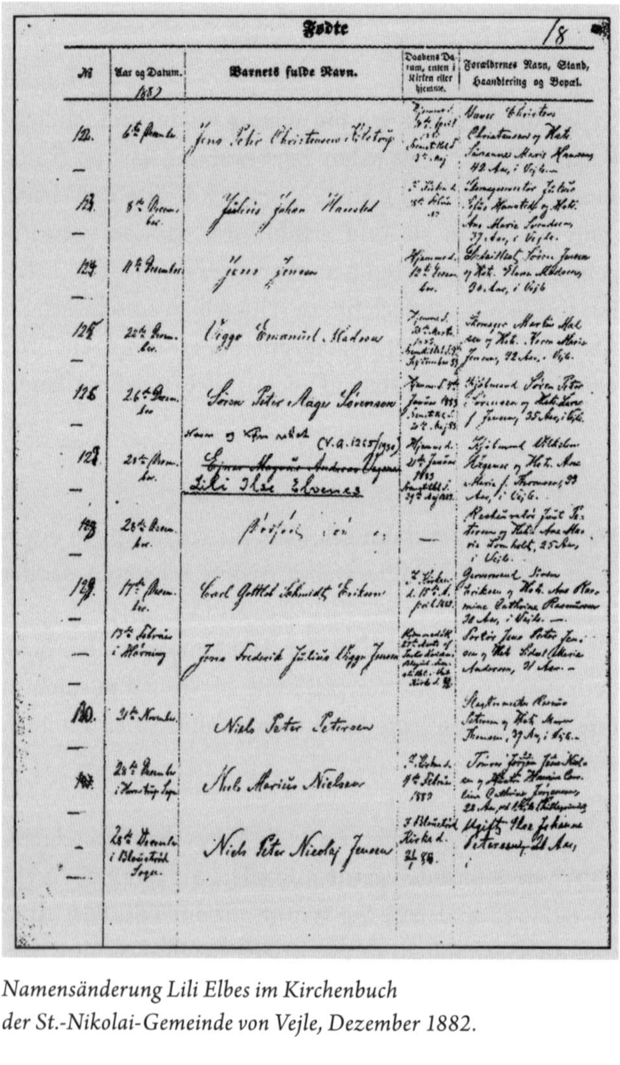
Fødte 18

№	Aar og Datum. 1882	Barnets fulde Navn.	Daabens Datum, enten i Kirken eller hjemme.	Forældrenes Navn, Stand, Haandtering og Bopæl.

Namensänderung Lili Elbes im Kirchenbuch der St.-Nikolai-Gemeinde von Vejle, Dezember 1882.

nicht wieder auf. Eine Herzlähmung hatte ihrem jungen kurzen, so wehen und doch so wunderbarem Frauenleben ein Ende gemacht.

Ihr innigster Wunsch war, auf dem Friedhof nahe der Frauenklinik ruhen zu dürfen. Ihr Wunsch wurde erfüllt: am 15. September 1931.

– – – –

Als Lili Elbe zum letzten Mal bei ihrem deutschen Freund gewesen war – am 5. Juni 1931, einen Tag vor ihrer letzten Fahrt nach Dresden –, hatte sie ein Buch aufgeschlagen, es war der erste Band von Hans Jægers erschütterndem Bekenntniswerk »Kranke Liebe«. Lili Elbe las darin. Plötzlich hielt sie inne, reichte dem Freund das Buch, zeigte auf eine Stelle darin und sagte: »Sollte ich nicht wiederkehren, so lassen Sie, mag es auch vermessen sein, mein Buch mit diesen Worten Hans Jægers ausklingen …«

Mit leise bebender Stimme las Lili Elbe dann Hans Jægers Worte: »Ich wollte, dass, wenn ich selber nicht mehr bin, mein tristes Liebesbuch meine Hinterlassenschaft sein würde, als ein Zeugnis, dass ich einmal gelebt! Ich bilde mir ein, dass dieses Buch gelesen werden würde – gelesen, wie wenige Bücher –, von allen, die unglücklich lieben, denen es in die Hände fallen würde durch Jahre und aber Jahre –, und mir ist, als könnte ich allen von ihnen die Hand drücken. Und danach habe ich ein so unsagbares Verlangen, ja, das ist eigentlich das einzige Verlangen, das ich habe, wenn ich jetzt allem Lebewohl sagen muss, – oh, Sie ahnen nicht, was für eine letzte Genugtuung dies für mich sein würde.«

NACHWORT ZUR NEUAUSGABE

Von Rainer Herrn

Da sich der Mythos, Lili Elbe sei die erste Person überhaupt, die sich einer Geschlechtsumwandlung unterzogen habe,[1] beharrlich hält und sie damit eine wichtige identitätsstiftende Funktion für die moderne Transbewegung[2] hat, erscheint es sinnvoll, ihre Geschichte in die gesellschaftlichen, politischen und medizinischen Entwicklungen einzuordnen, die bereits lange vor dem 20. Jahrhundert einsetzen und bis in die heutige Zeit reichen.

Das Phänomen, dass Menschen sich nicht dem biologischen Geburts-, sondern einem davon abweichenden Geschlecht zugehörig fühlen, wurde seit dem späten 19. Jahrhundert medizinisch zunächst als Unterform der »Konträrsexualität«, dann der Homosexualität und schließlich als Transvestitismus betrachtet. Erst nach dem Zweiten Weltkrieg wurden diese Menschen als eine eigenständige medizinische Kategorie und Identitätsform zugleich begriffen, nämlich als Transsexuelle.[3] Das Konzept der Transsexualität, das Diagnose, Therapie und rechtliche Anerkennung beinhaltet, wird jedoch heute von den damit angesprochenen Personen als medizinische Fremdbestimmung abgelehnt und weicht zunehmend einer Pluralität der Selbstwahrnehmungen und -beschreibungen.

Der Wechsel zur Kleidung des anderen Geschlechts und, oft damit verbunden, der Wechsel des sozialen

Geschlechts sind in der europäischen Kulturgeschichte seit langem bekannt.[4] Erinnert sei hier nur an Chevalier D'Eon (1728–1810), der als französischer Diplomat am russischen Hof und später in England in Frauenkleidern auftrat.[5] Abgesehen von D'Eon wissen wir angesichts fehlender autobiografischer Aufzeichnungen allerdings wenig über die Motive, das Selbstverständnis und den sozialen Alltag solcher historischer Personen. Ihr ›wahres‹ Geschlecht entdeckte man meist erst anlässlich kriminologischer Ermittlungen oder ärztlicher Untersuchungen bei Krankheit oder Tod. Dann erregten sie aber großes Aufsehen. Überlegungen zur Existenz eines entsprechenden kulturellen Phänomens liegen aus früheren Zeiten nicht vor. Es gab auch keinen Begriff dafür; in der neueren Literatur zur Geschlechtergeschichte spricht man von Cross-Dressern. Ihnen wurde oft eine juristisch zu ahndende Täuschung aus unlauteren Motiven unterstellt, in Deutschland galten sie bis Mitte des 19. Jahrhunderts als Hochstapler und Schwindler, einige wurden gar der Spionage verdächtigt.

Cross-Dressing zog erst im ausgehenden 19. Jahrhundert größere Aufmerksamkeit auf sich, als die Geschlechterdebatte in der psychiatrischen Sexualpathologie ihren Höhepunkt erreichte. Vorausgegangen war eine in der Medizin vollzogene Verschmelzung von biologischem und sozialem Geschlecht.[6] Man betrachtete nun alle vom polaren Männlich-Weiblich-Denken abweichenden Verhaltensweisen tendenziell als krankhafte Störungen. Gleichgeschlechtliches sexuelles Begehren, Cross-Dressing und der Wechsel der sozialen Geschlechterrollen wurden als nur graduell verschiedene Phänomene einer mischgeschlechtlichen Psyche verstanden. 1870 führte der Psychiater Carl Westphal dafür die Sammelbezeichnung der sogenannten »conträren Sexualempfindung« ein. Er beschrieb unter anderem den Fall eines »unter verdächtigen Umständen« verhafteten »Mann(es) in *Frauenkleidern*«. Dieser klagte: »Das weibische Wesen ist eine wahre Qual für mich gewesen, das Verlangen, Frauenkleider anzuziehen, steigt öfter (...) in mir auf.«[7] Er gab dem zweifelnden Psychiater zu verstehen, dass er sich sexuell nur zu Frauen hingezogen fühle. Westphal kam zu dem Schluss, dass es »bei der geschilderten Neigung zum Anlegen von Frauenkleidern wirklich um ein Symptom eines pathologischen Zustandes«[8] gehe, eben um eine Stufe der angeborenen »conträren Sexualempfindung«.[9]

Der Psychiater Richard Krafft-Ebing entwickelte 1886 in seiner einflussreichen *Psychopathia Sexualis* Westphals Idee der »Gradunterschiede« zu einer hierarchischen Ordnung weiter. In aufsteigender Folge würden die Zeichen der Geschlechtermischung immer deutlicher hervortreten. Weil Krafft-Ebing bei der »conträren Sexualempfindung« zwischen erworbener Perversität und angeborener Perversion unterschied, schlug er zwei analoge Reihen von Abstufungen vor. Die erworbene Perversität steige bis zum »Wahn der Geschlechtsumwandlung«[10] an, die angeborene Perversion über die »Effemination« der Männer und die »Viraginität« (Vermännlichung) der Frauen bis zur »schwerste(n) Stufe degenerativer Homosexualität«,[11] der »Androgynie« respektive »Gynandrie«. Über die »Effemination der Männer« schreibt er: »Vielfach zeigen sich auch Bestrebungen, in Gang, Haltung und Zuschnitt der Kleider sich der weiblichen Erscheinung zu nähern.«[12]

Das wichtigste Ziel der Homosexuellenbewegung, die mit der Gründung des Wissenschaftlich-humanitären Komitees (WhK) im Jahr 1897 begann, war die Streichung von §175 des Reichsstrafgesetzbuchs (RStGB), der sexuelle Handlungen zwischen Männern unter Strafe stellte. Der Arzt Magnus Hirschfeld, Mitbegründer und Sprachrohr der Vereinigung, avancierte zur Schlüsselfigur dieser Emanzipationsbewegung und zum wichtigsten Ansprechpartner in rechtlichen, aber auch ganz alltäglichen sozialen Fragen. Ausgehend von seinen Forschungen über sexuelle Zwischenstufen entwickelte er die Auffassung, dass jeder Mensch eine Mischung aus männlichen und weiblichen, körperlichen und seelischen Eigenschaften sei. Cross-Dresser bildeten bei Hirschfeld zunächst keine eigenständige Kategorie, auch er begriff ihre Passion als Anzeichen von Homosexualität.[13]

Das von Hirschfeld im Namen des WhK herausgegebene *Jahrbuch für sexuelle Zwischenstufen* war darauf angelegt, über die ganze Fülle mischgeschlechtlicher Formen zu berichten. Dort erschien auch der erste Beitrag, der sich ausschließlich dem Thema Cross-Dressing widmete. Er stammt nicht von einem ärztlichen Experten, sondern aus der Feder eines Betroffenen. Der Autor beschreibt sich zunächst – in Anlehnung an den von Karl Heinrich Ulrichs, dem couragierten Vorkämpfer für die Rechte Homosexueller, geprägten Begriff – als Urning, »welcher zu der Gruppe der ausgeprägtesten Effeminierten gehört«.[14] Obwohl seine Passion auf die Neigung, Frauenkleider zu tragen, begrenzt war und er von einer

Magnus Hirschfeld in der Institutsbibliothek.

»Liebesbeziehung« zu einer Frau berichtet, schreibt er weiter: »Es kann nicht mehr festgestellt werden, ob sich in frühester Jugend schon Erscheinungen von Homosexualität bemerkbar machten.«[15] Als Hirschfeld diesen Mann knapp zehn Jahre später in seinem Buch *Die Transvestiten* beschrieb, kommentierte er dessen damalige Selbsteinordnung mit der Bemerkung: »Er bezeichnet sich dort irrtümlicherweise als Urning, während er selbst ausdrücklich angibt, *sein Geschlechtstrieb sei stets auf das Weib gerichtet gewesen.*«[16] Jetzt gab jener Cross-Dresser auch zu Protokoll: »*Homosexuell bin ich nicht,* im Gegenteil, ich kann sagen, ich bin ein echter Don Juan gewesen.«[17] Der Wandel in der Selbst- und Fremdzuordnung als Transvestit setzte erst ein, als ein alternatives, angemessener scheinendes Konzept vorlag, das den Unterschied zwischen sexuellem Begehren und Kleidervorliebe betonte. Während sich einige Cross-Dresser an der sexualpathologisch hergestellten ›Verwandtschaft‹ mit den Homosexuellen nicht störten, fühlten sich andere missverstanden und versuchten, sich nachdrücklich abzugrenzen.

Auch in der allgemeinen Öffentlichkeit war die Zuordnung der Cross-Dresser zu den ›Urningen‹ verbreitet. Das Image des Urnings oder Homosexuellen war jedoch negativ besetzt, so dass die Bezeichnungen auch als Schimpfwort gebraucht wurden. Dies gab Anlass zur Distanzierung. So beschreibt ein von Hirschfeld als Transvestit porträtierter Mann seine Gefühle wie folgt: »*Von sonstiger Homosexualität aber ist keine Spur vorhanden. Urninge und effeminierte Männer verachte ich tief.*«[18] Die ablehnende Haltung gegenüber den Homosexuellen veranlasste die Cross-Dresser, Hirschfeld aufzufordern, sich ihrer anzunehmen. Damit initiierten sie einen etwa zehn Jahre währenden Dialog, im Zuge dessen Hirschfelds Entwurf des Transvestitismus entstand.

Andererseits gab es auch bei homosexuellen Männern das Bedürfnis, sich von der sichtbaren Effeminierung, also Verweiblichung, der Cross-Dresser abzugrenzen; ihnen war der Abstand mindestens ebenso wichtig wie umgekehrt. Die in Hirschfelds »Zwischenstufentheorie« vorgenommene Verknüpfung von männlicher Homosexualität mit Weiblichkeit provozierte bei viril, also männlich orientierten Homosexuellen starken Protest, den er selbst so erklärte: »Dass man auf die Männer, die sich weibliche Neigungen ›zu schulden kommen ließen‹, stets mit stärkerer Verachtung herabsah als auf Frauen, die nach Vermännlichung trachteten, hängt im letzten Grunde wohl mit der höheren Meinung zusammen, die die Männer von sich hatten; mehr oder minder unbewusst empfanden sie es als Erniedrigung ihres Geschlechts, wenn ein Mann mit und ohne Willen Zeichen der Mannheit einbüßte.«[19]

Hirschfelds als Zerrbild wahrgenommene Darstellung führte 1907 innerhalb des Wissenschaftlich-humanitären Komitees zur Spaltung. Nach Auffassung der tendenziell frauenfeindlichen Sezessionisten machte Hirschfeld die Homosexuellen zu »Halbweibern« und »einer Art psychischer Mißgeburt«, wie ihr Wortführer Benedikt Friedländer es nannte. Er sah bereits eine Spaltung voraus: in die »mehr viril veranlagten Freunde der männlichen Jugend – gleichviel, ob sie nun ›sexuell‹ verkehren oder nicht«, und die »extrem femininen ›Homosexuellen‹, (die sich) im Ganzen im Hirschfeldschen Lager wohler fühlen«.[20] Das Ziel der Homosexuellenbewegung, die Abschaffung des §175 RStGB, erforderte aber gerade eine Bündelung der Kräfte, was ein konsensfähiges Bild vom Homosexuellen voraussetzte. Dessen Herstellung dürfte ein weiteres Motiv für die Trennung der ›Effeminierten‹ von den Homosexuellen gewesen sein. Dass Hirschfeld später die neue Kategorie des ›Transvestiten‹ einführte, kann daher als Teil einer Strategie verstanden werden, mit der die Reibungen wegen des Männlichkeitsbildes innerhalb der Homosexuellenbewegung[21] gemildert werden sollten. Die 1910 von ihm vorgenommene Abgrenzung der Homosexuellen von den meist heterosexuell empfindenden Transvestiten ging auf die Initiative beider Lager zurück. Doch obwohl Homosexuelle und Transvestiten ihre Unterschiedlichkeit ständig betonten, blieb das Klischee des Homosexuellen als effeminierter Mann in Frauenkleidern genauso erhalten wie das des Transvestiten als Homosexueller.

Zwischen Sexualwissenschaft, Polizei und Justiz

Die Probleme der Transvestiten ergaben sich nicht nur aus ihrer Stigmatisierung, sondern vor allem aus den juristischen Konsequenzen, die sie wegen ihrer Neigung befürchten mussten. Das deutsche Strafrecht des Kaiserreichs wie auch das der Weimarer Republik verboten das Tragen von Kleidung des anderen Geschlechts nicht ausdrücklich. Dennoch wurden Personen, die nicht ihrem Geschlecht entsprechend angezogen waren, von der Polizei wegen der »Erregung öffentlichen Ärgernisses« und somit »Störung der öffentlichen Ordnung« festgenommen. Das konnte eine Anklage und empfindliche Strafen nach sich ziehen. Dieses Risiko bestand bei nicht wenigen Transvestiten beiderlei Geschlechts, weil aufgrund ihres Körperbaus, Haarwuchses, Gesichtsschnittes, ihrer Bewegungen oder der Stimmlage trotz noch so perfekter Aufmachung Spuren des Herkunftsgeschlechts wahrnehmbar blieben. Während einige ihre Neigung deshalb nur in den eigenen vier Wänden auslebten, wurden andere wiederholt auf offener Straße festgenommen und mussten Haftstrafen verbüßen. Für diesen Personenkreis handelten Magnus Hirschfeld und sein Kollege Iwan Bloch um 1910 mit der Polizeibehörde eine Übereinkunft aus. Danach sah man von einer Festnahme ab, wenn die so Aufgefallenen eine polizeilich bestätigte Bescheinigung vorlegen konnten, die sie als ärztlich diagnostizierte Transvestiten auswies. Eingeführt wurde diese Regelung aufgrund einer Eingabe von »Fräulein Katharina T.«, die beim Berliner Polizei-Präsidium beantragt hatte, »keinen Einspruch dagegen zu erheben, daß sie in männlicher Kleidung gehe und sich einen männlichen Vornamen beilege.«[22] Die beigezogenen Gutachter Magnus Hirschfeld und Karl Abraham bekräftigten den Antrag, denn: »*Frl. T. fühlt sich vollkommen als Mann, besonders im Zusammensein mit weiblichen Personen.*«[23] Aufgrund dessen wurde T. »vom Polizeipräsidenten *von Stubenrauch (...)* die Erlaubnis erteilt, in Männerkleidern weiter gehen zu dürfen«.[24] Die sogenannten ›Transvestitenscheine‹ wurden in der Folge häufig ausgestellt.

Nach dem Ersten Weltkrieg entfaltete sich in Berlin, Hamburg und anderen Metropolen eine vielfältige Transvestitenkultur mit eigenen Lokalen, Treffpunkten, Organisationen und Zeitschriften.[25] Dank einer mündlichen Übereinkunft mit dem Preußischen Justizminister war es ab 1921 in einem gutachterlichen Verfahren möglich, eindeutig auf das Geschlecht verweisende Vornamen durch einen neutralen Namen, etwa Alex oder Toni, zu ersetzen. So ergab sich ein mehrfaches Abhängigkeitsverhältnis der Transvestiten; zunächst mussten sie geeignete Ärzte finden und sich ihnen anvertrauen, wobei die diagnostischen Kennzeichen des Transvestitismus überzeugend darzustellen waren. Von der Überzeugungskraft der ärztlichen Expertise wiederum hing sodann die Anerkennung durch die Polizei ab.[26] Doch selbst wenn ein Transvestitenschein ausgestellt und eine Vornamensänderung realisiert werden konnte, waren die Betreffenden immer noch vom Entgegenkommen der Streifenpolizisten abhängig, sie ohne

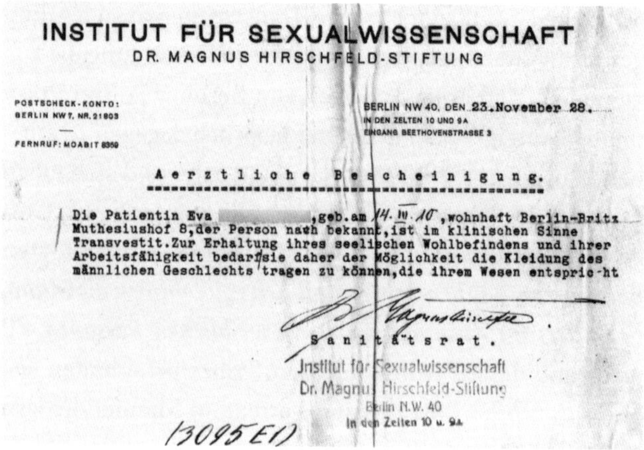

INSTITUT FÜR SEXUALWISSENSCHAFT
DR. MAGNUS HIRSCHFELD-STIFTUNG

POSTSCHECK-KONTO: BERLIN NW 7, NR. 21903
FERNRUF: MOABIT 8369

BERLIN NW 40, DEN 23. November 28.
IN DEN ZELTEN 10 UND 9A
EINGANG BEETHOVENSTRASSE 3

A e r z t l i c h e   B e s c h e i n i g u n g.

Die Patientin Eva ,geb.am 14.III.10 ,wohnhaft Berlin-Britz Muthesiushof 8,der Person nach bekannt,ist im klinischen Sinne Transvestit.Zur Erhaltung ihres seelischen Wohlbefindens und ihrer Arbeitsfähigkeit bedarf sie daher der Möglichkeit die Kleidung des männlichen Geschlechts tragen zu können,die ihrem Wesen entspricht

S a n i t ä t s r a t.

Institut für Sexualwissenschaft
Dr. Magnus Hirschfeld-Stiftung
Berlin N.W. 40
In den Zelten 10 u. 9a

13095 E 1)

Von Magnus Hirschfeld 1928 ausgestelltes ärztliches Attest zur Vorlage bei der Polizei für die Ausfertigung eines »Transvestitenscheins«.

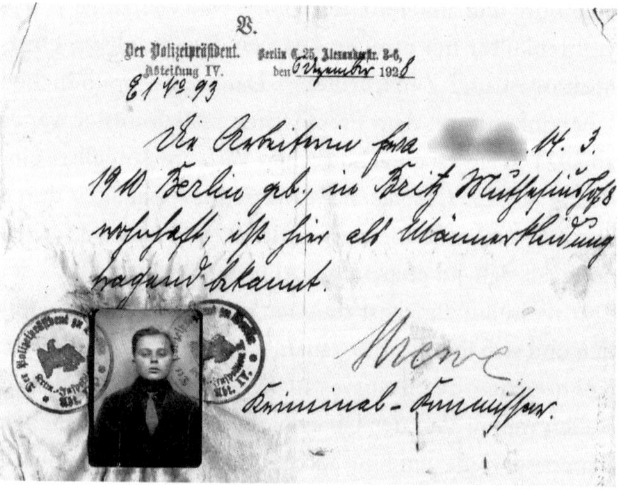

B.

Der Polizeipräsident. Berlin C 25, Alexanderstr. 3-6,
Abteilung IV. den 6 Dezember 1928

E 1 Nr. 93

*Ein auf obiges Attest hin ausgestellter, mit dem Stempel des Polizeipräsidenten versehener »Transvestitenschein« von 1928: »Die Arbeiterin Eva ***, 14.3.1910 in Berlin geb., in Britz Muthesiushof 8 wohnhaft, ist hier als Männerkleidung tragend bekannt.«*

großes Aufheben laufen zu lassen. Zudem hatten Transvestiten trotz dieser schrittweisen Liberalisierungen auch weiterhin einen prekären Status, denn als Kann-Bestimmungen waren die Regelungen nicht einklagbar.

Die (Be-)Deutung des Geschlechtskörpers

Mit Hirschfelds Einführung der medizinischen Bezeichnung »Transvestit«[27] für Cross-Dresser wurde diese zur eigenständigen sexualwissenschaftlichen Kategorie und mit deren – wenn auch nicht widerspruchsfreien – Akzeptanz und Popularisierung zur Identitätsform. Zu den Transvestiten zählten auch Frauen und Männer, die nicht nur die Kleidung des ›anderen‹ Geschlechts bevorzugten, sondern sich diesem ganz zugehörig fühlten und daher nach heutigem Verständnis als Transsexuelle, Transgender oder einfach nur Trans gelten würden.

Punktueller, vorübergehender oder permanenter Wechsel des sozialen Geschlechts waren im Selbstkonzept dieses Personenkreises nicht notwendig mit einem Unbehagen im Körper und dem Wunsch nach dessen Umgestaltung verbunden. Bis zum Beginn des 20. Jahrhunderts finden sich keine Äußerungen, die den Wunsch nach einer Umgestaltung des Geschlechtskörpers beinhalten. Auch in den siebzehn Fallbeschreibungen aus Hirschfelds Studie von 1910 ist von entsprechenden Maßnahmen nicht die Rede. In den Biografien der dort porträtierten sechzehn Männer und einer Frau wird nur der Wunsch der Männer geschildert, Frau zu sein, respektive der Frau, Mann zu sein. Einige lebten über kürzere oder längere Zeit auch in dieser Rolle. Die Körperwünsche und -wahrnehmungen der Männer fasst Hirschfeld dahingehend zusammen: »Sie wissen ganz genau, dass ein Widerspruch zwischen ihrem Körper und ihrer Seele klafft. Deshalb ist es auch nur zu begreiflich, dass die meisten von ihnen wünschen, als Weib geboren zu sein.«[28]

Einige männliche ›Transvestiten‹ bemühten sich darum, nicht nur Frauenkleider zu tragen, sondern auch physisch als Frau zu erscheinen, indem sie mit Fistelstimme sprachen, sich glattrasierten oder die Haare lang wachsen ließen. Doch gingen ihre Anstrengungen kaum darüber hinaus: Von keinem der Porträtierten sind Äußerungen überliefert, die von einem Wunsch nach kosmetischen oder chirurgischen Operationen zeugen. Eine genitalchirurgische Geschlechtsumwandlung lag außerhalb des Vorstellbaren, denn entsprechende medizinische Techniken waren noch nicht entwickelt.

Um die Wende vom 19. zum 20. Jahrhundert erfuhr der Körper sowohl in der Wissenschaft[29] als auch in der Lebensreformbewegung, die alle Bevölkerungsschichten und gesellschaftlichen Bereiche durchzog, eine Neudefinition und Aufwertung. Natürliche Körperlichkeit, physische Schönheit und asexuelle Nacktheit in der ›freien Natur‹ waren einige der zentralen Themen der Lebensreform.[30]

Ihr Ideal war die Herstellung einer ›gesunden‹, mit der Natur in Einklang stehenden Harmonie zwischen Körper und Geist, zwei Bereiche, die nun nicht länger getrennt gedacht wurden. Der Körper wurde Ausdruck der Seele, ihn galt es als materialisiertes Spiegelbild des ›Selbst‹ entsprechend den ästhetischen Idealen von Männlichkeit und

Weiblichkeit »zu modellieren und zu disziplinieren«.[31] Die zunehmende Bedeutung des Körpers für die Selbstdefinition der Geschlechtlichkeit dürfte wesentlich dazu beigetragen haben, dass Personen, die sich dem anderen Geschlecht zugehörig fühlten, nach einer physischen Umgestaltung strebten. Im Zuge der ästhetischen Normierung körperlicher Schönheit wurden in der aufkommenden kosmetischen Chirurgie die dazu nötigen Techniken gerade entwickelt.[32]

Diese Zusammenhänge können das Aufkommen der operativen Geschlechtsumwandlung zwar einordnen, nicht aber auf individueller Ebene erklären: Denn sie vermitteln keinerlei Eindruck von der Tiefe seelischer Not, die einzelne Menschen dazu trieb, die irreversible Umgestaltung ihres Körpers durch invasive Eingriffe – wie sie Kastration, Amputation und Organtransplantation schließlich darstellen – einzufordern und durchzusetzen.

Der Beginn medizinischer Geschlechtsumwandlungen

Noch 1930 wurde Lili Elbe in Berlin kastriert, in Dresden folgten dann die Penisamputation und die Ausformung einer Neovagina. Nach dem letzten Eingriff, wahrscheinlich eine Ovarienimplantation, verstarb Lili Elbe 1931.

Angesichts der literarischen und filmischen Herausstellung Lili Elbes als ersten Fall einer Geschlechtsumwandlung ist zu fragen, welche Vorstellungen wir davon haben, dass gerade sie als erste gelten darf? Ist es das Leben in der sozialen Rolle des ›anderen‹ Geschlechts, ist es der überlieferte Wunsch zur Beseitigung der Zeichen des

Herkunftsgeschlechts – sei es im Selbstversuch oder mit medizinischer Hilfe – oder doch erst die chirurgische Ausformung der Genitalien des empfundenen Geschlechts?

Erste im frühen 20. Jahrhundert unternommene Versuche körperlicher Veränderung von Transvestiten zielten noch nicht auf eine operative Umgestaltung der Geschlechtsorgane, sondern zunächst ›nur‹ darauf, die Zeichen des Geburtsgeschlechts zu beseitigen. So berichten die Ärzte R. Tange und J.A. van Trotsenburg 1911 über einen niederländischen Transvestiten, der mittels verschiedener Manipulationen versucht hatte, seinen Körper zu verweiblichen.[33] Der Vater von vier Kindern hatte sich bereits 1905 einseitig kastriert, später entfernte er mit Hilfe seiner Frau auch den zweiten Hoden und versuchte durch Lufteinblasungen Brüste zu bekommen, weshalb er mehrfach ins Krankenhaus eingeliefert wurde. Im gleichen Jahr berichtet der Wiener Landesgerichtsarzt Fritz Reuter von einem Mann, der sich »unter dem Wahne, ein Weib zu sein,« selbst kastrierte.[34] Von nun an mehren sich in der medizinischen Fachpresse derartige Mitteilungen über das ohne ärztliche Hilfe vorgenommene Selbstgestalten des Geschlechtskörpers.

Der Berliner Chirurg Richard Mühsam, dem bei der Einführung geschlechtsangleichender Eingriffe eine Schlüsselposition zukommt, operierte 1912 erstmals einen von ihm so bezeichneten »weiblichen Transvestiten«. Er entfernte Brüste und Gebärmutter, »da sie diese Organe als nicht zu ihr gehörig empfand«.[35] Nachdem er auf ihren Wunsch hin auch die Ovarien entfernt hatte, schreibt Mühsam, »fühlte sie sich (...) freier und betrieb die Umschreibung ihres Personalstandes«. Außer dem Wunsch des

Patienten führt Mühsam keine weiteren Argumente an, um die Eingriffe zu begründen – obgleich sie nach medizinethischen Standards damals als problematisch galten, weil es dabei nicht um die Heilung einer Krankheit ging. Und obwohl die Eingriffe aus heutiger Sicht als erste ärztlich ausgeführte Geschlechtsangleichung bei einem Transmann gelten dürfen, wurden sie damals nicht als solche betrachtet.

Sexualwissenschaftliche Unterscheidungen

Eine erste, aus sexualwissenschaftlicher Perspektive vorgenommene Unterscheidung zwischen den ›gewöhnlichen‹ Transvestiten und jenem Personenkreis, der sich dem anderen Geschlecht ganz zugehörig fühlte, beginnt ebenfalls in diesem Zeitabschnitt.[36] Sie geht auf den englischen Sexualwissenschaftler Havelock Ellis zurück. Er unterschied zwischen solchen, bei denen die »Inversion hauptsächlich auf die Kleidung beschränkt ist, und (…) anderen, (…) wo die Aenderung der Bekleidung als etwas verhältnismäßig Gleichgültiges betrachtet wird, das Individuum sich jedoch mit seinen physischen und psychischen Zügen, die an das entgegengesetzte Geschlecht erinnern, so identifiziert, dass es sich wirklich diesem Geschlecht zugehörig fühlt, obwohl es über seine anatomische Bildung keine Wahnvorstellungen hat«.[37]

Aber erst in den 1920er Jahren artikulierten Personen mit dem Wunsch nach Geschlechtsangleichung immer vernehmbarer ihr starkes Unbehagen über die körperlichen Zeichen des Herkunftsgeschlechts. Dies führte auch

Die Gründer des Instituts für Sexualwissenschaft. V. l. n. r.: der Institutspsychiater Arthur Kronfeld, der Gründer und Leiter Magnus Hirschfeld, der Dermatologe Friedrich Wertheim.

zur Modifikation bisheriger wissenschaftlicher Auffassungen. So vertraten Mitte des Jahrzehnts einige Mitarbeiter des 1919 von Magnus Hirschfeld gegründeten Instituts für Sexualwissenschaft die Ansicht, dass sich »der Wunsch nach Kastration bei der Mehrzahl der Transvestiten, sogar heterosexuell Empfindender, in mehr oder weniger ausgesprochenem Maße«[38] finde. Und Lothar Goldmann, Autor einer weiteren Studie zum Thema, ging sogar noch weiter, als er schrieb: »Dem seelisch geprägten Transvestiten schwebt nur die vollständige Geschlechtsumwandlung vor Augen; ihm genügen Kleidung und äußere Form des anderen Geschlechtes nicht allein.«[39] Hirschfeld bezeichnete Personen mit dem Wunsch nach körperlicher Geschlechtsumwandlung 1926 weiterhin als »extreme« oder »totale« Transvestiten: »Den höchsten Grad dieser körpertransvestitischen Zwangszustände beobachten wir bei denen, die eine mehr oder weniger vollständige Umwandlung ihrer Genitalien anstreben, vor allem also ihre Geschlechtsteile nach ihrer Seele formen wollen. (…) Diese Fälle sind viel häufiger, als man früher auch nur im entferntesten ahnte.«[40]

Doch was hielten die so charakterisierten Menschen von solchen Zuschreibungen? Für Lili Elbe waren Hirschfelds Transvestiten Schreckfiguren, von denen sie sich angewidert abwandte, als ihr einige von ihnen im Institut begegneten. Sie begriff sich vielmehr als verkappte Frau und glaubte, qua Geburt physiologisch weibliche Anlagen zu haben. Damit stellt sie keine Ausnahme dar, wie Lina Es, eine frühe Aktivistin, in einer Beilage der Lesbenzeitschrift *Die Freundin* feststellte. Sie beobachtete unter Gleichgesinnten, ähnlich wie Ellis, eine deutliche Unterscheidung. Elbe gehörte wohl zu jenen, die »sich als zum anderen Geschlecht gehörig (fühlen) und (…) das Leben nach Form ihres Körpergeschlechts als Qual (empfinden). (…) Sie fühlen sich als Mann bzw. Frau mit allen Fasern ihres Herzens, wollen es dauernd sein, in allen Lebenslagen, mit allen Befugnissen und Rechten und selbst dem Namen nach. (…) Ein Transvestit dieser Gruppe (…) schrieb mir: ›Die Bezeichnung Transvestit bedeutet eine Beleidigung für uns.‹«[41]

Dass Wünsche nach operativer Umwandlung gerade in den 1910er und 1920er Jahren aufkamen, ist kein Zufall. Nach 1900 setzte die Entwicklung der Sexualendokrinologie ein, dem neuen theoretisch-therapeutischen Bezugsrahmen in der Sexualwissenschaft. Bei den Forschungen zur Wirkung von Geschlechtshormonen auf Physis und Psyche wurden zahlreiche experimentelle Geschlechtsumwandlungen zunächst an Labor-, später auch an Haus- und Wildtieren durchgeführt. Besonders prominent waren die Operationen, die der Wiener Physiologe Eugen Steinach zwischen 1910 und 1920 an Ratten und Meerschweinen durchführte. Seine Veröffentlichungen enthielten jeweils auch Empfehlungen zur therapeutischen Umsetzung beim Menschen, bis hin zu ausgearbeiteten Operationstechniken. Über die Ergebnisse dieser Versuche berichteten die Fach- und auch die Tagespresse ausführlich. 1922/23 drehte die Ufa sogar je eine populäre und eine wissenschaftliche Filmfassung über Steinachs Forschungen, in denen die operative Geschlechtsumwandlung und die Verjüngungsoperation propagiert werden.[42] Die darin vermittelte Aussicht auf »ewige Jugend«[43] faszinierte nicht nur die breite Öffentlichkeit, sondern weckte insbesondere bei vielen ›Transvestiten‹ Hoffnungen auf die Umsetzbarkeit ihrer Transformation.

Wie die Medialisierung dieser Tierversuche den Wunsch nach vergleichbaren geschlechtsverändernden Eingriffen am Menschen wachrief, lässt sich am Beispiel eines 1916 vom Sexualwissenschaftler Max Marcuse beschriebenen Falls veranschaulichen. Angeregt durch die Experimente Steinachs hatte der Direktor des Dresdner Zoologischen Gartens, Gustav Brandes, versucht, die Ergebnisse bei Damhirschen zu wiederholen.[44] Er hatte einem weiblichen Jungtier Hoden und einem männlichen Ovarien transplantiert. Über diese operativen »Verwandlungen« berichtete Brandes ausführlich im *Berliner Tageblatt*: »Als zweifellos dürfte gelten, dass solche Transplantationen von Geschlechtsdrüsen beim Menschen ebenso gut möglich sind wie bei Tieren und ebenso gut wie die Verpflanzung anderer menschlicher oder auch tierischer Gewebe auf den menschlichen Körper. Und nicht weniger überzeugt bin ich von der großen Bedeutung, die solche Transplantationen für die Menschheit gewinnen können. Man denke nur an alle diejenigen, oft tief unglücklichen Personen, welche in sexuellen Dingen nicht normal empfinden, bei ihnen würde eine erfolgreiche Einpflanzung von etwas normalem Drüsengewebe unter der Haut voraussichtlich der Anomalie sofort abhelfen (…). Vielleicht lassen sich auch die gleichen Wirkungen durch subkutane Injektion von einem Extrakt der entsprechenden Drüsen einmal erreichen.«[45]

Brandes' Optimismus verfehlte seine Wirkung nicht, wenn auch auf unvorhergesehene Weise. Denn während er sich durch derartige Eingriffe bei Menschen eine normalisierende Heilung vermeintlicher sexueller »Anomalien« versprach, sahen einige ›Transvestiten‹ darin eine ganz neue Möglichkeit, ihren Körper in die gewünschte Richtung zu verändern. Einer von ihnen wurde bei Max Marcuse vorstellig.[46] Der Betreffende suchte ihn in kurzen Intervallen immer wieder mit demselben Anliegen auf. Er sei völlig beherrscht von der »Idee der Verweiblichung und ihrer Herbeiführung auf operativem Wege«. Zunächst ging es ihm darum, »von Glied und Hoden befreit zu werden«. Darüber hinaus erhoffe er sich jedoch, »weibliche Keimstoffe in seinen Körper eingeführt zu erhalten«.[47] Marcuse hielt es für »technisch unbedenklich«, ihn zu kastrieren »und Ovarien zu implantieren«. Dennoch lehnte er die Operationen ab. Zum einen hatte er juristische Bedenken, zum anderen waren es die unabsehbaren psychischen Folgen und die ungewissen Aussichten auf Einheilung des zu transplantierenden Gewebes, die ihn zur Ablehnung bewegten.[48] Marcuse schlug als weniger invasive Methode zunächst eine Hormonbehandlung vor. Er nahm also Brandes' alternativen Behandlungsvorschlag auf und verabreichte dem Transvestiten das aus tierischen Eierstöcken gewonnene Ovarialpräparat »Oophorin«.

Analog zu Marcuses Bericht fragte auch Hirschfeld 1918 in seiner *Sexualpathologie*, ob dem »Vermännlichungs- und Verweiblichungsdrang« der entsprechenden ›Transvestiten‹ nicht durch Hormonkuren im Sinne einer normalisierenden Heilung beizukommen sei, wie es Gustav Brandes erhofft hatte: »Auch an operative Transplantationen von männlichem Keimdrüsengewebe bei transvestitischen Männern und Ovarialgewebe bei transvestitischen Frauen könnte man denken, jedoch zeigt die praktische Erfahrung, daß das Verlangen der Transvestiten gerade in die entgegengesetzte Seite geht; die Männer wollen Eierstockgewebe, die Frauen Hodengewebe injiziert oder implantiert haben. *Sie empfinden eben ihren Körper, nicht ihren Geist als ihnen nicht adäquat.*«[49]

Wie er feststellte, hatten jene Personen gar nicht das Bedürfnis, von ihrer Neigung ›geheilt‹ zu werden, sondern wollten umgekehrt Mittel und Wege finden, sich ihrem empfundenen Geschlecht auch körperlich in stärkerem Maße anzugleichen. Ab etwa 1914 kamen zu diesem Zwecke unterschiedliche Applikationsformen hormonhaltiger Extrakte, Gewebe und Präparate zum Einsatz.

Drei Transvestiten und eine Transvestitin (v. r. n. l.) vor dem Seiteneingang des Instituts für Sexualwissenschaft anlässlich der internationalen Tagung »Sexualreform auf sexualwissenschaftlicher Grundlage«, 1921.

Aufgrund ihres Bestrebens – Hirschfeld schreibt: »auf dringendes Ersuchen von Transvestiten« – hatte auch er sich entschlossen, ohne über einschlägige Erfahrungen zu verfügen, männlichen Personen »weibliche Organpräparate« zu injizieren, in deren Folge sich Brüste entwickelt hätten und der Bartwuchs zurückgegangen sei. Gleichzeitige Versuche, weibliche Transvestiten mit »männlichen Präparaten« zu behandeln, sollen jedoch ergebnislos verlaufen sein. Insgesamt, meinte Hirschfeld, »ermutigen die bisherigen Erfolge zu weiteren Versuchen«.

Mit dem Ziel, die Tätigkeit der als nicht zugehörig empfundenen Geschlechtsdrüsen zu stoppen, arbeitete

Hirschfeld auch mit Röntgenstrahlen, ohne jedoch »Dauerwirkungen« zu erzielen.[50] Darüber hinaus berichtet er von Personen, die weiterhin versuchten, ohne ärztliche Hilfe ihre Körper in die gewünschte Richtung zu verändern. Weiterhin erwähnte er zahlreich geäußerte Bedürfnisse, bei denen sich die Tendenz zur Körperveränderung »sogar bis auf den Genitalapparat« erstreckte; »Kastrationswünsche femininer Männer sind mir oft begegnet«.[51] Der im Institut für Sexualwissenschaft tätige Psychotherapeut Arthur Kronfeld teilt mit, dass allein im ersten Jahr zwölf Männer um eine Kastration baten; zehn von ihnen konnte er erfolgreich davon abbringen.[52]

Die rasche Zunahme von Kastrationswünschen männlicher und weiblicher Transvestiten sowie deren einsetzende Realisierung in den beiden ersten Dekaden des 20. Jahrhunderts markieren den Beginn der operativen Geschlechtsangleichung. Die Beseitigung der Zeichen des Herkunftsgeschlechts bleibt nachweislich bis in die 1930er Jahre der wichtigste – und manchmal einzige – sexualchirurgische Eingriff, den einige auch an sich selbst vornahmen oder vorzunehmen versuchten.[53] Dieses reale wie symbolische Auslöschen der primären Geschlechtszeichen wurde von den behandelnden Ärzten im Sinne einer Neutralisierung des Geschlechtskörpers verstanden. So bezeichnen Richard Mühsam und Arthur Kronfeld den Status der unter ihrer ärztlichen Obhut Kastrierten als »Geschlechtslosigkeit«.[54] Der nunmehr ›neutralisierte‹, geschlechtslose Körper bildet dann die Grundlage für die Anwendung von Techniken und Verfahren zur Herstellung physischer Merkmale des Wunschgeschlechts. Die Ergebnisse der experimentellen Endokrinologie, besonders aber

Drei sogenannte Transvestitinnen.

die in diesem Rahmen durchgeführten Geschlechtsumwandlungen an Tieren, weckten Wünsche nach analogen Operationen und Behandlungen am Menschen, die über Kastrationen und Amputationen hinausgingen. Sie setzten eine Medikalisierungswelle der Geschlechtsangleichung in Gang, in deren Zuge ein ganzes Verfahrensspektrum – nicht nur im Einverständnis, sondern auf Drängen der Geschlechtswechsler – erprobt wurde. Dazu wandten sie sich an Ärzte, die bereit waren, jene medizinischen Experimente umzusetzen. Das führte in der Folgezeit zu einem Zusammenspiel von Medizinern und Transvestiten, bei dem es darum ging, die Körper medikamentös und operativ mit dem jeweiligen Wunschgeschlecht in Übereinstimmung zu bringen. Parallele medizinische Versuche in der gynäkologischen Krebschirurgie (Ausformung einer Neovagina), der Röntgentherapie (Haarentfernung), der kosmetischen Medizin (Paraffinbrustplastik) sowie der Wiederherstellungschirurgie im Ersten Weltkrieg (Keimdrüsentransplantation) trugen schließlich dazu bei, dass mithilfe einer ganzen Reihe medizinischer Techniken aus der Utopie der Geschlechtsangleichung eine reale Option wurde.

Eine erste chirurgische Geschlechtsumwandlung

Ein erster früher Versuch einer operativen Geschlechtsumwandlung von Mann zu Frau wurde 1920 vom Chirurgen Richard Mühsam durchgeführt.[55] »Es handelt sich um einen 25-jährigen Offizier, der seelisch völlig gebrochen und haltlos sich an uns wandte, als seine letzte Rettung vor dem Selbstmorde. Er hatte seit frühester Kindheit das Gefühl, ein Weib zu sein.« Der Mann habe einen »deutlich femininen Einschlag«, den zu unterdrücken ihm selbst »durch festen Dienst und militärisches Auftreten« nicht gelungen sei. Nicht zuletzt wegen der deshalb erlittenen Schikanen kehrte er völlig verzweifelt aus dem Ersten Weltkrieg heim und zog sich apathisch von der Außenwelt zurück. Dabei »geriet er an die Selbstbefriedigung in einem Maße, welches immer stärker wurde; (…) zuletzt vollzog er sie bis zu achtmal am Tage, und so tagaus tagein. Er machte sich schwere Selbstvorwürfe deswegen, ohne aber seiner Sucht Herr zu werden.« In dieser Situation wandte sich der Patient mit dem dringenden Wunsch nach doppelseitiger Kastration an den Psychiater Arthur Kronfeld am Berliner Institut für Sexualwissenschaft. Als behandelnder Arzt zweifelte der nicht »an der Ernstlichkeit seiner Selbstmordabsichten«; der Patient sei »hochgradig nervös«, erschöpft und depressiv. Weil sich die psychotherapeutischen Interventionen nach einiger Zeit als wirkungslos erwiesen, »wurden endlich beide Geschlechtsdrüsen operativ entfernt«. Dabei sei ihm diese Entscheidung keineswegs leichtgefallen. Denn es ist »für den Arzt ein fast ungeheuerlicher Entschluss, einen Menschen, wenn auch auf eigenen Wunsch, lebenslänglich zur Geschlechtslosigkeit zu verdammen, und so wird man fast immer Mittel und Wege finden, diese Kranken von der Gefährlichkeit ihres Wunsches zu überzeugen.« Nach der Kastration hatte Kronfeld zu seinem Patienten noch sieben Monate Kontakt. Der Eindruck von den Auswirkungen des Eingriffs auf das Denken und Fühlen des Patienten beschreibt er mit den Worten: »Er hat sich körperlich gekräftigt, seine Stimmung hat sich gehoben, sein Aussehen hat sich erheblich gebessert. Er hat niemals mehr onaniert. Der Sexualtrieb war maßvoll vorhanden und ist keineswegs erloschen. Er hat mehrmals den Verkehr vollzogen, ohne Schwierigkeiten und ohne daß die Partnerin das Fehlen der Testikel bemerkte.«

Nachdem der Patient den Kontakt zu Kronfeld abgebrochen hatte, wandte er sich wieder an den Chirurgen Richard Mühsam. Nach dessen Bericht[56] unterzog sich der Patient noch drei weiteren Genitaloperationen: Zunächst ging sein »dringender Wunsch« dahin, ein »Ovarium eingepflanzt zu bekommen und dann die Umschreibung seines Personenstandes zu betreiben«. Tatsächlich wurde ihm im März 1921 von einem weiteren, namentlich nicht genannten Arzt ein Ovarium implantiert – ein bis dahin bei Männern nie ausgeführter Eingriff. Über die Herkunft des Implantats finden sich keine Angaben, auch nicht darüber, wie der Körper darauf reagierte.

Als Frau nahm er eine Stelle als »Hauslehrerin« an und »fürchte nunmehr die Entdeckung seines wahren Geschlechtes und bat um Beseitigung des Penis«. Doch Mühsam machte den Alternativvorschlag, »sich seinen Penis gewissermaßen verstecken zu lassen«. Bereits am 13. April 1921 führte er die komplizierte und bis dahin beispiellose Operation aus. Er vernähte den Penis im Damm und formte aus der Haut des Hodensackes erstmals bei einem Mann eine, wie er sagt, »scheidenartige Bildung«.[57] Zwei Wochen darauf wurde der Patient als geheilt entlassen. Acht Wochen später konfrontierte er jedoch Mühsam mit der unerwarteten Feststellung, »daß er sexuelle Gefühle als Mann empfinde und keine Neigung zum Transvestitismus mehr habe. Er habe – so unglaublich es klinge – in seinem verborgenen Penis Erektionen und habe auch ein Verhältnis mit einer Studentin.« Weitere acht Wochen später kam Mühsams Patient – in Kleidung und Benehmen »wie ein junger Mann seines Alters und Standes« – erneut ins Krankenhaus und wollte »sich nunmehr den Penis wieder in die alte Lage zurückbringen lassen«. Bereits einen Tag darauf erfolgte diese Operation, deren Ausgang Mühsam mit den Worten schildert: »Der Verlauf war glatt und ist dadurch bemerkenswert, daß der Kranke jede Nacht Erektionen hatte. Nach seiner Entlassung hat er koitiert und gibt gelegentlich einer Nachuntersuchung im Januar 1922 an, sich durchaus wohl zu fühlen, sein Medizinstudium aufgenommen zu haben und fleißig zu arbeiten. Er behauptet, kohabitationsfähig zu sein und den Koitus auszuüben. Er hat inzwischen sein Studium beendet, ist ins Ausland gegangen, wo er sich als Arzt betätigt, und schreibt mir im März 1926 wörtlich: ›Gesundheitlich geht es mir gut. Ich bin absolut zufrieden mit mir selbst (…) und meine Arbeit befriedigt mich sehr.‹«

Geschlechtsangleichende Operationen werden Routine

Der beschriebene Patient steht als zunächst einzigartiger und, durch das Rückgängigmachen, auch irritierender Vorläufer am Anfang derartiger sexualchirurgischer Eingriffe bei sogenannten männlichen Transvestiten. Am Institut für Sexualwissenschaft wurden in der Folgezeit ähnliche Eingriffe wiederholt, nun aber mit dem definierten Ziel der kompletten Geschlechtsangleichung einschließlich Penisamputation und Ausformung einer Neovagina. In einem Interview für die französische Illustrierte *Voilà* berichtete Hirschfeld 1933 im Exil, ohne den Namen Lili Elbe zu nennen, »von einem dänischen Maler (…), der in Paris lebte und vor einigen Jahren Aufsehen erregte weil er sich von einem Chirurgen umwandeln ließ«.[58] Gegen solche Geschlechtsangleichungen habe er anfänglich starke Bedenken gehegt. Seinen Sinneswandel begründete er mit den Suizidandrohungen der Betroffenen, »in dem Falle, dass ihre Wünsche nach Transformation ihrer Geschlechtseigenschaften nicht befriedigt werden«.

Die Person, die zu Hirschfelds Befürwortung solcher Operationen führte, war Rudolf Z., mit bürgerlichem Namen Rudolf Richter, der sich den Kosenamen »Dorchen« gegeben hatte: »Seine Gefühle, seine Reaktionen, sein intimes Wesen entsprachen denen einer Frau. Rudolf war extrem unglücklich, gezwungen zu sein, als Mann zu leben, weil er mit einer ausgesprochen weiblichen Natur ausgestattet war. (…) Als er mit 25 Jahren zu uns kam, erklärte er, dass er bereit wäre, seinem Leben ein Ende zu setzen, wenn man seinem Verlangen zur Feminisierung nicht nachgibt. Er fand schließlich chirurgische Experten, die die Transformation in einer Serie von Operationen realisiert haben. (…) ›Dorchen‹, so nannte sich Ex-Rudolf jetzt, fühlt sich vollkommen als Frau. Er ist sehr glücklich und arbeitet in einem Frauenberuf, nachdem er seinen Zivilstand modifiziert hat. Dorchen zeigt keinerlei Symptome von psychischen Störungen, sie ist arbeitsam und intelligent. Es ist interessant, festzustellen, dieses Phänomen in einer gänzlich gesunden und normalen Familie zu finden, ohne irgend eine Spur von Degeneration.«

Magnus Hirschfeld im Tiergarten zwischen zwei »Patienten«: rechts »Dorchen«, vorher Rudolf Z.

Über diese komplette, noch vor der Operation Lili Elbes ausgeführte Geschlechtsangleichung verfasste Werner Holz 1924 am Institut für Sexualwissenschaft eine Dissertation.[59] Es ist die erste größere wissenschaftliche Arbeit überhaupt, die sich dem Bedürfnis sogenannter Transvestiten nach Kastration widmet. Holz spricht darin von Dora durchweg als Mann und distanziert sich auf diese Weise von ihrer Selbstzuordnung als Frau. Er schildert ihre Vorgeschichte so: Rudolf Richter, geboren am 16. April 1892, hatte von Kindesbeinen an einen Hang zu weiblichen Spielen und Beschäftigungen wie Puppen und Handarbeiten. Außerdem liebte er Mädchenkleidung. Nach der Schule ging er in die Bäckerlehre, allerdings ohne jemals in dem

Beruf zu arbeiten. Schon aus dieser Zeit berichtet er von diversen, auch sexuellen Kontakten zu Männern mit stark romantischer Tönung. Dabei gab er sich als Mädchen aus und will »auffallend echt in Mädchenkleidern« gewirkt haben. Um nicht als Mann entdeckt zu werden, verbarg er seine Genitalien, benutzte Vaseline sowie ein Klistier. Es folgten häufige Arbeitsplatz- und Wohnortwechsel. Bereits vor 1915 suchte er »in seiner Verzweiflung (...) mehrere Ärzte wegen seines Zustandes auf. Diese hatten für seinen Fall nicht das geringste Verständnis und konnten ihm daher nicht helfen«.[60] Auf Empfehlung eines Freundes ging Dora nach Leipzig, »da es dort viele solcher Menschen gäbe«. Als er wegen Sexualkontakten zu Männern aufgrund des berüchtigten §175 RStGB erpresst wurde, machte er die »schwerste und qualvollste Zeit seines Lebens« durch, die ihn zurück in sein Heimatdorf führte.[61] Aus Unverständnis für sein Empfinden drängte ihn die Familie mehrfach zur Heirat. Dreimal wurde Rudolf zur Militärdiensttauglichkeitsuntersuchung für die Teilnahme am Ersten Weltkrieg einbestellt und beim letzten Mal 1916 tatsächlich zum Kriegsdienst eingezogen. In der Truppe bekam er den Spitznamen »schöne Adelheid«, wurde aber schon nach 14 Tagen aus dem Militär entlassen.[62] 1922 empfahl ein Freund, er solle sich den gerade im Kino laufenden Steinach-Film ansehen, in dem Geschlechtsumwandlungen an Versuchstieren gezeigt wurden, weil dieser »die Überzeugung gewonnen hatte, dass auch R. durch eine Operation geholfen werden könnte. R. besuchte daraufhin den Film, aus dem er auch von dem Bestehen des Instituts für Sexualwissenschaft Kenntnis erhielt. Darauf reiste er sobald als möglich nach

Collage von Fotos von Rudolf/Dora Richter, die dokumentieren sollen, dass er/sie in Männer- und Frauenkleidern gleichermaßen überzeugt.

Dora bedient zwei Gäste auf dem Balkon des Instituts für Sexualwissenschaft. Links Karl Giese, der Lebensgefährte von Magnus Hirschfeld, und daneben der englische Ethnologe Francis Turville-Petre.

Berlin, um den Rat der Ärzte dieses Instituts in Anspruch zu nehmen. Seit dem Mai 1923 ist er nun hier in ärztlicher Beobachtung und wartet auf die Entscheidung der Ärzte des Instituts. Er ist mit dem dringenden Wunsche hierhergekommen, durch eine Operation von seinen ihm verhassten Genitalien befreit zu werden, und er würde auf das äußerste niedergeschlagen sein, wenn ihm dieser Wunsch aus Gründen ärztlicher Gewissensbedenken versagt werden müsste. (…) Seitdem er hier im Institut ist, wird er als ›Hausmädchen‹ verwendet, indem er alle weiblichen Arbeiten verrichtet, die zu den Pflichten eines solchen gehören (...) Auf der Straße würde ihn kein Mensch für einen verkleideten Mann halten.«[63]

Auch über die Geschlechtszugehörigkeit und die sexuelle Orientierung finden sich einige für diesen Personenkreis nicht ungewöhnliche Aussagen: Dora »liebt es, als Frau bewundert zu werden« und hege Schwangerschaftsfantasien.[64] »Er ist mit seiner Veranlagung als solcher zufrieden und leidet sehr darunter, dass seine Körperlichkeit nicht seiner seelischen Beschaffenheit entspricht.«[65] Im Bewusstsein, Frau zu sein, lautete die verblüffend deutliche Antwort auf die Frage, ob er homosexuell sei: »Er könne gar nicht begreifen, wie zwei Männer aneinander Gefallen finden könnten.«[66]

In Doras ganzem Denken und in ihrer Gefühlswelt war der Wunsch nach Beseitigung der männlichen Geschlechtszeichen tief verankert. Sie hatte nicht nur die Absicht, sich kastrieren zu lassen; sie wollte auch den Penis amputiert bekommen. Befragt nach dem Grund, antwortete sie: »Aber dann bin ich doch wenigstens nicht mehr Mann!«[67] Ihrem aktuellen Wunsch nach ärztlicher Kastration könne, so Werner Holz, umso eher entsprochen werden, als bei ihr eine psychotherapeutische Heilung und ebenso eine Umstimmung durch die Transplantation »heterosexueller« Hoden aussichtslos sei. Diese pragmatische Position setzte sich am Institut durch und führte dazu, dass männliche Transvestiten auf Wunsch kastriert wurden, jedoch – vor 1929 – ohne Penisamputation. Den Transvestitinnen wurden mit denselben Begründungen Brüste, Gebärmutter und/oder Ovarien amputiert.

An Doras Beispiel wird auch nachvollziehbar, warum die spezielle Anwendung der Kastration später als »Not-

Felix Abraham berät einen Transvestiten im Institut für Sexualwissenschaft.

operation« bezeichnet wurde: Es ging darum, den lebensgefährlichen Folgen der Selbstverstümmelung zuvorzukommen. Mit dieser Argumentation begründete erstmals Felix Abraham die medizinische Indikation der Kastration und Penisamputation.[68] Der drohende Suizid wurde in der Folgezeit fast regelmäßig als Anlass genannt und diente nicht zuletzt zur Legitimation der vor allem aus juristischer und medizinethischer Sicht heiklen Eingriffe.

Am Institut für Sexualwissenschaft wurden die operativen Geschlechtsumwandlungen vom Gynäkologen Ludwig Levy-Lenz ausgeführt. Er berichtet rückblickend über seine ersten geschlechtsangleichenden Operationen an männlichen Transvestiten, wobei die von ihm genannte

Reihenfolge der Teilschritte – Epilation, Amputation des Penis, Kastration, Bildung einer künstlichen Scheide[69] – von der bisher beschriebenen abweicht. In Bezug auf den letzten Schritt berichtet er: »Für die Schaffung einer künstlichen Vagina und künstlicher Schamlippen hatten wir auch eine ganz brauchbare Lösung gefunden.«[70]

Die einzige im Institutszusammenhang entstandene wissenschaftliche Veröffentlichung über operative Geschlechtsumwandlung von Mann zu Frau stammt von Felix Abraham, der beabsichtigte, ein Buch darüber zu schreiben.[71] Darin stellt er zwar kurz zwei in Behandlung befindliche Männer vor, nämlich Dora und Toni Ebel, eine Kunstmalerin, erläutert vor allem aber die – bereits anderweitig bekannte – Operationstechnik zur »Anlage der künstlichen Scheide«. Analoge Versuche bei Transvestitinnen, einen Penis auf chirurgischem Wege auszuformen, sind aus dieser Zeit nicht überliefert. Anlass für Abrahams Veröffentlichung war die bereits von Hirschfeld mitgeteilte Erfahrung, dass sich viele Transvestiten in einer ähnlichen Situation befanden. Insofern wollte er Operateure wie Transvestiten mit seiner Schilderung der Operation zu diesem Eingriff ermutigen.[72] Schließlich wusste Abraham, wovon er sprach: Er war Ende der 1920er Jahre zu *dem* Spezialisten für Transvestiten geworden.

Lili Elbes Transformation, die in den Jahren 1930 bis 1932 vor allem von Kurt Warnekros an der Dresdner Frauenklinik durchgeführt wurde,[73] hat also einen etwa zwanzigjährigen Vorlauf, den man als Versuchs- oder Einübungsphase bezeichnen könnte. In diesem Zeitabschnitt erbaten die Betroffenen, angeregt durch entsprechende Experimente an Versuchstieren, derartige Eingriffe, deren

Abfolge und finale Zielsetzung sich dabei unterschied. Sie alle könnten mit dem gleichen Anspruch wie Lili Elbe als erster Fall einer Geschlechtsangleichung gelten. In dieser Zeit fanden noch weitere Mann-zu-Frau-Transformationen fast routinemäßig statt, was eine von Paul Weber verfasste Mitteilung belegt, in der er über »ähnliche Operationen wie bei Lili Elbe« mit positivem Ausgang berichtet.[74] Webers Beitrag findet sich 1931 in der seit 1924 erscheinenden Transvestitenbeilage einer Zeitschrift für homosexuelle Frauen. Offenbar bestand ein vitales Interesse der Leserschaft an Geschlechtsangleichungen, weshalb es auch nicht überrascht, dass einige Transvestiten Anteil an Lili Elbes Schicksal nahmen, auch wenn diese sich – wie erwähnt – ausdrücklich von ihnen abgrenzte. Vor allem wegen ihrer großen Popularität wurde sie schon damals zur Vorreiterin und Identifikationsfigur für Gleichgesinnte.[75]

Und wie gestaltete sich das Schicksal von Trans-Personen nach der Machtübergabe an die Nationalsozialisten zwischen 1933 und 1945? Angesichts der ansonsten gegenüber sexuellen und geschlechtlichen Minderheiten repressiven Politik der NS-Führung mag es überraschen, dass sich auch nach 1933 in der Fachpresse einige wenige solcher Transformationen nachweisen lassen.[76] Sie waren verständnisvollen Medizinern zu verdanken, die ihre Patienten bei der Umsetzung ihres Wunsches unterstützten und sie vor dem Zugriff der Behörden zu schützen versuchten. Im Übrigen ist die NS-Zeit von einem höchst willkürlichen Umgang mit Trans-Personen in Hinblick auf ihr Geburtsgeschlecht und ihre sexuelle Orientierung gekennzeichnet. Er reicht von demütigenden Prozeduren der Duldung bis zu harten strafrechtlichen Sanktionen wie KZ-Haft. Solange sich Trans-Personen den rigiden Geschlechterbildern unterwarfen, in der Öffentlichkeit nicht auffielen oder ihre Passion nur in privater Abgeschiedenheit auslebten, vor allem aber den auf ihnen lastenden Homosexualitätsverdacht – auch welche Weise auch immer – glaubhaft abwenden konnten, durften sie darauf hoffen, nicht belangt zu werden. Bei jenen aber, denen gleichgeschlechtliche sexuelle Kontakte nachgewiesen werden konnten, wirkte die Passion, in der Kleidung des anderen Geschlechts aufzutreten, sogar strafverschärfend.

Geschlechtsangleichungen auf Umwegen

Nach 1945 knüpfte man in beiden deutschen Staaten sowohl in medizinischer als auch rechtlicher Hinsicht nicht an die fortschrittliche Haltung aus der Weimarer Zeit an. Im Gegenteil: Angesichts der restriktiven Geschlechter- und Sexualmoral in der Nachkriegszeit blendete man diese Tradition geradezu aus. Allerdings erfolgte in den 1950er Jahren vor allem in den USA eine neue, medizinisch geprägte Beschäftigung mit dem Trans-Phänomen,[77] wiederum auf Anregung der Betroffenen. Zunächst wurde das Thema eher Gegenstand der Sensations- als der wissenschaftlichen Fachpresse. Auslöser war die 1952 von ähnlichem Medienecho wie bei Lili Elbe begleitete Geschlechtsangleichung der US-Amerikanerin Christine Jorgensen durch den Kopenhagener Endokrinologen Christian Hamburger. 1967 erschien ihre 1970 verfilmte Autobiografie, der seither eine weitere identitätsstiftende Bedeutung für die Trans-Bewegung zukommt.

Die Berichterstattung über Jorgensen motivierte auch zahlreiche Menschen in der Bundesrepublik dazu, Ärzte für solche Operationen gewinnen zu wollen. Damit stießen sie aber zunächst auf taube Ohren, denn die psychiatrisch geprägte Sexualwissenschaft in Ost und West pathologisierte zunächst jegliche Form transgeschlechtlichen Begehrens und weigerte sich strikt, geschlechtsangleichende Operationen zu befürworten.[78] Selbst der Begriff »Transsexualität« wurde in der Bundesrepublik erst in den 1960er Jahren zögerlich eingeführt.

Anders war die Situation in den USA, wo operationswillige Personen in Kontakt zu dem Endokrinologen Harry Benjamin traten, einem aus Deutschland emigrierten Arzt, der sowohl Magnus Hirschfeld und dessen Berliner Institut für Sexualwissenschaft als auch Eugen Steinach in Wien mehrfach besucht hatte. Die erste und für den weiteren Verlauf der internationalen Diskussion ausschlaggebende Monografie über Transsexualität (ein bereits 1949 von David O. Cauldwell verwendeter Begriff) veröffentlichte Benjamin 1966.[79] Viele der darin beschriebenen Personen in- und außerhalb der USA bildeten ein informelles Netzwerk, gemeinsam kämpften sie um ihre gesellschaftliche Anerkennung und die Realisierung ihrer Transition zur Frau.

Zu den Ländern, in denen geschlechtsangleichende Operationen möglich waren, gehörte auch Mexiko. In den Niederlanden war es ab 1954 vor allem dem Psychiater van Emde Boas und dessen Kontakten zu Chirurgen und Endokrinologen zu verdanken, dass solche Eingriffe – eher heimlich und an der Grenze der Legalität – für kurze Zeit durchgeführt werden konnten. Insbesondere durch die

Verbindungen von Benjamin und van Emde Boas konnten Transsexuelle aus den USA in Amsterdam geschlechtsangleichende Eingriffe von-Mann-zu-Frau an sich vornehmen lassen. Aber auch für Operationswillige aus anderen europäischen Staaten wie der Bundesrepublik waren die Niederlande der Ort der Wahl. Als diese Praxis 1955 aufgrund der Weigerung beteiligter Mediziner aufgegeben wurde, fand sie später eine Fortsetzung außerhalb Europas, nämlich im marokkanischen Casablanca. Der Chirurg Georges Burou führte dort bis in die späten 1970er Jahre im Alleingang Operationen an einer zahlreichen internationalen Klientel, auch an deutschen Transfrauen, durch.[80]

Die US-amerikanische Diskussion war begleitet von der Formierung einer ersten politischen Bewegung transgeschlechtlicher Menschen, der die Frauen- und Schwulenbewegung allerdings mehr oder weniger distanziert gegenübertrat. Solche Friktionen sind bis heute nicht gänzlich überwunden. Es wurden sowohl private als auch offen politische Gruppen gegründet, Virginia Prince veröffentlichte ab 1960 die Zeitschrift *Transvestia,* 1965 entstand das »Imperial Court System« als Vermittler zwischen Geldbeschaffung und ehrenamtlicher Arbeit, Clubs und Rückzugsorte für Cross-Dresser boten Möglichkeiten für Austausch und Selbstverwirklichung.

Reed Erickson, ein wohlhabender Erbe und Geschäftsmann, dessen Geschlechtsangleichung in den 1960er Jahren stattfand, wurde mit seiner 1964 ins Leben gerufenen Erickson Educational Foundation zum Unterstützer des politischen Aktivismus, der Erforschung und schließlich auch der Therapie von Transsexualität. Unter den Empfängern finanzieller Zuwendungen war auch Harry Benjamin, der das Geld dazu nutzte, ab 1969 eine Reihe von Symposien zu organisieren. Benjamins Arbeit trug vor allem zur weiteren Medikalisierung der Geschlechtsidentität und zu einer Gründungswelle von entsprechenden Kliniken in den USA bei. Die erste von etwa vierzig innerhalb von zehn Jahren eröffneten Kliniken war 1965 die an der Johns Hopkins University. Infolgedessen stiegen das wissenschaftliche und das therapeutische Interesse, was verschiedene kontroverse Theorien über die Herausbildung von Geschlechtsidentitäten hervorbrachte. John Money, der mit der Johns-Hopkins-Klinik zusammenarbeitete, entwickelte einen gegenüber geschlechtlich nonkonformen Identitäten, zu denen auch intergeschlechtliche Menschen zählten, regelrecht feindseligen Therapieansatz, was schließlich zu einem Aufschrei in der breiten und Fachöffentlichkeit sowie 1979 zur Schließung dieser Klinik führte.

Die Wiedereinführung der Geschlechtsangleichung

Sowohl in der Bundesrepublik als auch in der DDR wurden bis in die 1970er Jahre hinein Personen, die den Wunsch nach operativer Geschlechtsangleichung äußerten, medizinisch als »primäre Transvestiten« oder verkappte Homosexuelle missverstanden. Ihr Anliegen nach Personenstandsänderung wurde juristisch blockiert. In beiden deutschen Staaten waren es zunächst einzelne Trans-Personen, die vehement für ihre medizinische Geschlechtsangleichung und personenstandsrechtliche Umschreibung eintraten. Einigen gelang es, Mediziner als Unterstützer zu gewinnen. In der Bundesrepublik war es der Transmann Gert Christian Südel, der in den späten 1960er Jahren einen Arbeitskreis Gleichgesinnter gründete und den Sexualwissenschaftler Volkmar Sigusch als professionellen Mitstreiter an seiner Seite wusste.[81] In der DDR war die Änderung der Rechtslage einem einzelnen Trans-Aktivisten zu verdanken, der mit großer Beharrlichkeit bei der Partei- und Staatsführung auf seinem Anliegen insistierte, für das er beim Charité-Psychiater Karl Seidel Gehör und Unterstützung fand.[82] Infolge dieses Engagements wurde 1976 vom Gesundheitsminister der DDR eine »Verfügung zur Geschlechtsumwandlung von Transsexualisten« erlassen, die entsprechende Operationen möglich machte.[83]

In der Bundesrepublik wurden Ende der 1970er Jahre ebenfalls wieder geschlechtsangleichende Operationen durchgeführt. Dort trat 1981 das Transsexuellengesetz in Kraft, nach dem zwischen einer sogenannten kleinen Lösung, der Vornamensänderung, und der großen Lösung, die eine Personenstandsänderung nach vorheriger Kastration und geschlechtsangleichenden Operationen umfasst, unterschieden wurde. Dieses Gesetz wurde seither, vor allem nach harscher Kritik von Seiten der Trans-Community, mehrfach aktualisiert.

International von Bedeutung für den medizinischen und gesellschaftlichen Umgang mit Trans-Personen sind die von der American Psychiatric Association herausgegebene Diagnoseklassifikation (DSM)[84] sowie der von der Weltgesundheitsorganisation (WHO) festgelegte International Code of Diseases (ICD). Der derzeit gültige DSM V beinhaltet die Diagnose »gender dysphoria«, das Leiden an der Diskrepanz zwischen dem bei der Geburt zugewiesenen und dem empfundenen Geschlecht, dem die Psychiater einen Krankheitswert beimessen. Demgegenüber enthält der 2018 verabschiedete ICD 11 lediglich eine »Geschlechtsinkongruenz« bei Jugendlichen und Erwachsenen, die aber nicht den Krankheiten, sondern der »sexuellen Gesundheit« zugeordnet wird.[85] Auch zählt der ICD Bemühungen um Entstigmatisierung und Antidiskriminierung zu den zukünftigen Aufgaben. In der Bundesrepublik sind aber die zunächst von der Deutschen Gesellschaft für Sexualforschung als Empfehlung verabschiedeten »Leitlinien« handlungsleitend, die zuletzt 2018 von einem multidisziplinär besetzen Expertengremium im Dialog mit transgeschlechtlicher Beteiligung überarbeitet wurden.[86] Generell lässt sich in Westeuropa eine allmähliche Tendenz zur Entpathologisierung erkennen. Das trifft auch für Menschen zu, die sich keiner der im Zweigeschlechtersystem vorgesehenen Alternative zuordnen möchten. Alle diese Entwicklungen sind vor allem den politischen und akademischen Aktivitäten der nunmehr international agierenden und vernetzten Trans-Community zu verdanken, von der Teile mittlerweile in die politische LesbianGayBiTransIntersex-Bewegung (LGBTI) integriert sind.

Ungeachtet der liberalen Situation in vielen westeuropäischen Ländern sind transgeschlechtliche Menschen global jedoch weit davon entfernt, medizinisch adäquat versorgt und juristisch gerecht behandelt zu werden. Auch in einer ganzen Reihe europäischer Staaten stehen ihnen immer noch Hindernisse im Wege. Kontrovers diskutiert werden derzeit Themen wie die weiterhin starke, als Entmündigung empfundene Abhängigkeit von Ärzten – z. B.

bei der Diagnose als Voraussetzung für die medizinische Behandlung und vor allem für die Kostenübernahme durch die Krankenkassen bzw. den Staat –, aber auch die Unfruchtbarmachung als Voraussetzung für die Geschlechtsumschreibung sowie das Adoptionsrecht. Insofern ist es bis zur Anerkennung transgeschlechtlicher Menschen als gleichberechtigte Minderheit noch ein langer Weg.

Anmerkungen

1 Die Bearbeitung und Herausgabe der als Autobiografie bezeichneten Aufzeichnungen Lili Elbes, durch die sie einer breiten Öffentlichkeit bekannt wurde, erfolgte zunächst im Dezember 1931 in einer dänischen, 1932 in einer adaptierten deutschen, englischen und amerikanischen Fassung: Elbe, Lili: *Fra mand til kvinde, Lili Elbes Bekendelser.* Kopenhagen 1931; Elbe, Lili: *Ein Mensch wechselt sein Geschlecht: Eine Lebensbeichte,* aus hinterlassenen Papieren herausgegeben von Niels Hoyer. Dresden 1932; Hoyer, Niels (Hg.): *Man into Woman. An Authentic Record of a Change of Sex.* The True Story of the Miraculous Transformation of the Danish Painter Einar Wegener (Andreas Sparre). London 1933; Hoyer, Niels (Hg.): *Man into Woman. An Authentic Record of a Change of Sex.* The True Story of the Miraculous Transformation of the Danish Painter Einar Wegener (Andreas Sparre). New York 1933. Neuauflagen dieser Fassungen folgten. – Grundlegende Arbeiten zu Lili Elbe: Meyer, Sabine: *»Wie Lili zu einem richtigen Mädchen wurde«, Lili Elbe: Zur Konstruktion von Geschlecht und Identität zwischen Medialisierung, Regulierung und Subjektivierung.* Bielefeld 2015; Meyerowitz, Joanne: *How Sex Changed. A History of Transsexuality in the United States.* Cambridge/Mass. 2004; 2008; Herrn, Rainer: *Schnittmuster des Geschlechts, Transvestitismus und Transsexualität in der frühen Sexualwissenschaft.* Gießen 2005; Armstrong, Tim: *Modernism, Technology and the Body – A Cultural Study.* Cambridge, 1998; Runte, Annette: *Biographische Operationen – Diskurse der Transsexualität.* München 1996. Elbes Buch diente als Vorlage für den Roman *Das dänische Mädchen,* in dem nicht die Geschlechtsumwandlung, sondern die Ehe, die er 1912 einging, im Mittelpunkt steht. Ebershoff, David: *The Danish Girl.* London 2000, deutsch: *Das dänische Mädchen.* München 2000.

2 Dieser Begriff steht für das breite Spektrum der politischen Bewegungen, die für die Rechte von Menschen mit transgeschlechtlichen Identitäten kämpfen.

3 Angesichts der wechselnden Selbst- und Fremdzuordnungen von Menschen, deren Kleidervorliebe oder Geschlechtszugehörigkeit vom zugeschriebenen Geschlecht abweicht, werden in diesem Nachwort die historisch verwendeten Begriffe für den jeweiligen Personenkreis weitgehend beibehalten.

4 Ein erster Überblick findet sich im historisch-ethnologischen Teil bei Magnus Hirschfeld: *Die Transvestiten, Eine Untersuchung des erotischen Verkleidungstriebs*. Berlin 1910, S. 305–362. Vgl. auch Dekker, Rudolf; Van der Pol: *Frauen in Männerkleidern. Weibliche Transvestiten und ihre Geschichte*, Berlin 1989; Garber, Marjorie: *Verhüllte Interessen, Transvestismus und kulturelle Angst*. Frankfurt/M. 1993; Hirschauer, Stefan: *Die soziale Konstruktion der Transsexualität*. Frankfurt/M. 1993.

5 Vgl. Steinkühler, Manfred: Geschlechtswechsel in nichtklinischer Zeit: Der Chevalier d'Eon. In: Pfäfflin, Friedemann: Junge, Astrid (Hg.): *Geschlechtsumwandlung*. Stuttgart/New York 1992. S. 45–54.

6 Mehlmann, Sabine: Das vergeschlechtlichte Individuum – Thesen zur historischen Genese des Konzepts männlicher Geschlechtsidentität. In: Hannelore Bublitz (Hg.): *Das Geschlecht der Moderne. Genealogie und Archäologie der Geschlechterdifferenz*. Frankfurt/M. 1998, S. 95–118, hier S. 99.

7 Westphal, Carl: Die conträre Sexualempfindung. In: *Archiv für Psychiatrie und Nervenkrankheiten*, II, 1870, S. 73–108., hier S. 82 [H. i. O.] und 84.

8 Ebd., S. 91.

9 Ebd., S. 105.

10 Krafft-Ebing, Richard von: *Psychopathia Sexualis*. 9. Aufl., Stuttgart 1894, S. 224–230.

11 Ebd., S. 282.

12 Ebd., S. 269.

13 Hirschfeld, Magnus: Die objektive Diagnose der Homosexualität. *Jahrbuch für sexuelle Zwischenstufen*, I, 1899, S. 32.

14 J. G. F. Lehrer, Ein Fall von Effemination mit Fetischismus. In: *Jahrbuch für sexuelle Zwischenstufen*, II, 1900, S. 325.

15 Ebd., S. 325.

16 Hirschfeld, Magnus: *Die Transvestiten. Eine Untersuchung des erotischen Verkleidungstriebs*. Berlin 1910, S. 74 [H. i. O.].

17 Ebd., S. 76 [H. i. O.].

18 Ebd., S. 73 [H. i. O.].

19 Ebd., S. 341.

20 Friedländer, Benedikt: *Aus der Denkschrift für die Freunde und Fondszeichner des Wissenschaftlich-humanitären Komitees im Namen der Sezession des Wissenschaftlich-humanitären Komitees.* Berlin 1907, S. 203 f.

21 Verschärfend für die Situation Hirschfelds und des Whk kam noch eine Austrittswelle als Reaktion auf Hirschfelds Rolle im Moltke-Harden-Prozess hinzu, in dessen Folge die Homosexuellenbewegung zu zersplittern drohte. Vgl. dazu: Steakley, James D.: Iconography of a Scandal: Political Cartoons and the Eulenburg Affair in Wilhelmin Germany. In: Duberman, Martin; et al. (Hg.), *Hidden from the History.* New York 1989, S. 233–263.

22 Hirschfeld, Magnus: *Die Transvestiten*, S. 192–199, hier S. 192 f.

23 Ebd., S. 194, H. i. O.

24 Ebd., S. 198.

25 Herrn, Rainer (Hg.): *Das 3. Geschlecht.* Reprint der 1930–1932 erschienen Zeitschrift für Transvestiten. Hamburg 2016.

26 Zur Rezeption von Hirschfelds Konzept in Sexualwissenschaft und Psychoanalyse vgl. Herrn, Rainer: *Schnittmuster des Geschlechts.* Gießen 2005, S. 73–78.

27 Hirschfeld, Magnus: *Die Transvestiten*, S. 166, H. i. O.

28 Hirschfeld, Magnus: *Die Transvestiten*, S. 166, H. i. O.

29 Mosse, George L.: *Das Bild des Mannes – Zur Konstruktion der modernen Männlichkeit.* Frankfurt/M. 1996, S. 110 f.

30 Buchholz, Kai; Latocha, Rita; Peckmann, Hilke; Wolbert, Klaus (Hg.): *Die Lebensreform – Entwürfe zur Neugestaltung von Leben und Kunst um 1900.* 2 Bde, Darmstadt 2001.

31 Mosse, ebd. S. 179.

32 Vgl. Ramsbrock, Annelie: *Korrigierte Körper. Eine Geschichte künstlicher Schönheit in der Moderne.* Göttingen 2011, insbes. Kapitel III. »Renovierte Körper. Medizinische Kosmetik zwischen Fin de Siecle und Weimarer Republik«, S. 102–159.

33 Tange, R. A.; Trotsenburg, J. A. van: Ein merkwürdiger Fall von Selbstverstümmelung. In: *Sexualprobleme*, 7, 1911, S. 391–400.

34 Reuter, Fritz: Die Selbstbeschädigung und ihre forensische Beurteilung. In: *Beiträge zur gerichtlichen Medizin*, 1, 1911, S. 192–221.

35 Mühsam, Richard: Chirurgische Eingriffe bei Anomalien des Sexuallebens. In: *Therapie der Gegenwart*, 67, 1926, S. 451–455, hier S. 455.

36 Diese Definiton geht auf den englischen Sexualwissenschaftler Havelock Ellis zurück. Ellis, Havelock: *Studies in the Psychology of Sex.* Vol. VI: Eonism and Other Supplementary Studies, Philadelphia 1928; Ellis,

Havelock: Sexo-ästhetische Inversion. In: *Zeitschrift für Psychotherapie und medizinische Psychologie*, V, 1914, S. 134–162, hier S. 138.

37 Ellis, Havelock: Sexo-ästhetische Inversion, hier S. 138.

38 Holz, Werner [o.J., 1924], *Kasuistischer Beitrag zum sogenannten Transvestitismus (erotischer Verkleidungstrieb) mit besonderer Berücksichtigung der Ätiologie dieser Erscheinung.* Diss., Berlin (unveröf.), S. 30.

39 Goldmann, Lothar: Über das Wesen des Umkleidungstriebes. *Geschlecht und Gesellschaft*, XII, 1924/1925, S. 281–296, 334–378, hier S. 347.

40 Hirschfeld, Magnus: *Geschlechtskunde. Bd. 1, Die körperseelischen Grundlagen.* Stuttgart 1926, S. 592.

41 Es, Lina: Wir. Die Welt der Transvestiten, Sonderbeilage von *Die Freundin*, Jg. 5 (1929) Heft 14, o. S.

42 Herrn, Rainer; Brinckmann, Christine N.: Von Ratten und Männern – Der Steinach-Film. *Montage AV*, 14, 2005, 2, S. 78–100 (8 Abb.).

43 So lautet der Titel einer kultur- und wissenschaftsgeschichtlichen Arbeit zum Thema: Stoff, Heiko: *Ewige Jugend. Konzepte der Verjüngung vom späten 19. Jahrhundert bis ins Dritte Reich.* Köln/Weimar/Wien 2005.

44 Das berichtete Hirschfeld, der mit Brandes korrespondierte. Hirschfeld, Magnus: *Sexualpathologie. Sexuelle Zwischenstufen.* Bd. II, Bonn 1918, S. 100.

45 Brandes, [Gustav]: Verwandlung von Männchen in Weibchen. In: *Berliner Tageblatt*, 7. Juni 1914, Nr. 283, 2. Beiblatt, o. S.

46 Marcuse, Max: Ein Fall von Geschlechtsumwandlungstrieb. *Zeitschrift für Psychotherapie und medizinische Psychologie*, VI, 1916, S. 176–192, hier S. 176.

47 Ebd., S. 179.

48 Ebd., S. 185 ff.

49 Hirschfeld, Magnus: *Sexualpathologie, Sexuelle Zwischenstufen.* Bd. II, Bonn 1918, S. 177 H. i. O.

50 Ebd.

51 Ebd., S. 132.

52 Kronfeld, Arthur: Kastration bei einer besonders schweren Sexualneurose. *Mitteilungen aus dem Institut für Sexualwissenschaft.* Mitgeteilt von Dr. med. et phil. A. Kronfeld. In: *Sexualreform, Beiblatt zu Geschlecht und Gesellschaft*, X (3), 1920, S. 37 f.

53 Holz, *Kasuistischer Beitrag*; Kankeleit, [Otto]: Selbstbeschädigungen und Selbstverstümmelungen der Geschlechtsorgane. *Zeitschrift für die gesamte Neurologie und Psychiatrie*, 107, 1927, S. 414–481.

54 Kronfeld, Arthur: Kastration bei einer besonders schweren Sexualneurose, S. 37; Mühsam, Richard: Die Sexualkonstitution in der Chirurgie. *Archiv für Frauenkunde und Eugenetik*, 9, 1923, S. 163–172, hier S. 167.

55 Kronfeld, Kastration bei einer besonders schweren Sexualneurose, S. 37. Alle weiteren Zitate Kronfelds sind derselben Quelle entnommen.

56 Mühsam, Richard: Chirurgische Eingriffe bei Anomalien des Sexuallebens. *Therapie der Gegenwart*, 67, 1926, S. 451–455. Die folgenden Zitate Mühsams sind den Seiten 452ff. entnommen.

57 Dies ist die erste nachweisliche chirurgische Ausformung einer Vagina bei einem Mann.

58 Hirschfeld, Magnus: L'Amour et la science, par le Docteur Magnus Hirschfeld Directeur de l'Institut de Sexualité de Berlin, Voilá, 3 (119), 1. Juli 1933, S. 6.

59 Holz, Kasuistischer Beitrag, S. 8 [H. i. O.]; Kankeleit, Selbstbeschädigungen, S. 431 f.; Abraham, Felix: Genitalumwandlung an zwei männlichen Transvestiten. *Zeitschrift für Sexualwissenschaft*, 18, 1931, S. 223–226.

60 Holz, Kasuistischer Beitrag, S. 11.

61 Ebd., S. 12.

62 Ebd., S. 13.

63 Ebd., S. 21.

64 Ebd., S. 5 f.

65 Ebd., S. 6.

66 Ebd., S. 22.

67 Ebd., S. 8.

68 Abraham, Felix: Genitalumwandlungen an männlichen Transvestiten, Zeitschrift für Sexualwissenschaft, 1931, S. 223–226, hier S. 225 f.

69 Lenz, Ludwig: Erinnerungen eines Sexualarztes. Baden-Baden 1954, S. 425–426.

70 Ebd., S. 454.

71 Felix Abraham: Genitalumwandlungen an männlichen Transvestiten. Leider ist dieses Buch aufgrund der politischen Entwicklungen nie erscheinen.

72 Ebd., S. 225.

73 Obwohl keine diesbezüglichen Publikationen auf dem Gebiet nachgewiesen werden konnten, wird Kurt Warnekros – in Kenntnis des Falles Lili Elbe – heute in der Medizingeschichte wegen seiner »herausragenden Leistungen auf dem Gebiet der operativen Geschlechtsumwandlungen« gewürdigt. Klimpel, Volker: Dresdener Ärzte. Historisch-Biographisches Lexikon. Dresden 1998, S. 155–156.

74 Weber, Paul: Aus Mann wird Frau. Die Welt der Transvestiten. *Die Freundin*, 7, 1931, 13, o. S.

75 Vgl. Peters, K.: Gedanken eines Transvestiten. Die Welt der Transvestiten, *Die Freundin*, 7, 1931, 43, o. S.

76 Zum Umgang mit Trans-Personen in der NS-Zeit vgl. Herrn, Rainer:

Transvestitismus in der NS-Zeit. Ein Forschungsdesiderat. *Zeitschrift für Sexualforschung*, Bd. 26 (2013), Heft 4, S. 330–371, hier S. 360–365.

77 Joanne Meyerowitz: *How Sex Changed. A History of Transsexuality in der United States*. Harvard University Press, Cambridge/London 2004. Stryker, Susan: *Transgender History*, Berkeley 2008, S. 47 ff.

78 Meyer, Sabine: Kämpfe um Respekt und Anerkennung. Zur Geschichte transgeschlechtlichen Lebens in den westlichen Besatzungszonen und der BRD zwischen 1945 und 1980. In: dieselbe (Hg.): *Auf dem Weg nach Casablanca*. Berlin 2018, S. 30–51, hier S. 34 f.

79 Cauldwell, David O.: Psychopathia transexualis. *Sexology*, 16, 1949, S. 274–280; Benjamin, Harry: Transvestism and Transsexualism. *International Journal of Sexology*, 7, 1953, S. 12ff; Benjamin, Harry: *The Transsexual Phenomenon*. New York 1966.

80 Bakker, Alex: In the Shadows of Society. Trans Peoples in the Netherlands. In: Bakker, Alex; Herrn, Rainer; Taylor Michael; Timm, Annette: *Others of My Kind: Transatlantic Transgender History*. Calgary 2019. Meyer, Sabine: Kämpfe um Respekt und Anerkennung, S. 38.

81 Meyer, Kämpfe um Respekt und Anerkennung, S. 39 f. sowie Trauthwein, Niki: Wege aus der Isolation. Emanzipatorische Bestrebungen und strukturelle Organisation in den Jahren 1945 bis 1980. Ebd. S. 55–68.

82 Klöppel, Ulrike: Geschlechtstransitionen in der DDR. In: Meyer, Sabine (Hg.): *Auf dem Weg nach Casablanca*. Berlin 2018, S. 84–90.

83 Klöppel, Ulrike: Die »Verfügung zur Geschlechtsumwandlung von Transsexualisten« im Spiegel der Sexualpolitik der DDR. In: Time, Justin; Franzen, Jannik; Fürst, Michael (Hg.): *Trans*Homo: Differenzen, Allianzen, Widersprüche / Differences, Alliances, Contradictions*. Berlin 2012, S. 167–172.

84 Während die dritte Fassung des 1980 auch für die Bundesrepublik einflussreichen, amerikanischen psychiatrischen Diagnosesystems (DSM III) Homosexualität erstmals nicht mehr als eigene Krankheit verzeichnete, wurde darin die Diagnose »transsexualism« in Abgrenzung zum »transvestitischem Fetischismus« eingeführt. Seither setzte eine langsame Entpathologisierung und Pluralisierung transgeschlechtlicher Identitätsformen im DSM durch.

85 https://www.bpb.de/gesellschaft/gender/geschlechtliche-vielfalt-trans/245353/medizinische-einordnung-von-transidentitaet?p=all.

86 https://www.awmf.org/uploads/tx_szleitlinien/138-001l_S3_Geschlechtsdysphorie-Diagnostik-Beratung-Behandlung_2019-02.pdf, letzter Aufruf 11.07.2019.

GLOSSAR

Alkovenecke: eine Nische mit Bett, ein kleiner abgetrennter Raum ohne Fenster.

Berliner Knüppel: ein kleines Milchbrötchen, neben der Schrippe ein typisches Berliner Kleingebäck.

Blaustift: ein zweifarbiger, auf beiden Seiten angespitzter Kopierstift mit roter und blauer Mine.

Blendrahmen: ein Rahmen, auf dem die Leinwand eines Bildes aufgezogen ist. Dieser wird später von dem Schmuckrahmen verdeckt (verblendet).

Caporal-Zigarette: eine filterlose, sehr starke schwarze Zigarette der Marke Gauloises, in Frankreich auch »les brunes« genannt.

Confessio: Sünden-, Glaubensbekenntnis; Bekenntnisschrift (der Reformationszeit).

Costumier: Kostümbildner.

Courtoisie: feines, ritterliches Benehmen, Höflichkeit.

crebleu: Abwandlung des frz. Kraftausdrucks »sacrebleu« (in etwa »verdammt!« oder »Donnerwetter!«); hier Ausdruck des Erstaunens.

Dutzendmensch: ein mittelmäßiger Mensch ohne Individualität.

effeminierend/effeminiert: verweiblicht, weiblich in Empfindung und Verhalten.

»enterrement de ma vie de garçon«: »Beerdigung meines Jungenlebens« (frz.).

Equivoque: Wortspiel, Spiel mit der Mehrdeutigkeit eines Ausdrucks.

Faktotum: Person, die viele Aufgaben übernimmt (lat. »fac totum!« – »Tu alles!«).

Gerant: Geschäftsführer, Manager.

Glassturz: eine schützende Glasabdeckung für ein Objekt.

Gravöl: Leichenschmaus (schwed.).

Hysteriker: an der Hysterie Erkrankter; die Hysterie ist eine neurotische Störung mit verschiedenen seelischen und körperlichen Symptomen. Der Begriff reicht bis in die Antike zurück und erfuhr vor allem bei Sigmund Freud Anfang des 20. Jahrhunderts eine Renaissance.

»Il bello tenente Porta«: »Der schöne Leutnant Porta« (ital.).

Importe: im Ausland hergestellte Zigarre.

in elfter Stunde: kurz zuvor, im letzten Moment, fünf vor zwölf

Kaprice: Eigensinn, Laune, wunderlicher Einfall.

Köcherknappe: In einem Köcher stecken Pfeile oder auch Bolzen, um sie mit einem Bogen, einer Armbrust oder einem Blasrohr zu verschießen; »Knappe« ist vom althochdeutschen »knappo« (Knabe) abgeleitet.

Korona: Gruppe, Ansammlung von jüngeren Menschen, die gemeinsam etwas unternehmen; fröhliche Schar.

»Ma naturale!«: »Aber natürlich!« (ital.)

masculini generis: männlichen Geschlechts.

Nansenpass: Der Nansenpass war ein Reisepass für staatenlose Flüchtlinge und Emigranten. Er wurde 1922 nach dem Ersten Weltkrieg vom Hochkommissar des Völkerbundes für Flüchtlingsfragen, Fridtjof Nansen, für russische Flüchtlinge entworfen.

Nova Vita: neues Leben (lat.).

Öresund: Meerenge zwischen Dänemark und Schweden, die die Ostsee mit dem Kattegat verbindet.

Ovarien: Eierstöcke (lat.)

Paria: jemand, der unterprivilegiert, von der Gesellschaft ausgestoßen ist.

Pierrette: weibliche Form zu Pierrot.

Pläsier: ein besonderes Vergnügen (an etwas).

Praxiteles: einer der bedeutendsten Bildhauer der Spätklassik in der griechischen Antike.

Rohrpostbrief: Bei der Rohrpost erfolgte der Versand mittels kleiner Büchsen, in die die Sendung gesteckt wurde; die Büchsen wurden mithilfe von Druckluft durch eigens angelegte Rohre an den gewünschten Ort transportiert, wo ein Beamter den Brief entpackte und durch einen Eilboten an den Empfänger liefern ließ.

Schönheitsmagazin: hier: Vorrat, kleines Lager an der Schönheit dienender Kosmetik.

sich installieren: hier: sich irgendwo häuslich niederlassen, sich irgendwo, in einem Raum, in einer Stellung o. Ä. einrichten.

Skribent: Schriftsteller, abwertend (»Vielschreiber, Schreiberling«).

Sous: Plural von »Sou«, früher eine französische Münze, allgemein verwendet für ein Geldstück von geringem Wert.

Strøget: Fußgängerzone in der Innenstadt Kopenhagens, der Hauptstadt Dänemarks.

Usurpator: jemand, der widerrechtlich die Staatsgewalt an sich reißt.

Vineta: der Name einer sagenhaften Stadt an der vorpommerschen Ostseeküste.

BILDNACHWEIS

Abraham, Hans: Der weibliche Transvestitismus. Med. Diss. 1921 (unveröff.): S. 329

akg images: S. 64

bpk/Kunstbibliothek, SMB, Photothek Willy Römer/Willy Römer: S. 327

Dänische Königliche Bibliothek, Kopenhagen: S. 6, 269

Dänisches Nationalmuseum, Kopenhagen: S. 35

Das Kriminalmagazin, Jg. 1, 1929, 5: S. 340

Des Moines Register, 20.10.1933: S. 20

Ernst Harthern Arkiv, Arbetarrörelsens Bibliotek och Arkiv, Stockholm: S. 15

Gether, Christian u. a. (Hg.): Gerda Wegener. Katalog zur Ausstellung »Gerda Wegener«, Arken Museum für Moderne Kunst vom 7. November 2015 bis 16. Mai 2016, Ishøj 2015: 31, 94, 96, 105

Hirschfeld, Magnus: Geschlechtskunde. IV. Band, Bilderteil, Stuttgart 1930: S. 337

Hirschfeld, Magnus: L'Amour et la Science. Voilà, Jg. 3, 1933, Heft 1: S. 335

Hoyer, Niels (Hg.): Lili Elbe. Ein Mensch wechselt sein Geschlecht. Eine Lebensbeichte, Dresden 1932: S. 12, 22, 81, 229

Hoyer, Niels (Hg.): Man into Woman. An Authentic Record of a Change of Sex. The True Story of the Miraculous Transformation of the Danish Painter Einar Wegener (Andreas Sparre), London 1933: S. 51

Hoyer, Niels (Hg.): Man into Woman. An Authentic Record of a Change of Sex. The True Story of the Miraculous Transformation of the Danish Painter Einar Wegener (Andreas Sparre), New York 1933: S. 121, 187

Hoyer, Niels (Hg.): Man into Woman. An Authentic Record of a Change of Sex. The True Story of the Miraculous Transformation of the Danish Painter Einar Wegener (Andreas Sparre), New York 1953: S. 18

Kölnische Illustrierte Zeitung, 14.3.1931: S. 17

Liebe und Leben, Jg. 6, 1932, Heft 5: S. 311

Magnus-Hirschfeld-Gesellschaft, Berlin: S. 11, 316 o., 316 u., 322

Privatsammlung: S. 86

Schwules Museum Berlin: S. 338

ullstein bild: S. 219

Verlagsarchiv: S. 175, 272

Wellcome Collection: S. 9

Wikimedia Commons: S. 49 (bruun-rasmussen.dk)

www.danishfamilysearch.dk: S. 304

PERSONENVERZEICHNIS

In der Ausgabe von 1932 wurden alle im Buch vorkommenden Personen von Ernst Harthern durch Pseudonyme anonymisiert. In der vorliegenden Ausgabe wurden die Pseudonyme, soweit möglich, durch die Klarnamen ersetzt. Der in der Erstausgabe mit dem fiktiven Stadtnamen »Balgencie« unkenntlich gemachte französische Ort Beaugency wurde ebenfalls aufgelöst, das »Institut für Seelenkunde« ist das Institut für Sexualwissenschaft.

Felix Abraham, vermutlich (1901–1938(?))
im Original »Professor Arns (Arno)«, Arzt und Sexualforensiker
Im Februar 1930 folgt Lili Elbe der Anweisung von Kurt Warnekros und fährt nach Berlin. Im Institut für Sexualwissenschaft ist es am ersten Tag vermutlich Felix Abraham, der sie ein erstes Mal begutachtet und ein Blutbild erstellt. Mit diesem soll der Hormongehalt ermittelt werden. Er begleitet auch Elbes Kastration. Im Institut ist Abraham nach Abschluss seiner Doktorarbeit als Sexualforensiker (Gerichtsgutachter) tätig, leitet von 1929 bis 1933 die entsprechende Abteilung und übernimmt auch weitere Aufgaben. Abraham lebt zeitweilig auch in dem Institut, die Praxisräume teilt er sich mit Ludwig Levy-Lenz. Er beschäftigt sich vor allem mit damaligen »Sexualdelikten« wie Infantilismus, Exhibitionismus und Flagellantismus. Neben dem Vorstand ist er einer der drei ständigen Ärzte am Institut und Ansprechpartner für »Transvestiten«. Damals umfasst die Bezeichnung alle Formen transgeschlechtlichen Empfindens und Verhaltens. Abraham berät die »Transvestiten«, deren Neigung er uneingeschränkt akzeptiert, und bringt die Ratsuchenden mit der Berliner Trans-

vestitenszene zusammen. Er stellt für sie Gutachten aus, mit denen ihnen polizeilich erlaubt wird, Kleidung des »anderen« Geschlechts zu tragen. In der Transvestitenvereinigung »D'Eon« mit zeitweisem Sitz im Institut lernt Abraham auch sogenannte »extreme Transvestiten« kennen. So nennt Hirschfeld Personen, die sich eine operative Geschlechtsangleichung wünschen. Gemeinsam mit Chirurgen versucht Abraham, diese umzusetzen. Als Lehrender nimmt er an den Aus- und Weiterbildungsveranstaltungen des Instituts teil. Er veröffentlicht sowohl auf wissenschaftlichem wie auch auf populärwissenschaftlichem Gebiet, z. B. in den institutsnahen Zeitschriften »Die Aufklärung« und »Die Ehe«. Von ihm stammt die erste Publikation über ausgeführte operative Geschlechtsumwandlungen. Aufgrund seiner jüdischen Abstammung ist Abraham zur Emigration gezwungen. Er begeht 1938 in Italien Suizid, nachdem er vergeblich versucht hat, in Schweden Arbeit zu finden.

Eric Moïse Allatini (1886–1943) und
Hélène Allatini (1887–1943)
im Original »Ernesto und Elena Rossini«, beide Schriftsteller
Ein mit Lili Elbe befreundetes italienisches Schriftstellerpaar in Paris, das 1916 heiratet. Hélène Allatini widmet Lili Elbe in ihrem Buch »Mosaïques« (1939) ein Kapitel (»Il et Elle«). Zum Kriegsende versammelt das Paar zahlreiche Intellektuelle um sich. Hélène Allatini empfängt in ihren Salons, was in der französischen und italienischen Literatur einen Namen hat. Zwischen 1920 und 1930 vollendet ihr Mann Eric die »Contes de mon père le jars« (Die Geschichten meines Vaters, des Gänserich), illustriert von Gerda Wegener. Sie gestaltet auch »Sur talons rouges« (Auf roten Absätzen), 1929 erschien »Contes de fées pour grandes personnes« (Märchen für Erwachsene). Eric Allatini geht 1931 nach New York, wo er fast zwei Jahre bleibt und Konzerte organisiert. Er will dem amerikanischen Publikum talentierte Künstler vorstellen, die er später auch in Paris auftreten lässt. Hélène kann ihn nicht immer begleiten. Auf sie warten Verpflichtungen, vor allem die Erziehung der drei noch jungen Kinder. In der Zeit des Nationalsozialismus wird das Ehepaar Anfang 1943 mit einigen anderen Hundert Verfolgten in einem Konvoi aus verschlossenen Waggons nach Auschwitz deportiert und ermordet.

Erwin Gohrbandt (1890–1965)
im Original »Professor Gebhard«, Chirurg
1924 habilitiert sich Gohrbandt für Chirurgie, nimmt eine Lehrtätigkeit auf und wird 1928 zum Professor für Chirurgie an der Friedrich-Wilhelms-Universität Berlin ernannt. Im selben Jahr wechselt er an das Krankenhaus Am Urban. 1931 gehört Gohrbandt zu den ersten Chirurgen, die bei transsexuellen Patienten eine geschlechtsangleichende Operation mit Vaginoplastik vornehmen. Denkbar ist, dass in seiner Privatklinik in der Augsburger Straße 66 die erste Operation von Lili Elbe, die Kastration, stattfindet. Sie kann aber auch von Ludwig Levy-Lenz durchgeführt worden sein, der mit Gohrbandt zusammenarbeitet.

Marie-Anne Baronin von Goldschmidt-Rothschild (1892–1973)
im Original »Baronin Schildt«
Baronin von Goldschmidt-Rothschild ist mit Kurt Warnekros befreundet. Vor 1933 werden sie und auch andere Angehörige der Industriellenfamilie Rothschild von ihm behandelt. Die Baronin führt von 1914 bis 1918 einen Briefwechsel mit Rainer Maria Rilke, den sie 1956 in französischer Übersetzung unter dem Pseudonym »Marianne Gilbert« herausgibt. Sie heiratet 1923 in dritter Ehe den Maler Rudolf von Goldschmidt-Rothschild aus der Frankfurter Bankiersfamilie Goldschmidt. 1938 wird die Ehe geschieden.

Ernst Harthern/Niels Hoyer (1884–1969)
»der (neue) deutsche Freund«, Journalist, Schriftsteller, Übersetzer

Ole Georg Haslund (1877–1962)
der »Kopenhagener Kunsthändler«
Zusammen mit Svend Heyman gründet Haslund 1910 im Karel van Mander Haus an der zentralen Kopenhagener Einkaufsstraße Strøget ein Antiquitätengeschäft von internationalem Ruf.

Magnus Hirschfeld (1868–1935)
im Original »Professor Hardenfeld«, Sexualreformer und -wissenschaftler, Mitbegründer der ersten Homosexuellen-Bewegung
Hirschfeld gehört durch zahlreiche Publikationen sowie durch die Gründung von Organisationen, Zeitschriften und des weltweit ersten Instituts für Sexualwissenschaft Anfang des 20. Jahrhunderts zu den einflussreichsten und produktivsten Forschern auf diesem Gebiet. Seit 1896 schreibt er über Homosexualität, setzt sich für eine Reform des Sexualstrafrechts und die Streichung des § 175 RstGB ein. Dieser Paragraf stellt sexuelle Handlungen zwischen Männern unter Strafe. 1904 hält Hirschfeld den Vortrag »Übergänge zwischen dem männlichen und weiblichen Geschlecht«, aus dem sich das ein Jahr später veröffentlichte Buch »Geschlechtsübergänge« entwickelt. 1910 veröffentlicht er »Die Transvestiten«. Hirschfelds Lehre von den Zwischenstufen wird in der Öffentlichkeit fälschlicherweise als eine Theorie der Homosexualität aufgenommen. Sie soll aber als ein »Plädoyer für die Verschiedenheit der Menschen« verstanden werden. Zwischen einem »Vollmann« und einem »Vollweib« sieht Hirschfeld verschiedene sexuelle »Individualtypen«, die sich über die Anteile »männlicher« und »weiblicher« Eigenschaften bestimmen lassen. Körperliche oder psychische Ausprägungen, die von den gesellschaftlichen Geschlechternormen abweichen, sollen damit entpathologisiert werden. 1919 eröffnet Hirschfeld am Rand des Berliner Tiergartens das weltweit erste Institut für Sexualwissenschaft, das 1924 als Dr. Magnus Hirschfeld-Stiftung als gemeinnützig anerkannt, aber nicht staatlich bezuschusst wird. Das Institut bleibt während der 14 Jahre seines Bestehens eine aus Hirschfelds Privatvermögen und den laufenden Einnahmen finanzierte Einrichtung. Es befindet sich in der Hatzfeldschen Villa (Ecke In den Zelten 10 / Beethovenstraße 3). Es wandelte sich aufgrund ökonomischer Erfordernisse im Verlauf seines Bestehens von einer wissenschaftlich-therapeutischen mehr und mehr zu einer sexualreformerisch und aufklärend aktiv tätigen Einrichtung. Schließlich soll es auch als Zufluchtsort für Menschen in sexueller Not dienen. Über erste operative Geschlechtsumwandlungen von-Frau-zu-Mann berichtet Hirschfeld 1918. Ende der Zwanzigerjahre werden im Institut für Sexualwissenschaft die ersten Mann-zu-Frau-Umwandlungen ausgeführt. Zu Hirschfeld kommen im Institut Besucher, die er als

»sexuelle Zwischenstufen« diagnostiziert – das ist etwa ein Drittel der Patienten. Die 1914 erstmals beschriebene Adaptationstherapie sollte Homosexuelle dazu befähigen, sich ihrem Milieu anzupassen. Hirschfelds Freund Karl Giese gilt als »Frau des Hauses«. Am 6. Mai 1933 wird das Institut von Studierenden des Deutschen Studentenbundes im Rahmen der »Aktion wider den undeutschen Geist« geplündert. Nach der Sicherung wertvoller Bücher für eine Auktion werden als wertlos und sittenverderbend angesehene Bücher – unter anderem das von Lili Elbe – und Archivalien anlässlich der Bücherverbrennung am 10. Mai auf dem Berliner Opernplatz (heute Bebelplatz) öffentlichkeitswirksam in die Flammen geworfen. Erst danach wird das Institut offiziell durch die Polizei geschlossen. Hirschfeld kehrt nach einer 1930 angetretenen Weltreise nicht wieder nach Deutschland zurück. Er verfolgt die Ereignisse zunächst aus dem Schweizer, später dem französischen Exil, wo er an seinem 67. Geburtstag am 14. Mai 1935 stirbt.

Hans Henrik Jæger (1854–1910)
norwegischer Literat und Anarchist
Der bekennende Anarchist arbeitet als Stenograf beim norwegischen Parlament (Storting). Bekannt wird er mit seinem Roman »Kristiania-Boheme« (1885), der im Erscheinungsjahr als sittenverderblich beschlagnahmt und verboten wird. Jæger wird zu einer Gefängnisstrafe verurteilt. 1893 erscheint das Buch »Kranke Liebe« (Übersetzer: Ernst Harthern unter seinem Pseudonym Niels Hoyer), das von Thomas Mann als »Tragödie der Impotenz« bezeichnet wird.

Poul Knudsen (1889–1974) und
Johanne Skram-Knudsen (1889–1972)
im Original »Niels und Inger Hvide«, Autor, Jurist, Schauspieler und Drehbuchautorin
Das Paar ist mit Lili Elbe und Gerda Wegener befreundet. Knudsen lebt in Berlin. Er gilt unter seinen Landsleuten als einer der fleißigsten, wenn auch nicht erfolgreichsten Drehbuchschreiber der Stummfilmzeit. Seit 1913 ist er der »literarische Konsulent« der Dansk Biograf Kompagni

und leitet die dramaturgische Abteilung. Knudsen arbeitet 1911 mit dem finnischen Komponisten Jean Sibelius für die tragische Ballett-Pantomime »Scaramouche« und 1927 für eine weitere Pantomime mit dem Titel »Okon Fuoko«. Knudsen ist zumindest am Anfang in das Lili Elbe-Buchprojekt involviert. Das geht aus einem Brief von Elbe an ihn von Januar 1931 hervor. Darin werden erste Pseudonyme bestimmt, Knudsen sollte damals noch »Hjalmar Hvide« heißen. Ursprünglich sollte er im gesamten Text als Lilis Gegenüber fungieren – davon ist nur der »Rückblick« geblieben. Auch Skram-Knudsen arbeitet in den Jahren 1914 bis 1916 als Drehbuchautorin für drei schwedische Filme.

Anna Larssen (1875–1955)
im Original »Anna Larsen«, Schauspielerin und Predigerin
Als Gerda Wegener ein Porträt der beliebtesten Schauspielerin Kopenhagens, Anna Larssen, malt und diese zu einem Treffen nicht im Atelier erscheinen kann, steht Einar stellvertretend für sie Modell – in Frauenkleidern. Larssen ist von 1885 bis 1909 am Dagmarteatret, später am Folketeatret (Volkstheater) engagiert. Sie unterbricht ihre glänzende Bühnenkarriere im Jahr 1909 und schließt sich der Pfingstbewegung an. Von 1894 bis 1898 ist sie mit dem Schriftsteller Otto Larssen verheiratet, mit dem sie einen Sohn hat.

Louise (Loulou) Annette Emilie Lassen (1876–1947)
die »Redakteurin an einer führenden Kopenhagener Zeitung«, Journalistin, Übersetzerin
Im Buch wird Louise Lassen namentlich – auch unter Pseudonym – nicht genannt. Die Journalistin arbeitet seit 1910 für »Politiken« und ist mit Lili Elbe befreundet. Zuvor schreibt sie seit 1899 für die Tageszeitung Dannebrog. Lassen ist die erste in einer Zeitungsredaktion arbeitende Frau. Sie spezialisiert sich auf medizinische und Gesundheitsthemen. Am 28. Februar 1931 veröffentlicht sie den Artikel »Ein Leben zwischen zwei Existenzen. Eine Vergangenheit als Mann und eine Zukunft als Frau. Lili Elbe erzählt über den Maler Einar Wegener und sich selbst.« Er ist Teil einer Artikeltrilogie, die an zwei Tagen auch in

der Zeitung »Ekstra Bladet« aus demselben Verlagshaus erscheint. Kurz darauf werden auch international Zeitungsbeiträge veröffentlicht. Zu diesem Zeitpunkt bearbeitet Lassen die Aufzeichnungen Lili Elbes für eine dänische Buchausgabe, schwächt sie aber ab. Elbe schreibt, dass ihr eigenes »Manuskript (…) weitaus pikanter und voller vorlauter Bemerkungen« gewesen sei. Dieser Text wird für das am Ende desselben Jahres erscheinende Buch »Fra Mand til Kvinde – Lili Elbes Bekendelser« (»Vom Mann zur Frau – Lili Elbes Bekenntnisse«) verwendet. Lassen wird zumindest an den Einkünften der dänischen Originalausgabe beteiligt. Sie ist auch als Übersetzerin tätig: Neben einigen Theaterstücken überträgt sie die Werke von Guy de Maupassant in 28 Bänden (1903–1912) ins Dänische.

Margarete Leifert
»die Oberin«
Leifert arbeitet als Oberschwester in der Staatlichen Frauenklinik in Dresden.

Léon Leyritz (1888–1976)
im Original »Jean Tempête«, französischer Maler, Bildhauer und Bühnenbildner
Leyritz ist vor allem durch seine Freundschaft mit dem Komponisten Maurice Ravel bekannt.

Fernando Porta
im Original »Ridolfo Feruzzi«, italienischer Offizier und Pilot
Fernando Porta ist ein Freund von Einar Wegener/Lili Elbe sowie von Gerda Wegener. Kurz vor Lili Elbes Tod heiratet Wegener 1931 den späteren Luftwaffen-Major und Diplomaten. Der elf Jahre jüngere Mann zieht mit ihr nach Casablanca, Marokko. Das Paar plant, Lili Elbe wie eine Tochter anzunehmen. Die Ehe wird 1936 geschieden.

Johannes Poulsen (1881–1936)
im Original »Iven Persen«, dänischer Schauspieler
Poulsen tritt 1909 dem Königlichen Theater Kopenhagen bei, ist ab 1917 auch Regisseur und arbeitet dort bis 1927. Von 1928 bis 1930 gastiert er in mehreren europäischen Hauptstädten, bevor er an das Königliche Theater zurückkehrt, dessen Direktor er wird. Er bleibt dort bis zu seinem Lebensende.

Ulla Poulsen (1905–2001)
im Original »Ebba Persen«, dänische Tänzerin und Schauspielerin
Poulsen wird 1913 in die Königliche Dänische Ballettschule aufgenommen. Sie debütiert 1921, tritt zwei Jahre später dem Ensemble bei und wird 1924 zur Solistin befördert. Poulsen ist eine Freundin und Modell der Künstlerin Gerda Wegener. Das bekannteste Porträt Wegeners von ihr ist ein Gemälde von 1927 mit dem Titel »Ulla Poulsen im Ballett Chopiniana«. Einar Wegener vertritt einmal Poulsen, als sie an einer Ateliersitzung nicht teilnehmen kann.

Claude Prévost
im Original »Claude Lejeune«, Tenor, später Konsulatsbeamter; eigentlich französischer Kunsthändler
Prévost ist mit Lili Elbe verlobt und macht ihr nach dem Auseinanderbrechen ihrer Ehe mit Gerda Wegener einen Heiratsantrag.

Eugen Steinach (1861–1944)
österreichischer Physiologe und Pionier der Sexualforschung

Sascha Wamberg, vermutlich
im Original »Karen Wärdal«, dänische Schauspielerin
Wamberg ist in mehreren Werken von Gerda Wegener dargestellt. Sie ist eine in Paris lebende, in Russland geborene Dänin, verheiratet mit dem Kulturattaché der dänischen Botschaft in Paris, Helge Wamberg.

Professor Kurt Warnekros (1882–1949)
im Original »Professor Werner Kreutz«, Gynäkologe
Professor Kurt Warnekros leitet von 1925 bis 1948 die Dresdner Frauenklinik und ist Deutschlands führender Gynäkologe. Neben der Tätigkeit als Frauenarzt und Geburtshelfer arbeitet er mit seiner Schwester, einer Röntgenassistentin, auch wissenschaftlich auf dem Gebiet der Röntgenstrahlung. Warnekros gibt ein viel beachtetes Buch mit Röntgenaufnahmen von Babys im Mutterleib heraus. Der Arzt hat das Manuskript des Lili Elbe-Buchs gelesen und gutgeheißen. Harthern erwähnt wiederholt, dass Warnekros in seinem Manuskript 30 bis 40 Zeilen geändert habe. Im publizierten Text werden diese Änderungen aber nicht vermerkt. Bei der deutschstämmigen Amerikanerin Charlotte von Curtius nimmt Warnekros 1929/1930 ähnliche Eingriffe wie bei Lili Elbe vor. Bereits in einem ärztlichen Zeugnis vom April 1930 bestätigt Warnekros die im Buch eingangs angenommene Existenz weiblicher Keimdrüsen sowie eine Form von Hermaphroditismus. Er schreibt, es handele sich bei Einar Wegener »um einen sogenannten Pseudo-Hermaphroditismus masculinus (später von ihm korrigiert: femininus, H.N.), d.h. um einen Zustand, bei dem durch die secundären äusseren Geschlechtscharaktere ein männliches Individuum vorgetäuscht wird, während die Untersuchung der Keimdrüsen bezw. Ihrer Sekrete ergibt, dass es sich tatsächlich um ein weibliches Individuum handelt. Bei Einar Wegener haben die Untersuchung der inneren Drüsen, die Hormonbestimmung und die mikroskopische Untersuchung einwandfrei ergeben, dass weibliche Geschlechtsdrüsen vorhanden sind, sodass es sich also bei Einar Wegener um eine weibliche Person handelt, da das Geschlecht immer nach der Keimdrüse bestimmt wird, und die secundären äusseren Geschlechtscharaktere keinen Einfluss für die Geschlechtsbestimmung haben.«

Einar Magnus Andreas Wegener / Lili Elbe (1882–1931)
im Original »Andreas Sparre«, dänischer Maler

Gerda Wegener (1886–1940)
im Original »Grete Sparre«, dänische Malerin
Gerda Wegener verdient an Lili Elbes Buch mit. Nach Darstellung Ernst Hartherns erhält sie als Erbin die Hälfte seiner eigenen Einnahmen. Gerda Wegener sieht sich als Mitautorin und beschuldigt Harthern mehrfach, das Werk von ihr gestohlen zu haben. Dieser erkennt zwar ihre Beteiligung an einem frühen Manuskriptentwurf an, betrachtet aber nur sich und Lili Elbe als die beiden Verfasser.

Inger (Wegener-)Thomsen
im Original »Christian«, Lili Elbes Schwager